民法典视域下
中国立法实践现代性问题研究

MINFADIAN SHIYUXIA
ZHONGGUO LIFA SHIJIAN XIANDAIXING WENTI YANJIU

汪　潇◎著

中国政法大学出版社

2024·北京

图书在版编目（ＣＩＰ）数据

民法典视域下中国立法实践现代性问题研究 / 汪潇著. -- 北京 ： 中国政法大学出版社，2024. 7. -- ISBN 978-7-5764-1696-1

Ⅰ. D920.0

中国国家版本馆 CIP 数据核字第 20241DT033 号

出 版 者	中国政法大学出版社
地　　址	北京市海淀区西土城路 25 号
邮寄地址	北京 100088 信箱 8034 分箱　邮编 100088
网　　址	http://www.cuplpress.com (网络实名：中国政法大学出版社)
电　　话	010-58908285(总编室) 58908433（编辑部）58908334(邮购部)
承　　印	固安华明印业有限公司
开　　本	720mm×960mm　1/16
印　　张	15.25
字　　数	250 千字
版　　次	2024 年 7 月第 1 版
印　　次	2024 年 7 月第 1 次印刷
定　　价	72.00 元

上海政法学院学术著作编审委员会

总 序

　　四秩芳华，似锦繁花。幸蒙改革开放的春风，上海政法学院与时代同进步，与法治同发展。如今，这所佘山北麓的高等政法学府正以稳健铿锵的步伐在新时代新征程上砥砺奋进。建校40年来，学校始终坚持"立足政法、服务上海、面向全国、放眼世界"的办学理念，秉承"刻苦求实、开拓创新"的校训精神，走"以需育特、以特促强"的创新发展之路，努力培养德法兼修、全面发展，具有宽厚基础、实践能力、创新思维和全球视野的高素质复合型应用型人才。四十载初心如磐，奋楫笃行，上海政法学院在中国特色社会主义法治建设的征程中书写了浓墨重彩的一笔。

　　上政之四十载，是蓬勃发展之四十载。全体上政人同心同德，上下协力，实现了办学规模、办学层次和办学水平的飞跃。步入新时代，实现新突破，上政始终以敢于争先的勇气奋力向前，学校不仅是全国为数不多获批教育部、司法部法律硕士（涉外律师）培养项目和法律硕士（国际仲裁）培养项目的高校之一；法学学科亦在"2022软科中国最好学科排名"中跻身全国前列（前9%）；监狱学、社区矫正专业更是在"2023软科中国大学专业排名"中获评A+，位居全国第一。

　　上政之四十载，是立德树人之四十载。四十年春风化雨、桃李芬芳。莘莘学子在上政校园勤学苦读，修身博识，尽显青春风采。走出上政校门，他们用出色的表现展示上政形象，和千千万万普通劳动者一起，绘就了社会主义现代化国家建设新征程上的绚丽风景。须臾之间，日积月累，学校的办学成效赢得了上政学子的认同。根据2023软科中国大学生满意度调查结果，在本科生关注前20的项目上，上政9次上榜，位居全国同类高校首位。

　　上政之四十载，是胸怀家国之四十载。学校始终坚持以服务国家和社会需要为己任，锐意进取，勇担使命。我们不会忘记，2013 年 9 月 13 日，习近平主席在上海合作组织比什凯克峰会上宣布，"中方将在上海政法学院设立中国-上海合作组织国际司法交流合作培训基地，愿意利用这一平台为其他成员国培训司法人才。"十余年间，学校依托中国-上合基地，推动上合组织国家司法、执法和人文交流，为服务国家安全和外交战略、维护地区和平稳定作出上政贡献，为推进国家治理体系和治理能力现代化提供上政智慧。

历经四十载开拓奋进，学校学科门类从单一性向多元化发展，形成了以法学为主干，多学科协调发展之学科体系，学科布局日益完善，学科交叉日趋合理。历史坚定信仰，岁月见证初心。建校四十周年系列丛书的出版，不仅是上政教师展现其学术风采、阐述其学术思想的集体亮相，更是彰显上政四十年发展历程的学术标识。

著名教育家梅贻琦先生曾言，"所谓大学者，有大师之谓也，非谓有大楼之谓也。"在过去的四十年里，一代代上政人勤学不辍、笃行不息，传递教书育人、著书立说的接力棒。讲台上，他们是传道授业解惑的师者；书桌前，他们是理论研究创新的学者。《礼记·大学》曰："古之欲明明德于天下者，先治其国"。本系列丛书充分体现了上政学人想国家之所想的高度责任心与使命感，体现了上政学人把自己植根于国家、把事业做到人民心中、把论文写在祖国大地上的学术品格。激扬文字间，不同的观点和理论如繁星、似皓月，各自独立，又相互辉映，形成了一幅波澜壮阔的学术画卷。

吾辈之源，无悠长之水；校园之草，亦仅绿数十载。然四十载青葱岁月光阴荏苒。其间，上政人品尝过成功的甘甜，也品味过挫折的苦涩。展望未来，如何把握历史机遇，实现新的跨越，将上海政法学院建成具有鲜明政法特色的一流应用型大学，为国家的法治建设和繁荣富强作出新的贡献，是所有上政人努力的目标和方向。

四十年，上政人竖起了一方里程碑。未来的事业，依然任重道远。今天，借建校四十周年之际，将著书立说作为上政一个阶段之学术结晶，是为了激励上政学人在学术追求上续写新的篇章，亦是为了激励全体上政人为学校的发展事业共创新的辉煌。

党委书记　葛卫华教授

校　　长　刘晓红教授

2024 年 1 月 16 日

目 录 CONTENTS

导　论

　　对立法问题的研究不会因为立法文本的颁行就告一段落，即便是对于已经颁行的立法文本的研究也可以跳脱出对策研究的局限。当代中国立法实践的最重要目标是通过制度转型与法治建设推动国家现代化整体目标的实现，在此意义上一切现行有效或已失效的立法文本都能被纳入到一定的历史脉络或范畴中予以考察，以探析法律制度与现代性及现代化的关联。民法典是我国颁行不久的立法文本，民法典颁行前的研究多是集中于立法论，而民法典颁行后的研究则迅速转向了解释论，但事实上从"立法"到"立法实践"的拓展意味着研究者不仅需要抓住文本、规范，还需要着重分析制度变迁背后的现代化动因（如清末—民国时期的救亡图存）以及与现代性有关的范畴（如全球化与民族性）。中国民法典"渐进式建构"的发展历程是中国独特的现代性道路与现代化模式共同影响的结果，当代中国的民法典立法实践受到"肯定的现代性"以及后发外生型现代化模式的定位及演变的影响。以民法典为范例是为了总结出近现代中国立法实践尤其是法典化的历史脉络与理论模型，从而证成立法论的研究也能在民法典颁行后具有未来面向并为其他领域的立法实践或法典化提供重要参照。

　　向度表示视角、取向、尺度，现代性向度意味着采用与现代性有关的理论资源考察当代中国立法实践。具体而言，当代中国民法典立法实践的现代性向度可以分解为制度现代化、国家现代化、"肯定的现代性"，其中制度现代化的本质属性意味着对立法实践的研究需要突破单一的立法技术层面进而关注立法的社会效果，因此国家现代化的目标定位是必须予以关注的，而制度现代化、国家现代化可以被收束到"肯定的现代性"之下，当代中国的立法形成机制、立法资源选择、立法方向设计中一系列重要范畴的关系处理是受"肯定的现代性"指引的,"肯定的现代性"构成了当代中国立法实践的根本特征。

当代中国立法实践的现代性问题是现代性向度的自然延伸,分析这一问题需要现实可感的素材。因我们可以不单从文本、规范视角理解民法典,还可以从制度视角予以解析,并且民法典立法实践能够从诸多方面代表当代中国立法实践,所以其能够成为展现当代中国立法实践现代性问题的绝佳范例。在国家的现代化进程中,立法者要回应中国曲折的现代性道路并且要根据我国现代化模式的定位及演变处理相关的范畴。

一方面,我国是先经历"否定的现代性"再经历"肯定的现代性",中国独特的现代性道路深刻影响了我国过去、当下乃至未来的民法典立法实践,这与域外特别是西方国家的民法典立法实践形成了鲜明对比。不同历史阶段的现代性的表现形态与我国的民法典立法实践有着或冲突或契合的关系:清末—民国的民法典立法实践就与"否定的现代性"主导下的"救亡图存"的历史语境一定程度上存在冲突。新中国成立后至改革开放前受到历史惯性与特殊的国内国际政治环境的影响,"否定的现代性"直接指引着中国当时的民法典立法实践,这一时期的民法典编纂并未转化成有效的制度实践。改革开放后"肯定的现代性"的主导与民法典立法实践在一定程度上较为契合。百余年的民法典的立法历程是有规律可循的,这预示着立法者要准确把握时代精神,顺应社会发展的基本规律,准确把握当代中国民法典立法实践所处的历史阶段与历史任务。

另一方面,后发国家的定位及演变影响着民法典立法实践中重要范畴的处理。在横向比较压力下,近现代中国在制度转型过程中一个重要任务就是尽快缩小与早发国家的差距,因此借鉴早发国家的立法经验是必要的,但是被裹挟进入现代化进程的特殊历史际遇又决定着我国必须探索出符合中国国情需要的民商事法律制度。作为后发国家的中国在立法形成机制、立法资源选择、立法方向设计中重要范畴的关系处理上必须寻找恰当的方法,汲取中外近现代民法典立法进程中的有益经验。在"否定的现代性"主导下,中国的民法典立法实践必须以建构独立自主的民族国家为主要目标,而伴随着"肯定的现代性"逐步占据主导,作为后发国家的中国能够利用"后发优势"在部分领域赶上乃至超过早发国家,民法典立法实践更多表现为顺应各领域特别是经济领域现代化发展的自然态势。

在不断持续的现代化进程中，作为后发国家的中国要应对前沿科技发展带来的挑战、社会经济的快速转型等问题，这要求立法者实现包括民商事法律制度在内的各项法律制度的创新及突破，民法典立法实践就必须具备未来面向，以应对未来解法典化以及再法典化。需要说明的是，在路径设计上传统问题导向式的思路需要被置换为系统论或结构论的思路才能具有更为长远的价值。当代中国尚未彻底实现制度现代化以及国家现代化的目标，其他部门法领域的立法实践特别是法典化的推进方兴未艾，民法典立法实践的范例能够为其提供重要的参照。

作为对现代社会发展状态的抽象概括，现代性是一个多维的概念。从个体视角现代性可以被理解为人的自主性、开放的未来观念以及独特的反思意识，上升到国家的高度我们又可以将现代性理解为一种包含有现代性文化方案、现代性的意识形态、现代性政治方案、现代性的制度模式等因素的文明形态。[1]艾森斯塔特认为："现代性的文化方案带来了人的能动性和人在时间之流中的位置的观念的某些独特转变。它持有这样一种未来观，其特征是通过自主的人的能动性，众多的可能性能得以实现。"[2]对于当代中国而言，现代性或现代化是一个正在进行且可以不断向未来展望的进程，法治是现代性的重要表征，立法实践特别是民法典立法实践作为法治文明的代表，和现代文明或者说现代性的历史展开和观念铺成紧密相关。

民法典立法实践作为当代中国制度现代化的重要表征形式以及实现国家现代化的主要手段之一与中国独特的现代性问题以及现代化模式有着内在联系，这意味着即使在法典颁行之后，立法论层面的研究也可以突破对策性研究的局限，其研究意义不限于民商事法律制度的完善，经由典型范例总结出与制度现代化、国家现代化相关联的立法实践规律，为其他领域的立法实践特别是法典化实践提供经验借鉴或理论模型。

一方面，中国的现代性问题有其特殊性，虽然现代性的各项要素源出于西方文明，但是在其扩张的过程中会受到不同地区的历史经验和传统的影响，

----

〔1〕 参见李世涛：《现代性的多元之维——艾森斯塔特的"多元现代性"观念及其对中国的启发》，载《厦门大学学报（哲学社会科学版）》2007年第2期。

〔2〕 ［以］S. N. 艾森斯塔特：《反思现代性》，旷新年、王爱松译，生活·读书·新知三联书店2006年版，第39页。

此外，"现代性的扩张经常伴随着经济上的侵略、政治上压迫和军事上的威胁"[1]。因此，非西方的国家在近代遭遇西方国家带来的现代文明时会面临着独特的"矛盾的现代性"，对于类似中国这样的非西方国家来说，"既要反对落后的传统生产方式，又要反对资本主义的生产方式，因为它已经构成了本国现代化的两重桎梏"[2]，这一问题的解决只能是两种现代性的两种矛盾形态的历时性展开，即指向反帝反封建以建立现代民族国家的"否定的现代性"与指向国家现代化建设的"肯定的现代性"先后登场。这与西方国家的现代性道路形成了鲜明的对比，其现代性道路所具有的内生性的特点使得西方国家并非如中国一样历时性地经历了对现代性"否定之否定"的过程，制度发展也是由专制社会直接过渡到现代法治社会。

中国现代性道路的曲折性决定了立法者必须准备好去认识立法实践背后的深层次历史规律：近代中国的立法实践因为缺乏批判及超越的维度而难以服务于建构独立自主的民族国家的历史目标。当代中国的立法实践作为实现民族复兴与国家富强的制度性手段，立法实践必须要能塑造既符合现代国家制度建设的一般规律又同时兼具中国特色的各项制度。当代中国的立法实践始终脱离不开如何处理传统与现代、本土资源与域外资源、全球化与中国化、经验理性与建构理性、国家法与民间规范等范畴的关系处理的问题，它可以归结为如何通过立法实践来建设功能完善的现代民族国家，立法始终是解决这些问题的重要手段。民法典立法实践作为中国当代立法实践的典型代表，其变迁的历史伴随着现代性在中国生成的过程。法律制度是现代性的集中体现，民商事法律制度则是现代性制度建设的重要方面，无论是从突出人的理性建构功能的精神维度，还是从适应商品经济运转的物质维度，抑或从促进法治实践生成的制度维度，民法典立法实践都是对近现代中国现代性问题的较为全面的展现。

另一方面，属于后发国家的中国在启动现代化之初所面临的是逐步走向成熟的国际政治经济秩序，因此后发国家不得不突然中断本国的自然演化进程，形成一种介于早发内生型现代化国家和自然演化之间的现代化模式。也

〔1〕 李世涛：《现代性的多元之维——艾森斯塔特的"多元现代性"观念及其对中国的启发》，载《厦门大学学报（哲学社会科学版）》2007年第2期。
〔2〕 夏林：《从现代性的基础看两种启蒙及其历史表现》，载《人文杂志》2006年第3期。

正是因为后发国家与早发国家在现代化起步阶段的错位，包括中国在内的部分曾在历史上深受西方侵略、殖民及剥削的国家必须要先经历"否定的现代性"（建构独立自主的民族国家），再经历"肯定的现代性"（进行各领域的现代化建设）。后发国家的立法者在民法典立法实践中往往具有明显的"赶超心态"，但是近现代中国的民法典立法实践并非一次性建构完成，而是阶段完成的，上一阶段的立法实践提供经验或教训，为下一次的民法典构建夯实基础，这也印证着从清末以来中国的现代化进程是制度与现实不断调适的情况下的"渐进式建构"。在这一"渐进式建构"的立法演进历程中立法者面临着众多可资选择的学习对象，同时在现代性各项要素的选择上也有不同的方案，这会影响到立法形成机制、立法资源选择、立法方向设计，在新旧交替的现代化持续进程中，我们总是要选择合适的道路，但是这并非一帆风顺的。

考察民法典立法实践与中国的现代性问题、现代化模式的关联最终是为了帮助立法者从历史中汲取经验，有选择地借鉴域外经验，认识到中国民法典变迁的背后更深层次的动因是建设现代民族国家和现代法治国家的要求。在思维属性上现代性最根本的特性在于其反思性，正如吉登斯所说："现代性，是在人们反思性地运用知识的过程中（并通过这一过程）被建构起来的。"[1]这是一种面向未来的"构思"，也是人类行为所特有的特征，即在对象化的思考中通过设定目标将尚未出现的东西置于构想的图像当中。[2]当代中国民法典立法实践作为不断延续的法律现象并不会因法典文本的出台而终结，在渐进式建构的立法实践过程中，民商事法律制度的发展与社会生活的演变基本上是同步进行的。每一次的建构都是对上一次建构所带来的有益经验和实践效果的升华和提炼，当代中国民法典立法实践的展开与我国改革开放的不断深化是相互匹配的。虽然我国利用"后发优势"在部分领域赶上乃至超越了部分早发国家，但是毕竟我国的民法典刚刚实施不久，相比于德国、法国、瑞士等早发国家的历经百年以上社会变迁的民法典，我国民法典能否有效应对随着社会进步和生活世界的变化引发的动态复杂性难题还有待进一

---

〔1〕 ［英］安东尼·吉登斯：《现代性的后果》，田禾译，译林出版社 2011 年版，第 34 页。

〔2〕 参见［德］恩斯特·卡西尔：《人文科学的逻辑》，关子尹译，上海译文出版社 2004 年版，第 43 页。

步观察。当然，民法典实施时间的有限性并不妨碍我们根据社会已经展现出的发展趋势、本国既有的民法典立法历程中的经验及教训、域外国家民法实践应对未来面向的方法与策略就当代中国民法典立法实践的未来面向需具备的主要领域及目标作出预判，并提出民法典立法实践满足未来面向的制度手段。

当代中国立法实践的现代性向度

第一节　当代中国立法实践与现代性命题之间的关联

一、立法实践与现代性、现代化的关系

作为人文社科领域被广泛应用的概念，现代性以其高度凝练的理论内涵与丰富多样的社会实践样态似乎具备着多样化诠释的可能。但现代性并非"普罗透斯的脸"，其本质内涵可以由思想史的发展谱系梳理得出并被框定，更不是"普洛克路斯忒斯之床"，立基于现代性的实践诠释绝非削足适履式的理论移植或套用，而是在某种程度上受制于特定情境。以当代中国立法实践观照现代性，其实是将对现代性问题的探讨进行限定，赋予这一宏阔的理论命题以现实的质感。"当代"一词蕴含着现代时间意识，"中国"一词表征着民族国家建设目标，"立法实践"一词彰显出规范与现实之间的相互形塑。换言之，当代中国立法实践在承载着现代性的普遍规律的同时又以其特殊情境对现代性进行了创造性的建构。这预示着对现代性命题考察的最佳方式既不是哲学史层面的谱系梳理，也并非社会学意义上采取定性定量方法的事实分析，而是要辩证地把握理论与实践的关系，需要透过一般性的理论检验社会实践，也需要经由社会实践推动理论的修正与革新。

当代中国立法实践与现代性命题之间的关联可以表述为当代中国立法实践现代性的向度，意指以现代性的视角总结既有的立法历史经验，把握当下的立法社会实践，展望未来的法律制度建设。立法主体需要把握立法实践与

现代性理论命题之间的辩证关系，指出嵌入现代化历史进程中的当代中国立法实践是如何通过制度现代化达成国家现代化的整体目标，并借此对源出西方的现代性理论作出创造性的转化，以期建构符合中国国情且裨益法治建设的现代性理论。

有学者指出现代性与现代化是因与果的关系，由动态意义上现代化的因派生出静态层面现代性的果。[1]但也有学者指出把现代性与现代化看作一体两面的关系是不合理的，它们并不是物化形体与外在精神的简单关系。[2]事实上，我们不能轻易对现代性与现代化作出判定，因为可以从不同视角论证它们的关系：其一，从概念内涵上看，现代性的内涵及外延的丰富程度是要超过现代化的，在描述现代社会的不同方面以及巨大变迁时现代性相较于现代化更加具有概括性。其二，从起源时间上看，现代性的概念也比现代化要早，现代性的语词及概念使用可以追溯到中世纪经院神学并由文艺复兴、宗教改革、启蒙运动逐步发扬，而现代化一词则到二十世纪才出现。其三，从指涉对象上看，尽管各个学科领域都在适用现代性的语词及概念，但现代性作为一个哲学意义的范畴，表现在意识形态领域并呈现为对现代社会本质特征的高度抽象，更多指向现代精神理念，而现代化则侧重于揭示从传统社会进入现代社会的文明进化过程中生产力与生产方式、政治法律制度、思想意识形态等多层次要素的巨大变迁。

归根到底，现代性与现代化"在历史背景上、精神源泉上和构建现代国家上存在着同一又有差别的关系"[3]，换言之，现代性与现代化在内涵及外延上有部分重叠，现代性与现代化在内涵上关联的是朝向未来、注重当下的线性时间观，在外延上都不同程度地强调文明形态的变迁，现代性所指向的自由、平等、人权、法治、民主的现代精神理念要在物质、制度、精神层面的现代化的过程中逐步实现。换言之，现代化在某种意义可以被称作是现代性的继续或派生，现代性构成现代化的某种前提。当代中国立法实践不仅要在过程意义上促成"器物""制度""意识形态"等领域的现代化变迁，更要求呈现为现代精神理念的"在场"，即培育国民成为具有现代精神理念的个

---

〔1〕 参见陈嘉明：《"现代性"与"现代化"》，载《厦门大学学报（哲学社会科学版）》2003年第5期。

〔2〕 参见汪伊举：《现代化与现代性——历史·理论·关系》，载《学海》2006年第5期。

〔3〕 汪伊举：《现代化与现代性——历史·理论·关系》，载《学海》2006年第5期。

体。因而，立法实践这一范畴所涉及的主体不仅是立法机关或者更狭义的立法工作人员，更囊括了切身参与到经济建设、政治运行、文化创作等现代社会实践的普罗大众，虽然他们其中很大一部分人并未实际参与到具体立法工作中，但是他们作为"现代人"在根本精神理念上具有相关性并且与立法实践相关联。恩斯特·卡西尔在论及"文艺复兴人"时认为"文艺复兴人"所指的并非存在上的统一性，而是一种方向上的一致性，也就是说每一个体都以其独特的方式缔造了文艺复兴的"精神"。[1]这种精神理念的贯通并非指作为"现代人"的所有个体都有着内容固定、彼此吻合的特征，相反，他们彼此之间很可能是对立的，但是在根本理念上的相关性使得"现代人"得以被定义。换言之，正是具有现代理念的国民参与、影响当代中国的立法实践并不断扩及其影响，才使得立法具有推动国家走向现代化的制度功能。有学者从最广义的尺度将现代性划分为精神性与制度性两个维度，其中精神性的维度表现为个体的自我意识、理性化或契约化的公共服务精神、意识形态领域历史发展的宏大叙事，而制度性的维度包括经济运行的理性化、行政管理的科层化、公共领域的自律化、公共权力的民主化与契约化。[2]当代中国立法实践中的精神性维度与制度性维度是相互关联的，现代性指向的正是源自西方的文化模式与制度运行方式在全球范围的扩展，在此过程中现代性的精神理念不仅会渗透进个体与群体的行为与活动中，还会进一步内化为社会制度运行的内在机理。当然，现代性在精神性的维度或制度性的维度的多种表现与当代中国立法实践的关联的方式及强弱有所不同，其中现代性的精神性的维度与当代中国立法实践的关联相对而言是间接的，而制度性的维度则是较为直接的，公共权力的民主化与契约化和当代中国立法实践的关联最为紧密。

　　经由制度现代化助推国家现代化的立法实践所根植的现代精神理念正是对人类秩序构建能力的强调，所突出的是人的自主性与能动性。在艾森斯塔特看来现代性的文化与政治方案产生自西方，它不仅带来独一无二的意识形态前提、制度前提，最为重要的是它产生了人的能动性或自主性，

---

〔1〕　参见［德］恩斯特·卡西尔：《人文科学的逻辑》，关子尹译，上海译文出版社 2004 年版，第 115–116 页。

〔2〕　参见衣俊卿：《现代性的维度及其当代命运》，载《中国社会科学》2004 年第 4 期。

即在面向未来的观念下，一切的社会政治秩序及构成其基石的本体论秩序不再是理所应当的，而是在某种程度上由人嬗变，从而具有了多种实现的可能性。[1]

此种人类主体地位的形成同时关联的正是一种对时间的独特看法，即现代表示全新的、前所未有的，意味着时间之流中一个最初的开端、历史发展进程中一个前所未有的事件、世界的一种新颖存在方式。[2]现代是全然有别于古代的"我们自己的时代"[3]，古代的立法实践虽然在一定程度上也依赖于人的主观积极创造，但是此种创造的规范性来源却是历史、传统或天意，如犹太法或伊斯兰法为神的意志所主宰，如日耳曼部落的法律因循传统并源出古老的习俗，如中国古代的立法实践依赖于对经典的解释，讲求"以礼入法、礼刑结合"，并且古代特定的立法创构活动多以循环论的时间观为预设，即使是代表古代法律文明顶峰的集罗马法大成的查士丁尼法典在相当程度上也是对既有法规、学说的整理与汇编。现代社会中，不受历史、传统、天意主宰的人类主体把自己理解为新的，是"自我发源的、彻底自由的和有创造性的"[4]，只有具备此种精神理念的"现代人"出现并扩散，现代立法依赖的主体和所适用的对象才得以生成，自由、平等、民主、人权等现代法治理念方能融入政治法律制度中，立法实践服务于现代民族国家的建构就成为普遍性的追求。

二、中国现代化道路的独特性及其对立法实践的影响

西方的立法实践与其本土原生的现代性是相伴随的。现代性强调的是意识形态领域主体反思性的确立，古代的传统与信仰必须经历检视与批判后方能具备全新的意涵，因此西方文明历程中真正推动现代精神理念逐步融入民族国家建设的还是文艺复兴、宗教改革、罗马法复兴（3R 运动），英国《大

---

[1] 参见 [以] S. N. 艾森斯塔特：《反思现代性》，旷新年、王爱松译，生活·读书·新知三联书店 2006 年版，第 8 页。

[2] 参见 [美] 迈克尔·艾伦·吉莱斯皮：《现代性的神学起源》，张卜天译，湖南科学技术出版社 2019 年版，第 7 页。

[3] See Jürgen Habermas, *The Philosophical Discourse of Modernity*, translated by Frederick G. Lawrence, The MIT Press, 1990, p. 7.

[4] [美] 迈克尔·艾伦·吉莱斯皮：《现代性的神学起源》，张卜天译，湖南科学技术出版社 2019 年版，第 7 页。

宪章》的制定、欧陆各国民法典的制定、美国宪法的颁布等促成现代国家形成的重要立法实践都穿插于 3R 运动前后。现代精神理念的形成也与资本主义经济的兴起也有着密不可分的关系，但是要在历时性的因果关系上说明现代性的形成是观念决定论或物质决定论都是不准确的。资本主义经济的发展、现代精神理念的兴起共同转化为推动西方现代立法实践的动力并与之交互影响，现代社会的法律制度经由立法实践一方面张扬现代精神理念，另一方面顺应资本主义经济发展的各项要求。因而西方国家的现代化进程并没有着重突出"器物""制度""意识形态"的自觉选择，在自然生发的社会发展进程中，西方国家也不面临需要追赶特定国家以达致某些现代化标准的比较压力。在这一"从容不迫"的过程中，立法实践是现代性内在潜质的"发扬光大"，伴随着社会各群体的互动而逐步成型，法律从一开始就没有被工具化地理解为实现特定目标的手段。

　　各个国家或地区的现代化并不是完全同质，尽管作为现代化结果的现代性在精神理念上具有共通性，但是对于非西方文明的国家或地区而言，"现代性传播的实质是西欧文明与其他文明之间的遭遇所荡起的回应，及其所带来的各种文明之间的持续互动"〔1〕。孙立平先生区分了早发内生型与后发外生型两种现代化，在他看来，后发国家面临着与早发国家的比较压力，往往有着截然不同的现代化路径。〔2〕东西方学者共同反对的是强调同质化的现代化理论，现代化的类型差别直接影响着立法实践与现代化的关系。中国是后发外生型现代化国家，因此国人对于源出西方的现代性有着矛盾的心态，因为我们既要承认现代性的正面价值而加以借鉴、学习，同时也要批判西方资本主义的现代性理解方式，因为它使得中国遭受了一系列的侵略与压迫。所以，问题的重心并不在于探讨现代性与当代中国立法实践是否具有内在关联，而是中国独特的现代化道路对近现代中国的立法实践有着何种深层次的影响。

　　近代中国在面临着救亡危机时曾一度将立法作为挽救民族危亡的制度性手段。自鸦片战争以来，随着洋务运动的破产，有识之士对现代化的认识由

---

　　〔1〕　饶义军：《论艾森斯塔特阐释多元现代性的逻辑》，载《中南大学学报（社会科学版）》2008 年第 4 期。
　　〔2〕　参见孙立平：《后发外生型现代化模式剖析》，载《中国社会科学》1991 年第 2 期。

器物深入到制度，戊戌变法、清末立宪都是例证。随后先进知识分子进一步认识到要真正实现中国的现代化，必须进行意识形态领域的革新，新文化运动、五四运动为其代表。政治法律制度的变革在国人追寻现代化的历史进程中具有承上启下的历史坐标定位，换言之，从某种程度上看，清末—民初的政治法律制度的变革可以说是成功的，因为它意味着国人意识到西方之所以先进并不仅仅在于其"船坚炮利"，更在于其有着先进的政治法律制度，这为后续意识形态领域的革新奠定了基础。[1]但换一个角度看，清末—民初的政治法律制度变革又是失败的，因为它始终没有摆脱"冲击—回应"模式[2]下对西方的单向度的学习与模仿，缺乏批判性的转换与建构。失败的根源在于当时的主政者并没有真切地意识到中国现代化道路的独特性所在。"既要反对落后的传统生产方式，又要反对资本主义的生产方式，因为它已经构成了本国现代化的两重桎梏。反帝反封建的历史重任使得启蒙显现出双重性质，既要有肯定性启蒙，又要有批判性启蒙；既要有一般性的对科学民主的宣扬，又要免疫于其现代表现形式资本主义制度。"[3]因此，作为拥有着古老文明传统的后发外生型现代化国家，古老中国在面对强势的西方文明时，必须确立一种先进的意识形态的指引，才能兼顾"救亡与启蒙"的双重历史任务，即实现民族独立和建设现代化国家。以建设现代政治法律制度为旨归的立法实践实际上归属于"启蒙"范畴，即从正向意义上确立并维护自由、民主、人权、法治、平等等发端于西方文明的现代理念。但是救亡与启蒙并非截然对立的，毋宁是互为依托的，"没有启蒙的救亡走不出新路也不会成功，没有救亡的启蒙无异于画饼充饥"[4]。在面临民族危亡的特殊历史际遇下，中体西

---

〔1〕 在中国漫长的历史长河中，与邻国的对抗导致皇帝和官员们认为其他民族是"野蛮人"，意思是文化不如中华民族发达，即使其他民族处于一个较低的进化阶段，中国偶尔也会在不太文明的陌生人手中遭受军事失败。然而，军事实力通常并不被解释为文化优越性，这种态度在两次鸦片战争（1839-1842年和1856-1860年）对英国的双重失败面前也保持了一段时间。See Horst J. Helle, *China：Promise or Threat? A Comparison of Cultures*, E. J. Brill, 2017, p. 14.

〔2〕 西方著名汉学家费正清从思想意识的角度阐述了近代中国在面对西方入侵时的反应，他认为中国传统的士大夫阶层面对西方国家的入侵时虽然也在不断地了解西方文明，但在这一了解的过程中更多是通过相应的行动保护自身的文明传统、政治法律制度。See Paul M. Evans, *John Fairbank and the American Understanding of Modern China*, Basil Blackwell Pub, 1988, p. 169.

〔3〕 夏林：《从现代性的基础看两种启蒙及其历史表现》，载《人文杂志》2006年第3期。

〔4〕 魏治勋：《近代"救亡叙事"中的新法家法治意识形态及其问题》，载《社会科学战线》2016年第1期。

用、君主立宪主义、三民主义、新法家学说等先后登上近代中国的历史舞台，虽然在客观上这些学说的兴起推动了现代理念的引入，可相关学说基本都是承袭的多，批判的少，并不能真正指引近代中国的立法实践。

作为近代中国的"救亡"语境中的制度性手段，近代中国的立法实践必须首先服务于实现民族独立，助力于民族国家建构，而后才能推动各领域的现代化建设。站在西方资本主义对立面的马克思主义思想的引进及其发扬暗合了中国现代化独特的历史逻辑，即"先经过反思现代性，再经过肯定现代性，这是以其具体历史情境为转换的"[1]。马克思主义虽然是以批判西方资本主义为主旨，此种启蒙属于批判性的启蒙，但对于近代饱受西方列强欺凌的落后民族而言同样具有启迪民智、开启新道德、重构伦理秩序的正向启蒙意义，其内在的目标包含了对落后民族社会形态与西方资本主义的社会形态的双重超越，是帮助近代中国重新确立自身主体地位的先进意识形态。由于近代中国的立法实践始终缺乏具有批判性的先进意识形态的指引，因此，不论是清末新政时期的立宪、修律，还是民国时期的立宪和法典制定活动，大部分都以失败告终。由"器物"到"制度"再到"理念"的中国追求现代化的历时性顺序所印证的恰是必须肯定由"理念"指引"制度"进而发达"器物"的应然逻辑的重要性。

相比于西方国家的政治法律制度、生产方式、思想观念三者彼此相融、交互推进的早发内生型的现代化，接受先进意识形态引领的当代中国立法实践具有积极主动引导社会各领域实现现代化的特征。当然这并非指现实中来自经济社会各领域的制度实践经验无法反馈到立法实践中，实践改变着思想，思想又重塑着实践，知识的反思性运用表明人类对实践的全新认识会同时改变实践本身。[2]然而在普遍性的实践与思想交互型塑的关系中又蕴藏着殊异性，根源在于对知识的反思性运用的社会基础是不同的。"在吉登斯看来，现代性指涉的乃是源自西方的社会生活或组织模式，借助于深具渗透性的动力机制而使之具有了全球性的格局和力量。"[3]源自西方的现代生产方式及其制

---

[1]　夏林：《从现代性的基础看两种启蒙及其历史表现》，载《人文杂志》2006年第3期。

[2]　参见〔英〕安东尼·吉登斯：《现代性的后果》，田禾译，译林出版社2011年版，第34页。

[3]　魏治勋：《论法律移植的理念逻辑——建构全球化时代中国法制现代化的行动方略》，载《东方法学》2012年第1期。

度设计借助时—空分离〔1〕与脱域机制〔2〕在全球范围产生了巨大影响，任何民族国家的立法实践都必须直面全球化对自身的"地方性"与传统的冲击。在这一过程中，特定民族国家尤其是非西方的国家的立法实践都不是单向地接受源自西方的现代法治理念，而是接纳共通的法治理念、原则、规则同时融入自身的社会基础与文化传统，从而实现已脱域的社会关系的"再嵌入"〔3〕。因而近现代中国的立法实践在面临着全球化所带来的比较压力的同时必须重构自身的"地方性"，立法者需要在实现民族独立的基础上继续追求民族复兴及各领域的现代化，此一过程的反思向度不仅包含对西方资本主义的批判，也以肯定现代性正面价值的方式批判自身传统，所以我们必须在确立马克思主义先进意识形态引领的前提下对之赋予中国化的处理方式。

三、以民法典立法实践呈现"渐进式建构"的现代化道路

当代中国现代化问题的复杂性、矛盾性、多样性无不预示我们的现代化道路具有鲜明的积极主动探索、在摸索中逐步推进的特征，前者的应然逻辑与后者的现实操作并行不悖，统合于中国现代化探索的主体性意识之中，"渐进式建构"不啻为描绘中国独特现代化历程的精准概念，而民法典立法实践则构成了制度现代化领域展现我国"渐进式建构"现代化道路的绝佳范本。

首先，民法典立法实践无疑是体现中国现代化建设的"建构性"特征的

---

〔1〕 时空分离、脱域、知识的反思性运用是吉登斯在其著作《现代性的后果》中所提出的现代性的动力体制。吉登斯认为时空分离是现代性的最为重要的动力机制，它指的是跨越广阔的时间和空间领域的社会关系的联合，与时空的虚化有关，前现代社会的时空观下主体的社会交往互动是与自身的"在场"即特定的时空位点联系在一起，但是在现代社会随着电子传媒、互联网技术、现代交通的发展，主体的社会交往互动日益摆脱"在场"（presence）的支配，在"缺场"（absence）的情况下也可以进行社会交往。参见 [英] 安东尼·吉登斯：《现代性的后果》，田禾译，译林出版社 2011 年版，第 16-17 页。

〔2〕 时空分离和脱域是相互关联的概念，或者说时空分离是脱域的前提条件，时空分离意味着时空在形式上会重新组合，这会导致社会关系的时空延伸。参见 [英] 安东尼·吉登斯：《现代性的后果》，田禾译，译林出版社 2011 年版，第 14 页。吉登斯将脱域概念定义为："社会关系从彼此互动的地域性关联中，从通过对不确定的时间的无限穿越而被重构的关联中'脱离出来'"。[英] 安东尼·吉登斯：《现代性的后果》，田禾译，译林出版社 2011 年版，第 18 页。

〔3〕 再嵌入是脱域相互关联的概念："所谓再嵌入，我指的是重新转移或重新构造已脱域的社会关系，以便使这些关系（不论是局部性的或暂时性的）与地域性的时—空条件相契合。"[英] 安东尼·吉登斯：《现代性的后果》，田禾译，译林出版社 2011 年版，第 69 页。

典型代表。民法典"将所有透过分析而得的法命题加以整合，使之成为相互间逻辑清晰、不会自相矛盾、尤其是原则上没有漏洞的规则体系"〔1〕，民法典的体系化和形式性特征本身就表征着它是理性建构的产物，法典化所追求的正是借助逻辑手段统合所有的法命题与规则、原则。民法文化在西方资本主义国家有着连贯的发展历史，但是这一传统在古代中国却付之阙如，中国古代欠缺调整平等主体之间的财产关系、人身关系的民法文化及制度实践，却有着以庶民为主要规制对象的刑律传统与规范官员的礼仪典章，与之相辅相成的是自给自足的小农经济形态下的大一统的皇权专制，在意识形态领域则是官方主导强调尊卑有序的儒家学说。要在缺乏民法传统的国度短时间内迅速制定一部形式合理、内容完备的民法典，最便捷的途径无疑是依靠少数通晓西方民法的精英人士的主动建构而非立法经验、裁判经验的积累，这也是近代中国现代化建设的鲜明特征之一。在部分学者看来，虽然中国与西方有着不同的文化传统与社会基础，但只要我们想施行市场经济，推进先进生产力的发展并发扬现代理念，学习西方近现代的民法就是具有合理性的。〔2〕而当代中国的立法实践作为实现民族复兴与国家富强的最为重要的制度性手段，不能仅仅停留于对西方的模仿，必须要既符合现代国家建设的一般规律又兼具中国特色，特别是民法典立法实践更要免疫于对西方资本主义国家民法典的单一模仿，立法者需以普适性的法治理念为底色，为民法典的具体内容赋予民族化的表达方式。在民法典所凭依的社会基础有所发展的情境下，民法典的立法实践目标不是完成一件让少数精英人士看上去"赏心悦目"的作品，而是必须适应中国的社风民情，因此必须更加强调民法典的建构性。正如有学者在论及现代性与中国法治的关系时所指出的，我们建设法治并不是为了"超英赶美"，必须要打破以欧美为"潜在标杆"的认识局限，中国建设法治的根本目的是锻造出一个能让大部分中国人感觉妥帖适宜的社会治理模式。〔3〕

　　其次，近现代中国的民法典立法实践始终承载着中国现代化探索的实践

---

〔1〕　〔德〕马克斯·韦伯：《法律社会学：非正当性的支配》，康乐、简惠美译，广西师范大学出版社 2011 年版，第 28 页。

〔2〕　参见马俊驹：《中国民法的现代化与中西法律文化的整合》，载《中国法学》2020 年第 1 期。

〔3〕　参见薛军：《现代性理论与中国法治》，载《读书》2013 年第 2 期。

经验，亦具有"渐进性"特征。中国经历了从基本继受西方法律到在继受西方法律的同时有选择的保留本国制度，再到批判西方、扬弃传统的自主建构阶段。从清末清政府《大清民律草案》到民国时期的《民国民律草案》、《中华民国民法》，再到新中国成立后的《中华人民共和国民法通则》（以下简称《民法通则》）及一系列民事单行法和现行民法典，近现代中国的民法典立法实践同时伴随着不同时期现代化方案的抉择，目前来看，中国近代以来的民法典立法观可以大致分为以下三种类型：一是把民法典看作救亡图存的工具，二是将之视为资本主义的制度成果并加以批判，三是认为民法典是建构功能完善的现代民族国家所必备的制度框架。不同类型立法观的相继登场与前后承接所揭示的是国人对于现代性本身以及中国的现代化模式的认识不断深入的过程。总体而言，无论是从近代的民法典立法实践历程来看，还是着眼于当代民商事法律制度的完善，中国民法典立法实践并非毕其功于一役，其间曾经历或者需要继续经历多次的废旧立新、修订补正。在这一过程中，中国的立法实践曾出现过不少问题，例如过度的"拿来主义"导致缺乏自主建构；错位的立法追求使得救亡与启蒙的价值失衡；法律的制定缺乏广泛的社会参与，这导致法律实施效果不佳；等等。纵观近现代中国的民法典立法历程，立法主体需要从以往立法实践中不断汲取经验教训，促进民法典制度的不断完善，面对西方法律资源与本国传统的选择时采取更加审慎的立场，重视普通民众基于生活经验与利益需求提出的立法建议。中国民法典的立法实践在建构理性的形式外观下蕴藏着经验理性的智慧，具有"渐进性"的特点，这体现了中国现代化道路探索的曲折艰难。

最后，民法典的"渐进式建构"体现着中国在探索现代化道路过程中不断高扬的主体意识，直接印证了中国现代化模式的独特性，间接否定了趋同论的现代化观点。范忠信先生指出，近代以来中国的法律现代化先后经历了中华法系改良、全盘西化、全盘苏化这三条不成功的道路，我们应当以更加理性的态度对待古今中外优秀法制资源，并对其采取充分拣选的方式，博采众长以摆脱畛域之见的法制现代化之路。[1]范先生有关法制现代化的道路的论断之于民法典的立法实践也是适用的，民法典之所以呈现"渐进式建构"的特征，一方面正是因为我们对现代性的复杂性、矛盾性、多样性认识有一

---

〔1〕 参见范忠信：《中国法律现代化的三条道路》，载《法学》2002 年第 10 期。

个由浅入深、由表及里的过程，制定民法典所凭依的现代化方案几经变动，直至当代才确立了较为合理的现代化方案，这具有渐进式发展的特点；另一方面民法典"渐进式发展"的途径正是不断将中国的"地方性"再嵌入民法典所承载的具有普适意义的基本价值理念、形式逻辑框架、法律规范结构、概念术语之中，这种再嵌入的过程必然伴随着对传统立法资源的改造、对既有立法经验的扬弃以及对西方立法理念的批判，以此满足当下的立法目标，因此呈现出强烈的建构性。综上，"渐进式建构"不仅是对近代中国民法典立法历程的描述，更是当代中国民法典立法实践与完善的根本策略。"渐进式建构"所表征的是将现代理念、制度与中国本土资源相结合并进行创造性的转化，这直接印证了中国现代化模式的独特性并间接否定了"趋同论"的现代化观点，特别是否定了以欧美国家的现代化道路为范本的观点。

第二节　当代中国立法实践的市质属性：制度现代化

"制度现代化"与"当代中国立法实践"皆是由不同词项组合而成的复合概念，词项的叠加使得原本蕴含多种解释可能性的概念被逐步限定，从而使得复合概念在特定语境下产生了本质关联。将当代中国立法实践的本质属性归为制度现代化并非说当代中国立法实践与制度现代化完全等同，需要先分别揭示出"制度现代化"与"当代中国立法实践"的概念内涵，进而以"制度"为联结点，阐释二者的关系并进行融贯性的理解。

一、制度现代化的合理内涵

"制度现代化"由"制度"与"现代化"两个词项组成，揭示制度现代化的合理内涵需要分别从现代化与制度入手，找到二者的交集所在而后加以综合分析。

首先就现代化概念进行分析。现代化与现代性同为西方外来词，从英文构词法上看，现代化（modernize 或 modernization）与现代性（modernity）都是共同以"现代"（modern）作为词根。据考证，"modern"一词源于公元 4 世纪出现的一个拉丁语单词"modernus"，后者又起源于拉丁词"modo"，作为现代性、现代化词根的现代（modern）更多是一个时间分段的概念，意思是"当前"（recently）、"今天"（today）、"现在"（right now）。[1]对现代化概念的理解有多种视角：有学者认为对现代化采取历史进程说、指标说与性质说的解释方式过于单一，需要结合静态与动态两个层面来理解。[2]有学者从基本词义、理论涵义与政策涵义的视角环环相扣地对现代化进行三维定义。[3]还有学者认为现代化作为一个相对的概念可以在抽象的时间维度与历史的发展进程两个层面来使用，更重要的是现代化概念具有总体性，即现代化是一种囊括人们的生存方式、价值理念、社会结构、经济运行的社会—文化系统的具有创造性的"格式塔"转换。[4]学界对现代化概念的理解方式异中有同，共同之处在于学者们对于现代化概念的内涵揭示都必须根植于基本的词义，其中 modernize 作为动词表示现代化是在过程意义上正在被实现或者需要被推动，而名词意义上的 modernization 则指向已经被实现的现代化结果或所欲达致的现代化状态，而汉语表达中的现代化一词则同时兼具名词、形容词、动词的词性。学者们对现代化概念的内涵阐释都无法偏离基本词义，理解方式的差异化则源自他们是在不同的论证语境与问题视阈下使用现代化概念的。具体到本节的核心命题——制度现代化是当代中国立法实践的本质属性，可以说现代化的每一种词性在此命题的论证语境中都具有相应的阐释空间：形容词或名词层面的词义所应用的语境是阐释不同于传统社会的现代社会制度特别是法律制度的性质、特征及相关具体实例，动词层面的词义所应用的语境是论证由传统社会向现代社会转型过程中的制度建构的动态性，其中立法实践是推动现代社会制度转型的核心手段，对现代化概念的总体性理解则作为上述词义使用的背景而存在。综上，我们对现代化的理解始终无法脱离论证语境与问题视阈的限定，既不能简单采用静态与动态、抽象与历史的二分法遮蔽语境的多样性，也不能采用具有极强包容性与解释力的总体性理解去消解问题本身。

其次就制度概念作出分析。从最直观的日常生活角度观察，制度一词的

---

〔1〕 参见谢立中：《"现代性"及其相关概念词义辨析》，载《北京大学学报（哲学社会科学版）》2001 年第 5 期。

〔2〕 参见刘金海：《制度现代化的基本问题》，载《探索与争鸣》2016 年第 9 期。

〔3〕 参见何传启：《现代化概念的三维定义》，载《管理评论》2003 年第 3 期。

〔4〕 参见何中华：《"现代化"概念辨析》，载《山东大学学报（哲学社会科学版）》1995 年第 1 期。

词义与规范、秩序、准则等概念紧密相关，其运用如"根据单位的制度，这笔款项不予报销"。制度的日常用法在承载一般民众概念共识的字典或词典也有所印证，如"制"系会意字，本义为用工具去修剪枝条，后被引申泛指裁断、裁制、制作、规划、规章等，"度"则是形声字，本义为伸缩两臂量长短，引申泛指制度、限制、控制、约束等。[1]制度（institution）的英文词义同样也具有规范、秩序的含义，诺斯认为制度是社会交往中形成的个体彼此行为的约束，包括正式与非正式的两种表现形式，前者指的是成文的法律规则，后者指的是包括惯例、自我设定的行为规范在内的非正式的规则，当然不论正式与否，制度都需要具备强制性。[2]由此可见，制度概念的内涵要结合本节命题的论证语境来分析，虽然制度的中英文词义在日常生活使用与字典中均有规范、秩序之义，但是不能径直将制度与法律等同视之。在社会科学的话语体系中，制度的含义及使用是多层次、跨领域的。有学者从人类现实存在方式的本体论视角将制度定义为社会交往关系结构，认为制度先于被创制的法律规范；[3]有学者指出，区别于尚未划分学科的古典制度研究，如迪尔凯姆将制度视为外在于人的客观事实，当代以新制度主义学派为代表的制度研究囊括了政治学、法学、历史学、社会学等诸多学科领域，这些学科领域都有着与本学科研究领域相关的制度定义。[4]而以法律直接等同于制度并表达为法律制度的理解方式，自然构成了制度的最狭义理解。聚焦到本节的命题，"当代中国"与"立法实践"及"现代化"的词项分别构成了阐释制度概念的语境限定："当代中国"是探讨制度概念的时空限定，意在指出制度建设必须以建设功能完善的现代民族国家为目标，研究者要充分把握制度构建的民族性、地方性、本土性；"立法实践"是分析制度问题的对象限定，意在表示法律制度是需要研究者重点关注的对象，而如何经由立法实践实现制度现代化则是核心论题；"现代化"是研究制度内容的本体论限定，即在现代社会领域不断细化及学科划分的背景下，制度研究的重点不再是社会交往

---

〔1〕　参见谷衍奎编：《汉字源流字典》，华夏出版社 2003 版，第 362 页。

〔2〕　See Douglass C. North, "Toward a Theory of Institutional Change", in William A. Barnett et al., eds., *Political Economy, Institutions, Competition and Representation*, Cambridge University Press, 1993, p. 62.

〔3〕　参见高兆明：《"制度"概念的存在论辨析》，载《南京师大学报（社会科学版）》2007 年第 4 期。

〔4〕　参见陈氚：《制度概念的歧义与后果》，载《湖南师范大学社会科学学报》2013 年第 2 期。

关系结构或外在于人的客观事实，而是明显具有人为创制、运行及反思特征的规范意义上的各项制度板块，其中以法律制度为典型代表。

最后，分别呈现制度与现代化的基本词义及基于语境得出的概念内涵并不能直接揭示出制度现代化的合理内涵，而是必须找到二者的交集所在，对制度现代化的概念赋予融贯性的理解。制度现代化不单是法律领域的制度现代化，也指向经济、政治、文化、社会、生态等领域的现代化，因而结合前述现代化的词性，对制度现代化的理解大体可以归为以下两种类型：一种是状态意义上的描述，"人类社会的规范体系达到了一种最新、最高和最好的状态，在这种状态中，制度能够促进社会有序、理性地运转"[1]。另一种则是过程、手段、方法意义上通过合理的各项制度安排促进各项现代化事业的发展。综合前述对制度概念的描述，制度现代化的内涵有以下三个层次：其一，"当代中国"意指制度构建在中国现代化进程中具有整合现代化要素以促进民族国家建设的重要作用。其二，"立法实践"意指现代国家各项制度是通过法律制定活动形成的"对全社会所有成员均具有普遍约束力的规范体系"[2]。其三，"现代化"概念表明不能人为割裂现代化进程中法律制度与现代社会其他制度板块的联系。综上，我们可以赋予制度现代化如下定义：制度现代化是以立法实践为途径，以法律制度为纽带整合现代社会各个领域的现代化要素，从而建构功能完善、有序运行的现代民族国家。

二、立法实践的概念界说与制度解读

制度现代化的定义表明立法实践是整合现代性诸要素的制度手段，因此立法实践具有十分重要的地位，必须对此概念进行符合学界共识与论证语境的界说。由立法转向立法实践的概念绝非简单的同义反复，而是在深化立法概念内涵基础上的研究视野的拓宽，摆脱传统立法学研究的局限，以便对当代中国立法实践进行制度解读提供可能。

根据《中华人民共和国立法法》（以下简称《立法法》）规定，法律、行政法规等各位阶的法律规范由享有法定权限的各级国家机关依照法定程序

---

[1] 刘金海：《制度现代化的基本问题》，载《探索与争鸣》2016 年第 9 期。
[2] 李放：《现代国家制度建设：中国国家治理能力现代化的战略选择》，载《新疆师范大学学报（哲学社会科学版）》2014 年第 4 期。

进行制定、修改与废止。这是立法的概念内涵中最基础的内容，无论学界对立法概念作出怎样的理论阐释，都无法脱离立法概念的基础内容。阐释立法概念着眼点的差异，导致由立法概念的基础内容延伸出了不同的立法定义：其一是过程论意义上的立法定义，狭义的过程论的立法定义高度近似于立法程序与立法技术，即将法律文本的制定、修改与废止视为立法的核心内容，广义的过程论立法定义则不局限于法律语言、条文、章节的技术设计与立法程序步骤，而是从法律规范的层面主张立法是对不同主体之间权利义务安排的科学发现的过程。[1]其二是立法的形式化定义，形式化的立法定义着眼于不同领域不同位阶的立法活动所共有的特征，追求对立法活动的要素与活动内容作出概括性描述，如将立法活动定义为对权利资源、权力资源及其他制度性资源的配置，这就是立法形式化定义的典型代表。其三是立法的本质性定义，此种定义模式通常是对法律定义的摹写，典型如从阶级论的角度认为立法是有权的政权机关为体现执政阶级意志而形成具有强制力的社会规范的活动。[2]上述对立法的定义各有其优点与缺点：首先，过程论的立法定义高度类似于立法程序或立法技术的定义，体现了较强的实践应用的价值取向，但缺点在于过程论的立法定义实际上是以立法机关作为参与立法实践的主要主体，有着忽视参与立法活动的其他社会政治生活主体的倾向；其次，形式化的立法定义虽然能够"求取各种立法实践活动的共同要素和通识内容"[3]，但却遮蔽了立法的特有属性如表达统治阶级的意志、反映社会发展的客观规律和调节不同利益群体之间的矛盾等。有关立法特有属性的论断则涉及参与立法活动、接受立法规制的各类主体，然而仅仅通过形式化的立法定义是无法完整反映立法的本质性特征的；最后，立法的本质性定义与法的本质一脉相承，能够在具体立法活动中贯彻对法律的本质性理解，但法的本质是高度抽象化与理念化的，即使要通过现实立法活动传达，也需要在审慎考察理论与现实的关系上进行，因此不能直接将法的本质转嫁到立法定义中，否则存在扭曲立法活动的实践面向的危险。

---

〔1〕 参见魏宏：《技术设计过程，还是科学发现过程？——论立法过程的思维和研究方式》，载《江苏社会科学》2002 年第 4 期。

〔2〕 参见周旺生：《立法学》，北京大学出版社 1988 年版，第 156 页。

〔3〕 石东坡：《"后体系时代"的立法实践范畴新论——基于修改〈立法法〉的思考》，载《江汉学术》2014 年第 1 期。

上述立法定义所具有的优缺点恰恰证明了不同立法定义之间的互补性以及单一类型立法定义的不足。如果以理论与现实作为线段的两端，把参与立法活动的各类主体视作线段上的节点，那么过程论的立法定义无疑是最接近现实一端的定义类型并以立法机关及其工作人员为主要立法主体，本质性的立法定义则最接近理论一端的定义类型并将人民视作真正的立法主体，而形式化的立法定义却是回避理论与现实之间的内在张力，试图对具有实践指向性的各项立法活动进行抽象概括来隐藏背后的立法主体。这三种类型的定义皆没有正视理论与实践的内在张力，也无法彻底涵盖参与立法活动的各类主体，前两种定义各执一端，最后一种则回避了问题本身，因此我们需要能够直指问题症结的立法定义，而立法概念阐释空间的多样性要求我们必须对之作出限定。立法实践以"立法"加"实践"的词项组合表明法律规范的形成本质上是实践的，"立法是法律实践作为调整社会关系的重大实践活动的组成部分"[1]，换言之，"实践"的词项已经揭示出对立法概念的探讨不能执着于理论一端，这是偏离现实立法实践活动的。但是立法实践又和过程论意义上偏向实践一端的立法定义不同，立法实践的概念包含现实的立法实践活动以及理论层面立法者对立法实践的反思性认识，因而我们可以运用立法实践的概念却无需以"立法实践与理论"的字眼再度说明对立法实践的研究需以把握理论与现实的关系为要务。对理论与现实的兼顾使得立法实践概念能够有效涵盖各类立法主体而不至于遗漏，由此我们可以对立法实践概念进行融贯性的理解：立法实践是指在一定价值观念、意识形态、理性认识的引导与作用下，法定的立法机关及相关工作人员、专家学者、普通民众等其他主体参与到法律规范的制定、修改、废止等各个环节，最终形成的法律规范能够体现人民意志并维护其根本利益，不同主体在不同层面的反思性认识对立法实践有重要的形塑作用，也构成立法实践的重要组成部分，相关主体可以被统称为立法者。

三、制度现代化与国家现代化的关系

在当代中国的国家治理体系和治理能力现代化的语境中，"制度质量是衡量

---

〔1〕 石东坡：《"后体系时代"的立法实践范畴新论——基于修改〈立法法〉的思考》，载《江汉学术》2014 年第 1 期。

和决定国家治理现代性的关键变量，现代国家制度是国家治理的有效基石"〔1〕。对制度现代化与国家现代化的关系判定取决于中国的制度建设的目标指向，从提升治理体系和治理能力现代化水平的目标指向来看，以法律制度为重要表征的现代国家制度一方面要承接先进治理理念的指引，将之转化为以国家强制力为保障、以行为规范、法律后果为内容、对全社会成员具有普遍约束力的治理体系，从而为各领域的现代化建设提供规范支撑；另一方面，现代国家制度也要从现代化建设及治理实践中汲取经验教训，反馈给治理主体，以促进治理体系的完善与治理理念的更新，最终实现治理能力的提升。因而这样一种"理念—制度—实践"与"实践—制度—理念"的双向互动预示着制度现代化与国家现代化绝非同一平面上的部分与整体的关系，而是手段与目标的关系：首先，制度现代化为国家现代化提供了内容规范与制度保障，在现代国家治理体系中，以秩序、规范为核心内容的法律制度在某种程度上等同于制度本身，因为法律制度涵盖现代社会生活的方方面面，调整着经济、政治、文化、社会和生态文明等不同领域的治理行为，现代国家制度的建构的首要环节就是覆盖各领域的法律制度的建构；其次，现代国家制度在治理实践中的运作实效为检验制度现代化能否促进国家现代化提供了最佳途径，当法律制度的运作能够顺利推动现代化各项事业的发展时，就可以认为法律制度的治理效能充分实现，各方治理主体的治理能力得到了提升，否则就说明治理体系尚存在需要改进之处，治理理念仍存在落后的地方；最后，虽然在一定程度上制度现代化与国家现代化之间相互作用，但制度现代化并非国家现代化中的组成部分，二者仍是手段与目标的关系，当代中国立法实践的本质属性是制度现代化，其目标定位是国家现代化，完善、健全、高效的治理体系的建构是提升治理能力的关键所在。

四、内嵌于制度现代化进程的当代中国立法实践

在抽离历史语境的情况下对立法实践与制度现代化关系的逻辑推演无法充分为当代中国立法实践提供准确的坐标定位，如果在制度现代化进程中对当代中国立法实践予以情境化的考察，那就必须要说明制度现代化进程与不

---

〔1〕 李放：《现代国家制度建设：中国国家治理能力现代化的战略选择》，载《新疆师范大学学报（哲学社会科学版）》2014 年第 4 期。

同时期中国立法实践是否相互匹配，从而在历史情境接续的基础上论证当代中国立法实践总体上是否符合当下制度现代化的要求。

中国制度现代化进程可以大略分为清末—民国、新中国成立后—改革开放前、改革开放至今这三个阶段：其一，清末—民国的立法实践因为缺乏先进意识形态的指引而无法实现救亡图存、民族独立的历史任务，正如有学者所说清末以来法制变革失败的根本原因端赖于没有"以法强国"[1]，而后发国家制度现代化必须是以主权独立的民族国家为基底，其时中国的立法实践与反帝反封建的历史任务是错位的，这导致清末—民国的立法实践最终是失败的。其二，新中国成立后—改革开放前，这一时期以民族独立为基底，政府的资源汲取能力与社会动员能力都得到迅速提升，但是以强制性的政策执行取代制度化、法制化的权力运作，使得现代国家制度的建设进程放缓。[2]这一时期虽然有《中华人民共和国婚姻法》（以下简称《婚姻法》）、《中华人民共和国宪法》（以下简称《宪法》）的颁行，但整体立法实践的展开程度、覆盖领域与全面建设现代国家制度的历史任务还是存在差距。其三，改革开放至今，随着我党的"基本路线"向"以经济建设为中心"转变，提出"四个现代化"目标，强调依法治国的重要性，国人逐渐意识到了要在民族独立的基底上有序发展各项现代化事业，实现诸领域的制度现代化，但是不能再以强制性的政策执行，而必须借助高效社会规范体系即合理的法律制度促进各项现代化事业的发展。[3]这一阶段从宪法到一系列部门法的颁行恰好符合国家现代化的历史任务，并且此一历史任务尚在持续中，以民法典立法实践为代表的当代中国立法实践并非预示着制度现代化的进程接近尾声，相反是在表明我国的制度建构从原先的追赶、借鉴逐步转变为强调自身的主体性、具有民族特色并引领世界潮流，是要从中低水平的国家制度建设迈向高水平的现代国家制度建构。

综上，不同时期立法实践对历史任务的承接及其完成赋予了立法实践与

---

〔1〕 支振锋：《变法、法治与国家能力——对中国近代法制变革的再思考》，载《环球法律评论》2010 年第 4 期。

〔2〕 参见李放：《现代国家制度建设：中国国家治理能力现代化的战略选择》，载《新疆师范大学学报（哲学社会科学版）》2014 年第 4 期。

〔3〕 参见何显明、揭艾花：《制度变迁与中国现代化进程》，载《浙江社会科学》1999 年第2 期。

制度现代化之间的逻辑推演以现实的质感。当代中国立法实践内嵌于制度现代化进程之中，这一判断表明我们从制度演变的深层历史规律出发，以促成国家现代化为宗旨，探究特定情境下的立法实践是否满足了中国作为后发国家在不同时期的现代化需要。

第三节　当代中国立法实践的目标定位：国家现代化

制度现代化是促成国家现代化的重要手段，相对应地，国家现代化是制度现代化的目标定位，这一点在制度现代化的定义中也有所体现，对于当代中国立法实践而言，国家现代化自然也成为其除了完善社会主义法治体系之外最为重要的目标定位。

一、国家现代化的多维解读与核心内容

由于国家现代化概念内涵的丰富性，我们可以对之进行多层次、跨领域、各种视角的解读。有学者认为政治、经济、文化、社会等领域的现代化要素的变化及组合就是国家现代化，并且国家现代化的程度及水平能够用量化的指标表示。[1]有学者从国家整体文明形态变迁的角度指出："所谓国家现代化，简单说，就是实现从传统的封建国家、落后的农业国家向现代民主法治国家、市场经济国家的转变，实现国家的富强、民主、文明与和谐。"[2]还有学者着眼于现代化的普适性要求与本土化独特性的矛盾，探究如何调和诸如市场化、工业化、民主化、法制化等普遍性原则与自由、平等、理性的普遍价值和民族国家传统、特殊社会现实之间的内在紧张关系。[3]更有学者从二阶观察的视角出发，批判国内外学者用以讨论发展中国家的现代化发展路径或模式的现代化理论，认为每一个发展中国家都有其独特的现代化路径，没有任何普适性的现代化理论。[4]上述学者对国家现代化概念的解读呈现出多种维

---

〔1〕　参见何传启：《国家现代化的三条道路》，载《科学与现代化》2016 年第 3 期。

〔2〕　刘红凛：《党的现代化与国家现代化：历史的契合与现实的互动》，载《上海行政学院学报》2011 年第 5 期。

〔3〕　参见漆思、赵玫：《现代性矛盾与现代化历史批判》，载《学习与探索》2007 年第 6 期。

〔4〕　参见程洪：《对后发优势理论的反思——发展中国家现代化透视》，载《江汉大学学报（人文科学版）》2003 年第 2 期。

度，按照一定逻辑理路可以进行如下区分：其一，对国家现代化概念进行分解式的理解，这是指以国家现代化作为最高层级的一级指标，依次推论出二级、三级等层级的指标，以量化的方式呈现国家现代化的发展过程和水平；其二，对国家现代化概念进行综合性的解读，例如立足于文明形态的变迁角度的解释；其三，上述两种解读在某种意义上都是普适论立场，第三种解读则是要正视普适论与特殊论的矛盾并力图调和；其四，最后一种解读是将特殊论推至极致。

应当说，不同维度的解读分别揭示出了国家现代化概念的部分内涵，其共通的属性都是从过程语境或标准视角阐释国家现代化，共同的缺陷在于此种部分内涵的阐释是在没有准确把握国家现代化的核心内容的情况下进行的，因此无法对国家现代化概念的合理内涵进行全面系统的论证。

学界对于国家现代化概念的分析多集中于"现代化"的剖析，对"国家"则一略带过或直接在叙述过程中使用该语词，实际上国家现代化概念的核心内容就在于"国家"，"现代化"则从属于"国家"。此处的"国家"指的是民族国家，民族与国家并非新鲜事物，东西方历史上都有某一民族建立国家的史实，例如犹太民族建立的古犹太王国、党项族建立的西夏王国，但是这与现代民族国家相去甚远。金观涛先生曾指出，现代民族国家的正当性不是由超越视野（例如中国古代的伦理道德）赋予的，而是立足于拥有理性和权利的个人对应然社会的想象，民族国家在某种意义上是一个想象的共同体，个人权利、工具理性奠定了脱离传统社会的契约社会，再添加个体主观的民族认同最终支撑起民族国家的身份认同。[1]纵观17世纪以来的世界历史，现代民族国家最早出现于西欧（英国、法国为代表），与新教的传播特别是加尔文宗的发扬密切相关，随后，这些早发的民族国家凭借其制度、科技、军事等领域的优势逐步迫使世界范围内的非西方文明的地区及社会逐步向民族国家的组织形式转化，时至今日民族国家在国际政治活动中扮演着主要的角色。从形成与维系现代民族国家的历史任务的普遍性来看，现代化的各项指标与整体文明形态的进步是各国在面临横向的比较压力下必须要完成的，但是不同现代化要素的组合与运用、各项现代化指标的设计、在文明形态发展过程中对理想化图景的设定，都要受制于各国历史文化传统的差异从而具有特殊性，特别是非西方文明的国家在"冲击—反应"的模式下更要对源出

---

〔1〕 参见金观涛：《现代民族国家与契约社会》，载《中国法律评论》2017年第2期。

西方的现代性不断地解释、选择、重构。

民族国家的形成与维系是国家现代化的核心内容，这一历史任务的普遍性与现代化具体标准及过程实现的特殊性并行不悖，不存在矛盾之处，只要各国能够维系国民共同的身份认同，形成牢固的民族国家共同体意识，并且有效应对横向的比较压力，那么即可以认为达成了国家现代化的基本目标。

二、立法方向的选择服务于现代化要素的运用

国家现代化历史任务的普遍性要求世界各国特别是非西方文明的国家必须充分运用立法实践调动一切现代化要素服务于本国的经济社会等领域的现代化建设。资本、资源、信息、环境、技术、劳动、土地等要素的组合与运用对于促成国家现代化目标的实现具有重要意义，并且相关要素组合与运用的实效还需要通过量化的指标形式呈现，以确定在同时期横向比较中某国现代化水平的定位，因此这些要素可以称之为现代化要素。在立法实践中对现代化要素的组合与运用发挥重要影响的是立法方向的选择，在当代中国的现代化进程中，发挥各领域的要素的作用都需要政府与市场的相互结合，不存在只依靠市场调节或者只需要政府干预的现代化要素。改革开放以来我国从有计划的商品经济到国家调节市场再到社会主义市场经济，政府与市场对不同领域现代化要素的配置与应用方式随着国情与发展阶段的变化有所不同，因此立法方向的选择也并非公法、私法简单的取舍，而是要有所侧重，使得不同类型的立法互相配合。

一方面，对突出市场的作用而政府居于辅助地位的经济领域在立法方向上应以私法为主、公法为辅。在我国发展社会主义市场经济的条件下，市场调节是有效发挥各项现代化要素的潜在价值的重要手段，参与经济活动的各类主体根据市场需要参与到各类生产要素的流通与分配过程中，从而实现"帕累托最优"的效果。而市场调节作用的充分发挥与市场主体在私法领域享有充分的资格保障、权利保障、秩序保障密不可分，"民事主体制度确立了市场参与者的主体资格，物权法律制度维护市场秩序静的安全，契约法律制度维护市场秩序动的安全"[1]。但是市场调节的作用得以发挥也离不开政府提

---

[1]　王继军、李锋：《论公法和私法在我国市场经济中的作用》，载《山西大学学报（哲学社会科学版）》2008年第6期。

供的公平的竞争环境、良好的社会保障以及宏观的经济政策，这些都需要公法领域的相关法律法规的规范。此外在市场失灵的情形下政府的宏观调控也是防止市场主体恶性竞争和剧烈价格波动、有效调节生产与资源配置的重要手段，这也离不开公法领域法律法规的赋权。

另一方面，对于需要重点强调政府的作用而市场居于辅助地位的领域在立法方向上应以公法为主、私法为辅。教育、科技、医疗等领域的现代化要素完全依靠市场调节　有错过发展机遇或者导致分配不均的风险。"由于我国强调行政高权在配置资源中的优势地位，所以一定范围、一定程度的行政干预和行政对资源的控制是必要的"〔1〕，但是不能政府干预直接替代市场调节，需要公法领域的立法对政府干预的领域、途径、程度予以严格的限定，从而避免政府的不当干预，同时私法领域的相关法律法规也需为政府干预划定相应的界限。

三、立法内容的设计同步于全方位的现代化转型进程

当代中国立法实践实际上是推动中国社会整体现代化转型的最为重要的制度性手段，特别是在中国现代化的深层次动因由救亡图存转变为民族复兴的情境下，当代中国立法实践的主要目标不再是民族独立，而是"通过合理的制度安排，建立良好的社会激励结构以促进现代化各项事业的发展"〔2〕。当代中国的立法实践必须要同步于观念、文化、经济、政治、社会等领域的全方面现代化变革，才能构建出完备、高效的国家治理体系，锻造出强大的国家治理能力，最大程度地实现民族复兴的理想图景，这种同步最为典型的体现就是立法内容的设计与现代化变革进程的适应。自改革开放以来，改革、发展、稳定三者关系的有机协调引导着立法内容的设计适应和服从于改革开放阶段性历史任务的完成。

其一，以改革开放为时间节点，当代中国现代化变革实际发端于政治体制改革，基于"文革"的历史教训与发展民主、法治的迫切要求，我国采取

---

〔1〕　关保英：《治理体系与治理能力现代化中的公法给付精神论》，载《法律科学（西北政法大学学报）》2020 年第 5 期。

〔2〕　何显明、揭艾花：《制度变迁与中国现代化进程》，载《浙江社会科学》1999 年第 2 期。

的策略是以立法推动政治体制改革。[1]《中华人民共和国宪法》（1982 年）（以下简称"八二宪法"）、《中华人民共和国村民委员会组织法》、《中华人民共和国行政诉讼法》等一系列法律陆续颁行，从立法内容上逐步确立与民主、法治要求相适应的国家机构设置、权力划分与限制、权利保障、基层民主实施框架。其二，在经济领域由改革开放初期至 21 世纪初期我国经历了一段高强度的立法时期，以《民法通则》为基础，《中华人民共和国合同法》（以下简称《合同法》）、《中华人民共和国物权法》（以下简称《物权法》）等各类民事单行法相继颁布。密集立法是为了服务于当时我国社会经济的快速转型，建设社会主义市场经济，在立法内容上体现为对民法基本原则的确立、民事权利的保障、市场交易制度的建构、家事法律制度的完善等。其三，在社会立法领域我国自改革开放以来逐步构建起了覆盖未成年人、妇女、老年人、残疾人等广大弱势群体的法律保障体系，适应了现代社会注重保障弱势群体的基本人权的潮流。其四，在文化、观念领域我国自改革开放以来历次重要法律的颁行都意味着文化思潮、思想理念的现代化变革，例如"八二宪法"的颁布标志着对以往以"阶级斗争为纲"的极"左"思潮的否定，全面确立了以现代化建设为主要目标的思想。

四、立法实践参与者形成并维系民族国家认同感

立法方向的选择与立法内容的设计本质上是立法实践参与者达成立法共识的结果，不同类别的立法实践参与者在合理分工的基础上进行诉求表达、理性筹划、观点博弈并最终达成立法共识。立法实践参与者不同于立法主体，立法主体主要是依据《宪法》和《立法法》的规定有权参与制定、修改、废止法律活动的相关主体，包括全国人民代表大会及其常务委员会、国务院等法定机构或团体，机构或团体意义上的立法主体与个体意义上的立法实践参与者共同组成了广义上的立法者，而立法实践参与者在思想层面形成并维系民族国家认同感也是当代中国立法实践的重要目标之一，是国家现代化的重要组成部分。

换言之，立法方向的选择与立法内容的设计在一定程度上受到立法实践参与者的主观能动性的影响。立法实践是发挥个体的主观能动性的创造性活

---

[1]　参见刘松山：《当代中国立法与政治体制改革关系的演变》，载《学习与探索》2012 年第7 期。

动，在当代中国立法实践中，人大代表、立法工作者、专家学者、普通民众这四类群体是参与立法实践活动的代表性主体。在立法实践活动中各类参与者的分工与作用的发挥不仅会影响到立法方向与立法内容，更会影响到不同群体对于现代民族国家的身份认同感，原因在于现代民族国家是通过对传统等级制社会的瓦解，强调所有国民地位的平等以及法律维护全体国民的利益而获得正当性，这种正当性是一种应然层面的价值判断，现实中特定参与者的分工与作用的发挥都要受到这一应然价值判断的检验。

人大代表、立法工作者、专家学者这三类立法实践参与者通常是直接参与立法工作，他们通过提案、审议、表决、公布的程序性步骤及贯穿前后的起草、调研、评估等技术性操作形成正式的立法文本。一般而言，立法工作者、人大代表、专家学者直接参与立法工作有助于民族国家身份认同感的形成与维系，因为他们参与立法工作是通过代议制的民主选举、科层制[1]的官僚体制、专家系统[2]的知识输出实现的：人大代表是由人民选举产生，代表人民参与立法工作；立法工作者一般是从事立法起草、立法调研、立法规划等非程序性的立法工作，专家学者以其专业知识协助立法工作者进行立法起草并提供立法建议，"我国的立法起草工作实际由这些'非民选'的立法工作者来承担"[3]。这一系列操作的关键目标在于以非人格化[4]的制度运作保障立法工作的实施能够有效反映人民的立法意志，回应一般民众的立法需求。然而人大代表、立法工作者、专家学者仍存在受个人利益或偏见影响进而背离人民立法意志的风险，因此普通民众就必须积极、主动地参与到立法实践

---

〔1〕 科层制或称官僚制不是韦伯首创的概念，韦伯在理想类型的意义上指向一种由训练有素的专业人员按照既有的规则持续运作的行政管理体制，科层制的行政管理体制是有一套明确制定的、官府间上下关系的制度，期间下级官府是在上级的监督之下。参见［德］马克斯·韦伯：《韦伯作品集Ⅲ：支配社会学》，康乐、简惠美译，广西师范大学出版社2004年版，第22页。

〔2〕 现代社会中专家系统影响到个体社会生活的各个方面，吉登斯将专家系统定义为由技术成就和专业系统组成的技术体系，它作为一种脱域机制，需要以信任作为其运作的核心。参见［英］安东尼·吉登斯：《现代性的后果》，田禾译，译林出版社2011年版，第24-26页。吉登斯看来，任何类型的专家知识系统所依赖的都是在个体间能够加以转换的程序化的规则。参见［英］安东尼·吉登斯：《现代性与自我认同：现代晚期的自我与社会》，赵旭东、方文译，生活·读书·新知三联书店1998年版，第273页。

〔3〕 杨铜铜：《论立法起草者的角色定位与塑造》，载《河北法学》2020年第6期。

〔4〕 非人格化在科层制的官僚体制中意指占据职位的个人在履行公务时要将私人感情排除在外，没有憎恨与热爱，这是保证公平与效率的前提条件。参见［美］彼得·布劳、马歇尔·梅耶：《现代社会中的科层制》，马戎、时宪明、邱泽奇译，学林出版社2001年版。

中，基于自身的利益需求与意志提出相应的立法建议，除了表现为向人大代表、立法工作者、专家学者提出意见以外，还表现为在公共领域针对立法议题的讨论，微博、微信等互联网传媒技术催生出的公共平台为普通民众积极、主动地参与立法实践提供了便利。

　　普通民众不能只是被动承受立法结果，还必须积极主动地参与到立法实践中，这不仅可以对人大代表、立法工作者、专家学者起到监督效果，也可以拉近普通民众与国家的距离并通过增强其在立法实践活动中的"主人翁意识"以满足立法的民主性要求。在形成与维系民族国家身份认同感的政治法律实践中，立法民主性要求的满足与否意味着是否真正在实质上承认普通民众具有参与政治法律秩序构建的主体资格，而不是仅在形式上将普通民众归为人民的构成部分从而只能被动接受少部分立法实践参与者制定的法律。民族共同体意识需要人大代表、立法工作者、专家学者与普通民众在立法实践中的共同培育。

第四节　当代中国立法实践的根本特征："肯定的现代性"

　　"肯定的现代性"指的是对现代文化价值、经济生产方式、政治法律制度的全面认可与积极建构。囿于特殊的历史际遇，中国确立"肯定的现代性"经历了较为曲折的道路，近现代中国并不是如同西方国家一样由传统的专制社会直接过渡到法治社会，而是经过了曲折的历程，即先经历"否定的现代性"后经历"肯定的现代性"方才确立了现代法治秩序。当代中国的制度现代化、国家现代化实质上都可以归为"肯定的现代性"的具体表现，"肯定的现代性"是当代中国立法实践的根本特征。

一、西方国家的现代性道路及其立法实践

　　西方国家对现代性的确立虽然也经历了较为漫长的历程，但是由于其现代性总体上是源自内部，因此其现代性道路相较于中国等非西方文明国家是较为平稳的。事实上，关于现代性的讨论主要指向的就是自启蒙运动以来源自西方的生活方式及思维观念在其内部的发酵与外部的扩散。[1]在西方国家

————————————

　　〔1〕　参见鉴传今：《重审现代性的问题》，载《华中科技大学学报（社会科学版）》2016 年第 3 期。

的现代化进程中，思想观念的更新、生产生活方式的改变以及政治法律制度的演变虽然是以一系列重要运动或事件为标志，如宗教改革、工业革命，但是其现代性道路更多是内生性的。由中世纪至近现代，西方各国之间尽管也有争端乃至战争，但它们总体上共享着相同或相似的文明传统。即便现代性在相当程度上表现为断裂性，西方国家的传统也与其当下的思想观念、生产生活方式、政治法律制度之间保持了一定的关联，因此我们难以用"肯定的现代性"或"否定的现代性"对其现代性道路作出历史阶段的区分。

西方国家的立法实践更多是通过推翻旧的专制制度而直接过渡到现代法治社会，其对自由、平等、人权、法治、民主的现代法治价值的承认并没有经历"否定之否定"的历程，因为这些价值及其所代表的立法实践更多是内生性的，而非在遭遇异质性的外部入侵的情境下被迫接受的。例如英国虽然是普通法系国家，较为缺乏法典化立法实践，但是近代以来也颁布了大量成文法。英国作为法治发达国家，其法治根源甚至可以追溯至十三世纪初英国《大宪章》的制定，对国王征税权的限制导致英王为了征税不得不召集社会各阶层的代表进行协商，随着历史的演进逐步产生出了议会制度，并且《大宪章》后来逐渐被扩张为保护全体社会成员的宪章。再以民法典为例，现代民法典虽然以《法国民法典》为肇始，但是与古罗马的私法传统、欧洲中世纪的教会法、封建法、城市法乃至庄园法有着千丝万缕的联系，《法国民法典》中的诸多内容更是经历了由不成文的习惯到成文的法律规则的演进，其后的《德国民法典》《瑞士民法典》也是前后承继的发展关系。

二、当代中国确立"肯定的现代性"的曲折历程

当代中国全面确立"肯定的现代性"并非一帆风顺，而是经历了较为曲折的历程。近代中国的"矛盾的现代性"的展开决定了当代中国确立"肯定的现代性"必然要经历"否定的现代性"的历史阶段，这与西方国家的现代性演进道路形成了鲜明对比。

（一）近代中国的"矛盾的现代性"与"否定的现代性"

近代中国及与其相类似的东方民族在遭遇西方国家带来的现代性时往往同时遭受到侵略、殖民或其他形式的变相压迫，由于它们处于内忧外患的局面，因此由西方引入的现代性往往呈现为一种"矛盾的现代性"：一方面，本

国的传统已然构成了本国现代化发展的桎梏，我们需要学习源自西方资本主义国家的现代性；另一方面，面对西方资本主义国家的压迫我们又必须反对所学习的对象。矛盾的现代性的展开呈现为两种形态即"肯定的现代性"与"否定的现代性"。而反帝反封建的双重历史任务必须同时兼顾而不可偏废其一，这意味着贯穿主导近代中国的只能是"否定的现代性"，它指向的历史任务是"通过反帝反封建的社会革命建立起全新价值主导的现代民族国家"[1]，与之相对应的"肯定的现代性"指向的则是现代民族国家各领域的现代化建设，前者历史任务的完成是后者登上历史舞台必不可少的前提，近代中国处于内忧外患的民族生存危机的历史情势下，必须先建构独立自主的现代民族国家，而后才能展开经济社会领域的现代化建设。

　　"否定的现代性"意味着近代中国的救亡与启蒙的关系不是简单的主次关系或并列关系，救亡与启蒙毋宁说是互为支撑的，因为"反帝反封建的历史重任使得启蒙显现出双重性质，既要有肯定性启蒙，又要有批判性启蒙"[2]，李泽厚先生所说的近代中国的救亡压倒启蒙之论固然有一定道理，能彰显中国现代性道路的曲折，但是忽视了反帝反封建的双重任务具有同等的重要性，近代中国任何的政治法律学说及其相关政治力量如果无法兼顾反帝反封建的双重任务都将遭到淘汰，无论是晚清主张"中体西用"的洋务派或"变法维新"的维新派，还是民国时期以三民主义为纲领的中国国民党，都因其反帝反封建的"完全不彻底"或"部分不彻底"，从而无法真正担负起"否定的现代性"所要求的历史任务即建立独立自主的现代民族国家。只有"以启发阶级觉悟、民族觉悟和新道德为取向"[3]的马克思主义契合了近代中国现代性成长的曲折道路与双重任务，而以马克思主义为指引的中国共产党成为近现代中国社会革命与现代化建设的核心领导力量则无疑具有历史的必然性。

　　沃勒斯坦认为弱者在接受强者给予的普遍主义的礼物时，既不能完全拒绝，也不能完全接受，因为这两种态度都是一种失败，弱者唯一可行的方式

---

　　[1]　魏治勋：《百年法治进程的基本逻辑与执政党角色——纪念中国共产党成立 100 周年和"依法治国"方略提出 24 周年》，载《法学论坛》2021 年第 1 期。

　　[2]　夏林：《从现代性的基础看两种启蒙及其历史表现》，载《人文杂志》2006 年第 3 期。

　　[3]　刘小枫：《现代性社会理论绪论——现代性与现代中国》，上海三联书店 1998 年版，第 388 页。

是不接受但也不拒绝或者既接受又拒绝的一种看似矛盾的处理方式。[1]近代中国是在遭受西方侵略的情境下开启现代化进程的，现代性的价值理念、制度安排、生产方式等要素发源自西方国家，所以"否定的现代性"在近代中国的主导地位是一种历史的必然，它意味着在意识形态领域我们只有批判西方资本主义势力及其意识形态之后才能合理借鉴源自西方的现代性并在新的历史阶段转为"肯定的现代性"的主导。

（二）由"否定的现代性"向"肯定的现代性"的过渡

自 1840 年鸦片战争爆发至新中国成立之前，我国的现代化任务主要是反帝反封建，建构独立自主的民族国家，马克思主义是符合"否定的现代性"要求的"革命意识形态"，这为我国完成救亡图存的历史任务提供了意识形态支撑。而"革命意识形态"由于历史惯性、国际局势等因素的影响，在新中国成立后至改革开放前继续指引着中国的现代化建设。"否定的现代性"在特定历史阶段的主导地位帮助中国确立起了探索自身现代化模式的主体性意识，改革开放后我国转变为"肯定的现代性"主导，从而正面回应当时在世界范围占据优势地位的资本主义生产方式及其政治法律实践：一方面，西方资本主义社会所适用的工业组织体系、市场经济模式、政治法律制度相较于传统社会是具有历史进步意义的，现代性或称现代化与资本主义社会的内生发展及其全球范围的扩展关联密切，特别是对于非西方的后发现代化国家更是如此；另一方面，相较于以西方资本主义国家为代表的自然演进的现代性，近现代中国是先经历了"否定的现代性"，后经历了"肯定的现代性"，现代性的生长更为曲折艰难。在民族危亡的情势下，国人虽然认识到传统文明的不足以及需要学习先进文明的重要性，但是面对曾一再打败我们的西方列强又不能完全"匍匐于地"，国人面对"矛盾的现代性"只能通过区分中国现代化进程中的任务的优先次序来进行化解。换言之，挽救民族危亡、建构独立自主的民族国家相较于现代化建设是更为紧迫的历史任务，只有完成这一目标后才能推动现代化建设走上正轨。当然，挽救民族危亡、建构独立自主的民族国家的优先性并不妨碍同时展开与此相关联的现代化建设，因为救亡与

---

〔1〕 参见［美］沃勒斯坦：《作为一种文明的近代世界体系》，载《国外社会科学》1992 年第 5 期。转引自夏林：《从现代性的基础看两种启蒙及历史表现》，载《人文杂志》2006 年第 3 期。

启蒙互为依托，此即"否定的现代性"占据主导的真谛。一旦民族生存危机解除，现代化建设成为主要任务，中国已然在近代经历了"否定的现代性"主导的历史阶段，所以即使中国自改革开放以来转为了"肯定的现代性"的主导，但是我们探索的是具有中国特色的社会主义现代化道路，此即"肯定的现代性"占据主导的真谛。

从"否定的现代性"过渡到"肯定的现代性"固然是历史发展的趋势，但这种过渡能够顺利联结不同历史阶段的原因还在于近现代中国的革命及现代化建设有着科学的意识形态作为指引。马克思主义作为指引中国新民主主义革命和现代化建设的指导思想，固然是站在封建主义、资本主义的对立面，但是其本身亦"主张科学式社会主义启蒙"〔1〕，马克思主义能够同时兼顾中国近现代救亡与启蒙的双重目标，而中国的独特国情又决定了我们运用马克思主义指引革命实践或国家建设必然是根据历史阶段的差异。虽然古老中国的现代化进程是先经历"否定的现代性"，而后经历"肯定的现代性"，但正是因为有了新民主主义革命的胜利，当代中国才能独立自主地展开社会主义现代化建设。换言之，只有正视自身传统文明的前现代属性的同时完成对资本主义现代化模式的"祛魅"，我们才能以较为合理的态度审视资本主义现代化模式，利用资本主义国家创造的现代文明成果，最终跨越"卡夫丁峡谷"并跃进至更高级的社会发展阶段。

三、"肯定的现代性"的内涵及其现实表现

"肯定的现代性"作为对当代中国所处历史阶段的客观描述指示着诸多普遍性的要求，如市场化、世俗化、法治化等，与之相匹配的还有包括自由、平等、民主、人权、法治的现代价值理念。这些普遍性的要求和现代价值理念的现实呈现却是特殊的，它对应的是根植于中国特殊的国情，因而"肯定的现代性"并不意味着对现代化道路的单一化理解。对于当代中国的现代化建设而言，"肯定的现代性"要求我们承认源自西方资本主义的现代文化价值理念、政治法律制度、经济生产方式的正向价值，但是我们必须避免对现代化单一范本的依赖，处理好"拜物教资本主义同一化境遇中的民族特色与世

---

〔1〕　刘小枫：《现代性社会理论绪论——现代性与现代中国》，上海三联书店 1998 年版，第 388 页。

界发展大趋势的问题"〔1〕，进一步建构出符合中国实际所需的社会主义现代化道路。

虽然要极其精准地把握时代精神或曰社会意识形态的转折的时间点是较为困难的，但是能够引致全方位社会变革的重大历史事件可以作为"肯定的现代性"占据主导地位的历史坐标。这一历史坐标在现代中国便是党的十一届三中全会的召开，它的召开标志着我国正式结束了"以阶级斗争为纲"的政治路线，党和国家将工作重心转移到经济建设上来，现代中国的改革开放由此正式启动，"肯定的现代性"体现在诸多方面：

其一，以发展生产力为目标，国家在经济层面承认商品经济是人类社会发展必须经历的客观阶段，需要发挥市场机制调节资源配置的重要作用。"现代性的基础是商品拜物教，是交换价值的全方位扩展导致人的自我意识前所未有的勃发与社会生活的批判性姿态，在现代也就是资本主义生产方式的全球扩展，全球化。对中国而言则是现代高科技与高生产力水平所代表的资本主义世界的逼近。"〔2〕党的第一代领导集体与党的第二代领导集体都是将马克思主义与中国的具体国情相结合，但前者主要着眼于与中国的具体革命实践相结合，而后者侧重于与中国的现代化建设相结合。新民主主义革命的成功使得中国摆脱了半殖民地半封建社会的境地，新中国的建立标志着现代化进程中民族国家共同体的初步建成，这为现代化建设奠定了基础。由于"否定的现代性"仍然占据着主导地位并指引着现代化建设，现代化进程在新中国至改革开放前的历史区间内呈现出相当程度的曲折性，即一方面要建构完善的政治法律制度、社会经济运行模式以提升国家的现代化发展水平，另一方面又要站在资本主义文明的对立面。事实上现代文明的诸多要素都与资本主义文明有着非常紧密的联系，特别是商品经济、市场机制、工业文明等更是与资本主义文明密不可分，在生产力发展水平相对落后的国家一定要绕开源出自资本主义文明的诸多现代性要素，否则势必会造成现代化目标与现实进程的相互龃龉，"大跃进运动""人民公社化运动"就是具体体现。马克思晚年时分析了发展水平相对落后的国家能否不通过资本主义的"卡夫丁峡谷"实现向社会主义及共产主义阶段过渡的问题，他认为能够"占有资本主义制

---

〔1〕　夏林：《从现代性的基础看两种启蒙及其历史表现》，载《人文杂志》2006 年第 3 期。
〔2〕　夏林：《从现代性的基础看两种启蒙及其历史表现》，载《人文杂志》2006 年第 3 期。

度所创造的一切积极的成果"[1]是社会发展水平相对较低的国家绕开"卡夫丁峡谷"实现向更高级社会阶段过渡的重要前提。因此，改革开放以来我国在经济领域采取了一系列吸纳源出自资本主义文明的现代要素的改革措施，我国抛弃单一的计划经济模式，建立了中国特色社会主义市场经济体制，选择市场与计划相互配合的经济模式。但这并不是复归于资本主义发展阶段或开历史的倒车，而是在坚持社会主义核心价值与基础制度前提下吸纳资本主义文明中的现代性要素，并将之与中国的特殊国情相结合，实现现代性普遍要素、社会主义基本价值、中国的独特国情的有机融合。[2]

　　其二，民主法治建设成为中国特色社会主义制度建设的重点，国家以保障权利、规范权力为标准完善政治法律制度。我国政府在新中国成立初期为巩固政权、配合社会主义改造和完成第一个五年计划，颁布了一系列旨在推动国家快速向社会主义过渡的法律，如《婚姻法》《中华人民共和国土地改革法》（以下简称《土地改革法》）等，同时根据新中国成立前颁布的《中国人民政治协商会议共同纲领》（以下简称《共同纲领》）制定了《中华人民共和国宪法》（1954 年）（以下简称"五四宪法"）等一系列宪法性文件。尽管新中国成立初期我国颁布了若干部重要法律文本，形成了民主法治的制度框架，但在"以阶级斗争为纲"的历史背景下，由于受到"法律工具主义"思想、人治高于法治的理念的影响，我国的民主法治建设一度遭受了挫折。改革开放以来党和国家工作重心转向以经济建设为中心，"改革需要法治的保障和巩固，市场经济本身对法律有着内在的需求并产生与之相适应的法律规则"[3]，所以改革开放以来我国也以民主法治建设为核心不断完善政治法律制度，这构成了社会主义现代化建设的重要方面：一方面以配合经济体制改革为目标我国制定了大量经济领域的立法如《合同法》、《物权法》并进行了后续的民法典编纂活动，另一方面也以促进社会主义民主、规范公权力为目标制定了包括"八二宪法"在内的一系列涉及政治制度、行政体制的法律。党也提出了"建设社会主义法治国家""全面推进依法治国"等一系列推进法治现代化的阶段性目标，并且将"有法可依，有法必依，执法必严，

---

〔1〕《马克思恩格斯选集》（第三卷），人民出版社 1995 年版，第 769 页。
〔2〕参见陈尚伟：《改革开放与中国的现代性建构》，载《理论与现代化》2009 年第 3 期。
〔3〕沈国明：《改革开放 40 年法治中国建设：成就、经验与未来》，载《东方法学》2018 年第 6 期。

违法必究"的法治建设指导方针上升为"科学立法、严格执法、公正司法、全民守法",从而使得民主法治建设呈现出立法、执法、司法、守法、监督一体化推进的特点。

其三,执政党在意识形态领域不断进行理论话语的创造性阐释,由革命意识形态进化为与改革开放、现代化建设相匹配的意识形态,保持了意识形态的连续性。有学者曾鞭辟入里地指出我国改革开放在启动之初曾面临着意识形态领域的两难选择,一方面自新民主主义革命以来形成的"革命意识形态"构成了执政党建政的重要合法性资源,我们不能将之否定;另一方面,改革开放的启动又需要我们对源出自资本主义文明的现代性要素如市场经济采取实用主义的态度加以利用,而这恰好与改革开放以前主导的"革命意识形态"相互矛盾。[1]执政党在由"革命意识形态"向与改革开放、现代化建设相匹配的意识形态转变的过程中,并没有全然否定前者以确立后者的主导地位,而是借助"革命意识形态"孕育出的"实践标准论"的联结,解释了资本主义体制下的市场经济、引进外资、商品经济等一系列经济手段可以被用于我国的经济建设的合理性,即有利于提高社会主义国家的生产力、综合国力及人民生活水平;同样阐明了民主法治建设能够取代"法律工具主义""运动式治理"的政治运行模式的必然性,即有助于确保党和国家的长治久安。现代中国意识形态的嬗变,"采取的不是抛弃革命意识形态的传统资源,而是通过对传统意识形态符号的重新诠释,来实现意识形态对新时期的适应"[2]换言之,经由"实践标准论"的联结,执政党通过汲取"革命意识形态"中的诸多合理因素,成功地将"革命意识形态"转化为适应社会主义现代化建设需要的意识形态,但是依然保持了意识形态的同一性。

四、"肯定的现代性"指引下的当代中国立法实践

"肯定的现代性"是当代中国立法实践的根本特征,它与当代中国立法实践的关联不仅在于制度现代化的本质属性、国家现代化的目标定位可以被收束到"肯定的现代性"概念之下,还在于当代中国的立法形成机制、立法资

---

〔1〕 参见萧功秦:《改革开放以来意识形态创新的历史考察》,载《天津社会科学》2006 年第4 期。

〔2〕 萧功秦:《改革开放以来意识形态创新的历史考察》,载《天津社会科学》2006 年第4 期。

源选择、立法方向设计中所需处理的一系列重要范畴是由"肯定的现代性"指引的：

　　其一，就立法方向设计而言。首先，当代中国立法实践需要处理好全球化与民族性的关系。在全球化时代，现代社会组织模式和运作框架借助时—空分离的脱域机制摆脱地域性的限制向世界其他地区逐步扩展，"肯定的现代性"要求当代中国立法实践需要借鉴国际通行的立法内容、汲取外国立法的有益经验并符合法治国家建设的一般规律。民族性指的是当代中国立法实践应当根植于民族国家的历史传统以及包括行为模式、信念价值、伦理认知在内的当代国民的生活世界，经由今古观照使得法律生活与社会生活接轨。民族性与全球化需要合理融通，因为国际通行的立法内容、法治建设的一般规律及外国有益的立法经验必须以中国文化传统与当代民众生活世界为载体，经由创造性的转换，得到普通国民在价值理念与情感层面的认同。其次，当代中国立法实践要处理好普适性与地方性的关系。特定民族国家的立法实践中普适性与地方性的问题主要关系到国家层面的制定法与特定群体的事实性规范如何沟通、交融。格尔兹认为法律是一种地方性知识，"法律与民族志，如同驾船、园艺、政治及作诗一般，都是跟所在地方性知识相关联的工作"〔1〕，关联到当代中国的立法实践，虽然"肯定的现代性"要求国家层面的制定法普遍适用于全体国民，在主权所及的空间内均具有法律效力，但是制定法如果完全不考虑地域、民族等具体差异，就可能与特定群体的生活世界产生隔阂，甚至与事实性规范产生冲突，影响到法律实施的效果。立法追求过强的普适性会抹杀一切合理差别，导致不合理的对待；但是过度追求法律的地方性又会破坏法治秩序的统一，因此要以普适性合理容纳地方性。最后，当代中国立法实践要处理好形式理性与实质理性〔2〕的关系。当代中国的法律制度与大陆法系国家法律制度的相似性决定了立法主体在"肯定的现代性"指引下需要符合形式理性的相关要求并将其作为立法实践的应然追求，形式理性法能保证

---

　　〔1〕 ［美］克利福德·吉尔兹：《地方性知识——阐释人类学论文集》，王海龙、张家瑄译，中央编译出版社 2000 年版，第 222 页。

　　〔2〕 在韦伯有关法律的理想类型划分中，形式理性法被视作法理型统治的基础，它处于法律进化的最高阶段，受到罗马法的知识体系与立法技术影响并显现在近代欧陆法典化运动中，特别是《德国民法典》的制定更是形式理性法的典型代表，它的主要特征是运用抽象的逻辑分析与概念涵摄使得法律成为系统化的成文法。参见韩红俊：《形式理性和实质理性的悖论——马克斯·韦伯的法律社会学思想》，载《前沿》2006 年第 10 期。

"法律规则的适用不受道德、宗教、政治以及权力者个人意志等实体性要素的影响"〔1〕，使得人们可以以此为依据预测自己与他人的行为及后果，从而具有可计算性与可预测性，并能够保证司法裁判的稳定性、统一性。但是立法实践中形式理性的作用的发挥是有前提的，法律制度只有符合自由、平等、民主、人权、法治的现代法治理念，才能实现对蕴藏于法律制度中的实质理性的保障，否则形式理性法发展到极致演化为"法学的概念天国"，就会戕害法治的根基，当代中国的立法实践需要通过相应机制将社会主义核心价值观、公众共识性的道德认知充分融入法律体系之中。

其二，就立法形成机制而言。当代中国立法实践要处理好建构理性与经验理性、政府主导与社会推进、精英立法与民众参与的关系：一方面，"肯定的现代性"要求对现代政治法律制度的认可与建构，而建构理性的运用有助于构建政治法律的全新制度框架，但是人类认识能力的有限性与社会的快速变动意味着制度框架的完善需要经验理性的辅助。这展现在立法策略中就表现为立法实践参与者拥有"渐进式建构"的立法策略，如果近现代中国某一历史阶段的立法实践参与者并不具备这样的立法策略，那么研究者可以从二阶观察的维度认识到近现代中国的立法实践总体上呈现出"渐进式建构"的特征。另一方面，"肯定的现代性"要求"现代精神理念"的普遍在场，立法实践必然不能仅局限于政府主导情形下由少数人参与的精英立法，而必须辅以社会推进中的民众参与。当代中国立法实践的根本目标是熔铸牢固的中华民族共同体意识，因此立法实践参与者必然是涵盖了社会各阶层与不同领域的普通民众，他们有的并非直接参与到立法文本的起草或审议过程中，而是依据其生产生活的经验与切身利益所需与立法工作者、人大代表、专家学者沟通，从而促进法律制度的不断完善与及时更新。

其三，就立法资源选择而言。首先，当代中国立法实践要处理好现代资源与传统资源的关系。现代资源是指符合现代价值理念、有助于民族国家维系与经济社会现代化建设的立法资源，"肯定的现代性"要求立法者利用现代资源更新法律规范、重塑法治理念。传统资源在某种意义上是现代资源的重要补充。黄宗智认为从更宏阔的历史视野考察中国社会具有实际效用的正义

---

〔1〕 黄金荣：《法的形式理性论——以法之确定性问题为中心》，载《比较法研究》2000年第3期。

体系，可以发现中国的正义体系由古代的"中华法系"传统、清末民国法律移植的传统、二十世纪中国的革命传统组成。[1]传统资源在当代中国立法实践中的传承能够增强我们自身的主体性意识，推进法治建设的中国维度。其次，当代中国立法实践要处理好域外资源与本土资源的关系。"肯定的现代性"要求当代中国立法实践充分利用古今中外一切有利于现代化建设的立法资源，不能在域外资源与本土资源间做出简单的非此即彼的选择。中国作为后发国家在近代的立法实践中会较多地利用域外资源，但是随着当代中国利用后发优势在不少领域追平乃至领先于早发国家，本土资源中有利于现代化建设的部分也会相应地不断增多，立法实践中应用本土资源的比例也会相应地上升，而对域外资源的应用也会由显性逐步转为隐性。最后，当代中国立法实践要处理好国家法律与民间规范的关系。"肯定的现代性"要求国家法律全面规范社会生活的方方面面，正式的法律规范既是司法裁判的准绳又是个体展开社会交往的行为标准，但是这不意味着民间规范的逐步消灭或者国家法律对民间规范的单向度压制，国家法律的稳定性与相对滞后性决定了民间规范能够填补其调整空白或者模糊之处，因而国家法律要采取恰当的途径合理容纳民间规范。

综上，在"肯定的现代性"指引下对当代中国的立法方向设计、立法形成机制、立法资源选择中的范畴处理固然有所侧重，例如在现代资源与传统资源中更加偏向现代资源、在国家法律与民间规范中更加倚重国家法律，但这绝不意味着对这些范畴的处理是简单的非此即彼的选择或者一方对另一方的压制，而是要根据情境的差别具体处理立法实践中的各组范畴。

---

[1] 参见黄宗智：《中国正义体系的三大传统与当前的民法典编纂》，载《开放时代》2017年第6期。

当代中国立法实践的现代性问题：
以民法典为例

当代中国立法实践的现代性问题实质上是现代性向度的延伸，即嵌入现代化进程中的立法实践在"肯定的现代性"指引下如何经由制度现代化实现国家现代化的目标，这要求作为后发国家的中国妥善处理立法实践中的各组范畴。对当代中国立法实践的现代性问题的呈现需要切实可感的分析素材，因民法典可以从制度视角予以阐释，并且民法典立法实践是当代中国立法实践的典型代表，所以民法典立法实践可以被作为展现当代中国立法实践的现代性问题的典型范例。

第一节　制度视角的民法典及其关联

一、理解民法典的三重视角：文本、规范、制度

对民法典的理解视角包括文本视角、规范视角、制度视角，对民法典理解的不同视角不存在决然的对错之分，皆有其相对的合理性。但是这并不意味着我们研究当代中国民法典立法实践可以任意选取某一类视角，因为文本、规范、制度这三重视角相互之间不是简单的并列关系，制度视角的理解不仅可以有效涵盖文本、规范视角的理解，更以自身的知识增量使得民法典概念与民法典立法实践、中国现代化进程的关联度更高。因此为充分展现和论证这种关联度，我们必须首先对民法典的三重视角的内涵及相互关系进行分析与理解。

其一，文本视角的民法典。对于民法典最为直观的认识是文本意义上的，

即一部由权威立法机构制定的正式立法文本。文本最初是语言学领域的概念，语言学立场的文本理论把文本当作可以从语言结构、语法运用、文本形式等可见、可感角度进行探究的作品。但是民法典不同于文学作品、宗教经典或哲学著作等一般文本，民法典不是某一个作者独立创作完成的，而是一系列法定程序的产物。在法国哲学家保罗·利科尔看来，一般文本具有脱离具体语境的独立的生命与意义、意义阐释的无限性、文本意义不受指称限制的特性。[1]作为法律文本的民法典也具有一般文本的属性，它自然潜在地也具有结合不同语境被无限阐释的可能性，"这意味着后来的读者理解它可以去当初的语境（decontextualise），同时又通过他们的理解和阐释在新的历史条件下将此文本重新置于一个语境中（recontextualise）"。[2]然而民法典不同于一般文本，它是权威立法机构凭借国家赋予的公共权力制定的法律文本，有着一般文本所不具备的一系列限制性特点，包括法律文本的权威性、法律文本的形式规范性、法律文本只向特定主体开放的特点。[3]

首先是法律文本的权威性。民法典是程序运作和立法制度的产物，这一属性使得它具有权威性。按照《立法法》的相关规定，民法典的出台必然经过提案、审议、表决、公布这四个步骤，立法程序起到的作用不仅是减少个人恣意对法律文本的影响，更是在立法程序操作中引入国家权力防止民法典的权威性受到质疑，使得它的内容及形式一旦确立就能获得社会公众的广泛支持与普遍理解。

其次是法律文本的形式规范性。民法典要遵循严格的立法技术达致相应的形式标准，在语言表达、规范词使用、编章体例等方面有着确定的技术性要求：民法典的语言风格讲究平实、直接、准确，避免体现任何个人感情色彩的语言表达和修辞使用，指称相似或相同的法律概念的使用需要与《宪法》及其他领域的部门法保持一致，日常概念的使用尽可能与社会公众的一般认知相吻合，避免过分追求标新立异；民法典中"可以""应当""不得"等规范语词的使用必须与法律规范的性质相匹配，民法典中大量授权性规范性质的条文不应使用禁止性的规范语词；民法典的编章体例要符合民法知识的一

---

〔1〕　参见〔法〕保罗·利科尔：《解释学与人文科学》，陶远华等译，河北人民出版社1987年版，第150页。

〔2〕　张汝伦：《文本在哲学研究中的意义》，载《哲学研究》2019年第1期。

〔3〕　参见魏治勋：《法律解释的原理与方法体系》，北京大学出版社2017年版，第52页。

般原理与我国的现实国情需要，要在深刻总结各国既有民法典立法经验并结合我国民事单行立法实践、时代发展的现实需要的基础上形成。

最后是法律文本只向特定主体开放的特点。民法典的读者虽然是不特定的，但是能通过理解和解释立法文本使立法文本发挥现实规范效用的只有司法机关及法官：一方面体现为解释适用机构的特定，即在解决案件纠纷的法定程序中由法定的裁判机构探寻立法文本的意义所在。[1]因此，即使普通读者可以根据自身的知识结构与生活经验解读民法典，但仅仅构成一种法律认知，他们的解读并不构成适用民法典的理由与依据，法定的裁判机构对民法典的适用是《宪法》《中华人民共和国人民法院组织法》赋权的结果，因此司法机关解读民法典必然受到制度性的约束，不能僭越自身的权限，同时遵循法定的程序。另一方面体现为解释适用立法文本的个体的特定，换言之，法官要在具体的民商事案件的审理过程中解释适用民法典的相关规定。法官在解释法律文本时无可避免地会受到既有的知识积累与审判经验影响，由此在裁判中带入自身的前见，结合案件事实对法律文本作出创造性的诠释。[2]但是法律文本作为权威性的文本决定了法官解释适用民法典会受到法定的程序、权限等一系列要素的限制，法官对法律文本的解释适用最终呈现为由裁判机构出具的约束各方当事人的裁判文书。

其二，规范视角下的民法典。很多学者并没有区分法律规范、法律条文、法律文本，事实上除了法律文本与法律条文存在载体与内容、形式性与实体性的差别，法律条文也不同于法律规范，因为法律条文并不一定包含完整的法律规范结构即行为模式、假定、法律后果，需要经过解释才能形成完整的法律规范，法律规范是法律条文的内容，法律文本、法律条文在法律解释学的视阈下可以被视为法律解释的形式性对象（法律文本）与实体对象（法律条文）。[3]因此规范视角下的民法典实际上是民法典文本所承载的民商事法律条文被过滤、加工、组合后的产物，在凯尔森看来，法律秩序本质上是一种规范性秩序，它所关联的是法律规范及其要素和相互关系、作为一个整体的

---

〔1〕 参见李广德：《法律文本理论与法律解释》，载《国家检察官学院学报》2016 年第 4 期。

〔2〕 一般而言，对于文学作品这类非规范性的文本的解读，文本和解释者的历史性（即解释者基于历史对文本的预先判断）是重要的，因为它既提供了理解的可能性，又提供理解总是发生的框架。See Brad Sherman, "Hermeneutics in Law", *The Modern Law Review*, Vol. 51, No. 3., 1988, p. 390 .

〔3〕 参见魏治勋：《法律解释的原理与方法体系》，北京大学出版社 2017 年版，第 46 页。

法律秩序及其结构、不同法律秩序之间的关系，以及最后法在多数实在法律秩序中的统一"[1]。呈现在民法典文本中的民商事法律规范秩序的形成所凭借的不仅是法律机构（立法机关、司法机关）的外在运作过程，更依赖于法律秩序的内在思维机制，外在法律行为的运作在很大程度上是内在构建秩序的思维过程的现实化。[2]

考夫曼指出秩序或称法律秩序的产生源于事物之间的相似性。[3]相似性对于人类构造秩序的思维机制至关重要，"现代立法过程不可避免地要借助于分类构建规范体系，而现代司法过程则要借助于类推完成规范的现实化"[4]。所以规范视角的民法典实质上是立法者诉诸权利义务的基本范畴在普遍人性的基础上按照主体的行为特征作出的分类及规制、调整、处理，立法者在民法典中作出人身权利与财产权利的划分，进一步在人身权利、财产权利内部划分出更为细致的权利类别，从而构建起相应的民商事法律规范秩序。这一规范秩序反映了立法者对于特定行为与社会目的关系的认知，对社会有益的行为立法者为之赋予肯定性的法律后果，对社会有害的行为立法者则为之设置否定性的法律后果。

此外，法律规范秩序具有整体性，民商事法律规范秩序还需进一步融入整体的法律秩序中才能被准确定位。在我国法律秩序即中国特色社会主义法律体系中，由民法典确立的民商事法律规范一方面要在横向上与刑事法律规范、程序法律规范、行政法律规范等规范类别彼此衔接、相互配合；另一方面更重要的是不能因过分强调私法自治原则及民法的独立地位进而稀释掉宪法的指导功能。在规范法学视角下，特定位阶某一领域的法律规范都是由第一个宪法即基础规范推导出来的，因此隶属同一法律秩序，它们的效力也可以追溯到宪法。我国宪法是民法典的上位法，这决定了民商事法律规范体系中必须要接受宪法的统合并且预设接驳宪法的管道如一般人格权制度、民事法律行为生效制度等。[5]

---

〔1〕　参见［奥］凯尔森：《法与国家的一般理论》，沈宗灵译，商务印书馆 2013 年版，第 19-20 页。

〔2〕　参见魏治勋：《禁止性法律规范的概念》，山东人民出版社 2008 年版，第 351 页。

〔3〕　参见［德］亚图·考夫曼：《类推与"事物本质"——兼论类型理论》，吴从周译，学林文化事业有限公司 1999 年版，第 69 页。

〔4〕　魏治勋：《论现代法律思维的类推品格》，载《东岳论丛》2009 年第 5 期。

〔5〕　参见刘志刚：《民法典的宪法使命及其实现》，载《政法论丛》2019 年第 4 期。

其三，制度视角的民法典。前述当代制度研究的重点不再是社会交往关系结构或外在于人的客观事实，而是明显具有人为创制特征的规范意义上的正式制度，这也是对制度的最狭义的定义，在此意义下制度视角的民法典就等同于规范视角的民法典，制度视角的民法典同时也能有效涵盖文本视角的民法典，因为文本理论是规范法学的重要研究方法之一，规范含义取决于对法律文本所承载的法律条文的解释。因而从最狭义的制度视角出发，我们对民法典所呈现的民商事法律制度的解读既可以在形式层面关注民法典的语法形式、规范词选用、文本结构、条款的安排方式及次序，也能够从内容层面分析民法典的概念、原则、规范及其内外部逻辑关系。然而，规范视角的民法典研究是以解释论为导向的，文本及条文是法律解释的对象，规范则是法律解释的目标，单一的解释论面向的民法典研究难以呈现历史进程中民法典发展的深层次规律、民法典立法实践与社会环境的互动关系等，与国家现代化、中国的独特现代性道路的议题关联度相对也不够密切。

本书将当代中国立法实践的本质属性定义为制度现代化，目标定位定义为国家现代化，现代化概念的引入实际上为制度视角的民法典提供新的知识增量，我国也有学者认为："制度不仅是一个社会的规范体系，更是社会发展的动力和约束机制。"[1] 虽然对制度的规范理解是当今学界的主流，也是制度概念的本义，但对制度概念可能存在多重理解使得制度视角下的民法典不仅可以有效容纳文本、规范视角，同时更能吸纳法社会学、历史法学、批判法学等诸多理论资源，开辟了民法典立法实践与社会环境的互动关系、民法典立法实践的民族性和全球化、民法典推动社会发展进步等动态的朝向实证法外部的研究立足点。这意味着文本、规范视角的民法典依然具有现实意义，而制度视角的民法典恰恰通过合理吸纳文本、规范视角的民法典并增加全新研究立足点的方式成为极富包容性的一种民法典研究进路。

二、制度视角的民法典与民法典立法实践的关联

制度视角的民法典虽具有一定的包容性，但并非意味着可以从任一角度解读民法典，对制度视角的民法典过于宽泛的解读会导致我们忽视制度视角民法典与民法典立法实践的关联。当不涉及国家现代化的目标定位时，大致

---

〔1〕 刘金海：《制度现代化的基本问题》，载《探索与争鸣》2016 年第 9 期。

可以认为民法典立法实践直接塑造了制度视角的民法典，因为民法典立法实践指向的是一定时间跨度或历史阶段内民法典的制定、修改、完善等各项操作，而特定的立法文本则是某一时段民法典立法实践的结果。过程层面的民法典立法实践与制度视角的民法典产生了时间次序上的因果关系，即由过程层面的民法典立法实践产生了民事法律制度。由此，制度视角的民法典与民法典立法实践不是同一现象的同语反复，也非指向截然不同的现象，而是对民法典不同角度的观察，以下从内涵、外延两个层次分别讨论二者的关联。

其一，内涵层次。民法典立法实践是在先进意识形态的指引下，依据《宪法》和《立法法》的规定有权参与制定、修改、废止法律活动的相关主体进行民法典的制定与完善的工作，从而形成并不断完善一部能够覆盖我国社会生活各领域、支撑社会主义市场经济有效运行、宣扬优秀文化理念、培育国民身份认同的民法典文本的过程。制度视角的民法典内涵可以表述为：人大代表、政府官员、专家学者、实务精英、普通群众等各类立法实践参与者依照我国立法制度的规定在特定民商事制度理念的引导下，总结既有制度经验，针对当下社会发展的现实需要，形成的科学、合理、全面的民商事法律制度。民法典立法实践与制度视角的民法典虽在内涵上均涉及民法典的诸多要素，整体具有一定的相似性，但侧重点的不同使得它们的内涵存在差异：民法典立法实践侧重于民法典立法过程的展开，作为立法成果的民法典是立法过程中的一个节点，联结既有的立法成果与未来的立法修订，制度视角的民法典则强调已然形成的民商事法律制度。换言之，民法典立法实践与制度视角的民法典并不完全等同，侧重点的位移提示着我们不能忽略民法典立法实践中立法成果这个节点。

其二，外延层次。外延层次的民法典立法实践与制度视角的民法典的关联主要在以下几个方面形成：

首先是制度价值对立法目标的具体化与落实。民法典立法实践中的立法目标是较为抽象、宏观的，涉及维系国民身份认同、保障市场经济运行、稳定社会生活秩序等多个方面，这源于"新时代社会主要矛盾的深刻变化和人民对民主法治、公平正义、人权保障、产权保护、生态文明、社会和谐的热切期待"〔1〕，立法目标需要转化成更为具体、微观且具有鲜明指向性的民商

---

〔1〕　张文显：《中国民法典的历史方位和时代精神》，载《经贸法律评论》2018 年第 1 期。

事法律制度价值，这些制度价值往往能够直接指引规范的制定与适用，例如民法典总则编中规定的公序良俗原则、意思自治原则、诚实信用原则、绿色原则等，再如民法典物权编中的物尽其用原则、物权平等保护原则。

其次是立法主体与立法实践参与者的互补。立法主体主要是依据《宪法》和《立法法》的规定有权参与制定、修改、废止法律活动的相关主体，包括全国人民代表大会及其常务委员会、国务院等法定机构或团体，制度形成过程中的立法实践参与者则包括人大代表、政府官员、专家学者、实务精英、普通民众等实质上能影响法律制定、修改、废止的主体，立法实践参与者范围的广泛性能够弥补立法主体范围有限性的不足，立法主体的法定性与规范性同时又可收束制度形成主体对立法活动的现实影响。此外，立法主体呈现为机构或团体的属性与立法实践参与者的个体属性互为补充，二者相结合可以形成最广义的立法者，呈现不同类型的主体对立法活动的影响。

再其次是立法成果与民商事法律制度的相互转化。民法典立法实践最直观的立法成果便是文本视角的民法典，民法典文本能够反映阶段性的民商事法律制度。制度视角的民法典则在进一步容纳了规范意义的民法典的同时增添了制度与社会环境、制度与历史进程互动关系的知识增量，因此，经过一段时间发展、演变的民商事法律制度又会转化成全新历史时段民法典立法实践的立法成果。

最后，民法典立法实践与制度视角的民法典的组合展现了反思性认识在法制现代化进程中的重要作用。反思性认识是现代性的重要特征，"它被引入系统的再生产的每一基础之内，致使思想和行动总是处在连续不断地彼此相互反映的过程之中"〔1〕。反思性认识所强调的是在法制现代化的实践过程中思想与行动、认识与实践总是处于接续不断、循环往复的相互塑造与反映的过程，思想、认识塑造着行动、实践，行动、实践反过来改造着思想、认识。立法实践本身会受到关于实践本身新认识的检验与改造，从而不断改变自身，换言之，民法典立法实践过程的阶段性成果并不会束缚立法者根据社会生活变迁中的新发现重塑民商事法律制度，由于不断产生新的发现，民商事法律制度也在变化着，新的发现不断返回并充实持续性的民法典立法实践。

综上，通过在内涵及外延两个层次考察民法典立法实践与制度视角的民

---

〔1〕　[英] 安东尼·吉登斯：《现代性的后果》，田禾译，译林出版社 2011 年版，第 33 页。

法典的互补关系，可以发现无论是在何种语境下讨论民法典立法实践或制度视角的民法典，两者总是相伴随的，难以在讨论一方时完全摒弃另一方，二者的关联具有内在性。

三、制度视角的民法典与中国现代化进程的关联

最狭义的制度视角的民法典就等同于规范视角的民法典，而前述现代化的概念既可以从过程角度理解，也可以从标准的角度加以界定。制度视角的民法典与中国现代化进程之间的关联首先是一种内在关联，因为民法典所代表的民商事法律制度实际上是以现代民法理念、人身关系、财产关系、权利体系构造了符合现代化标准意义上社会主体交往与行动的基本准则。梅因曾将由身份到契约的转变视为近现代法律发展的主线，韦伯亦将形式理性的法作为法律进化的顶点。制度视角的民法典的发展在近现代中国现代化的历史进程中终究是要在精神与制度两个维度满足现代性的基本要求，这与民商事法律制度息息相关：民法典对自愿、平等、公平、诚信的相关理念的宣扬，对人身关系中人格关系的权利设计，对财产关系中静态财产支配与动态财产流转的制度构造，在权利体系中对兼具人身性与财产性的新型权利诉求的容纳，一方面从精神维度体现了个体的主体性、契约化的公共文化精神；另一方面从制度维度也满足经济运行的理性化、公共领域的自律化、公共权力的民主化，可以说以民法典为代表的民商事法律制度在一定程度上就是现代性或标准意义上的现代化的展现。在标准意义上的现代化与制度视角的民法典具有内在关联的前提下，民法典立法实践如何在过程层面达致相关标准则受到实际的现代化进程的影响。中国现代化进程自然也构成分析制度视角的民法典的历史背景，从过程角度观察，那么中国现代化进程与制度视角的民法典的关联则构成一种外在关联，即两者是特征上而非内涵、外延的对应或吻合。

首先，后发外生型现代化模式与民商事法律制度转型的后发性、艰难性相对应。"后发外生型现代化"指的是特定国家现代化的建设是在面临外部挑战的情况下被迫启动的，启动现代化进程时所面临的是既存的成熟的国际政治经济秩序，政府在推进现代化的进程中扮演着领导者的角色，具有自上而下的特点。[1]与早发内生型现代化国家不同，后发外生型现代化国家因其不

---

〔1〕　参见孙立平：《后发外生型现代化模式剖析》，载《中国社会科学》1991 年第 2 期。

得不中断本国的自然演化进程，形成介于早发内生型现代化国家和自然演化之间的现代化模式。正如有学者指出："中国近代以来现代性问题的产生，并非如西式现代性一般是内生型产物，而是在殖民主义现代性扩张的背景下以非主体性姿态被迫卷入到西式现代性浪潮之中的结果。"〔1〕因此，在面对既有早发内生型国家作为现代化的示范在政治、经济、文化等各个层面给出了可资学习的对象时，后发国家的政府官员和知识精英在开启现代化进程后往往具有明显的"赶超心态"，因为他们会提前自觉筹划现代化任务的展开，以自上而下的方式全面铺开现代化的各项任务。中国因原先内部并不具有自然生发的各项现代性因素，传统因素支配性的丧失与改造、转换并不是一蹴而就的，而是要经历漫长的过程甚至"阵痛"，现代的价值体系、政治制度、社会结构与传统制度、价值或将长期共存。在现代化开始的初期，古老中国基于自身发展的惯性，制度转型往往面临着巨大的阻力，这在民商事制度领域体现得尤为明显，具体反映为清末到民国现代化转型时期确立现代民商事法律制度的艰难性。晚清的《大清民律草案》改变了传统的诸法合体、民刑不分的中华法系，具有一定的进步性，但仍然在亲属编和继承编中充斥着维护具有强烈人身依附性的亲缘关系的内容。〔2〕而随后的民国《民国民律草案》、《中华民国民法》都对本国固有法进行了改造或革除，从而更加适应社会发展的需要。由此观之，中国的后发外生型现代化模式使得我们在确立现代民商事法律制度时始终面临着"西方输出与东方输入之间的紧张张力关系"〔3〕，制度转型的后发性使得我们在直接学习、借鉴既有现代化经验从而取得后发优势的同时，也面临由传统向现代过渡的艰难性。

其次，中国现代化道路渐进性、建构性的特征与民商事法律制度建设的持续性、选择性相对应。我国的现代化道路一方面要贯彻来自顶层设计的制度方案，另一方面也需接受来自现实反馈的制度经验，前者的应然逻辑与后者的实际操作并行不悖，二者统合于中国现代化探索的主体性意识之中。近代以来中国的现代化历程呈现出积极主动探索、在摸索中逐步推进的特征，可以概括为"渐进式建构"，可分解为渐进性与建构性两种并举的特征，其中

---

〔1〕 张明：《中国现代性问题历史语境的哲学审思》，载《人文杂志》2018 年第 6 期。

〔2〕 参见张晋藩：《晚清制定民法典的始末及史鉴意义》，载《法律科学（西北政法大学学报）》2018 年第 4 期。

〔3〕 张明：《中国现代性问题历史语境的哲学审思》，载《人文杂志》2018 年第 6 期。

渐进性对应持续性，建构性对应选择性。

就民商事法律制度的持续性而言，从清末到民国以民法典为代表的民商事法律制度的建设是一个持续发展的过程。清末—民国时期的民法典立法实践在立法体例、内容、条文方面多有继承，并在继承的基础上多有创新，例如国民政府时期的《中华民国民法》对北洋政府时期《民国民律草案》有所继承。改革开放以来，中国制定民法典的历史实践有着"摸着石头过河"的特点，全国人大先制定《民法通则》（1986 年）、《中华人民共和国公司法》（以下简称《公司法》）（1993 年）、《合同法》（1999 年）和《物权法》（2007 年）等一系列民事单行法。虽然我国在 1992 年就提出了建立社会主义市场经济体制的目标，但是没有采取急剧转型的改革方式，而是选择逐步推进各项经济体制改革。在立法工作上，我国以解决实际问题为导向，有的放矢地进行民事单行法的制定，从而为民法典的建构奠定了坚实基础。因此，以民法典立法实践为代表的各领域的立法实践并非一次建构完成的，而是分阶段完成的，各个阶段的立法实践前后承继并对传统加以批判改造，上一阶段的立法实践为下一阶段的立法实践提供经验和教训，总体呈现为一个持续发展的过程。这印证着近代以来中国的现代化进程不是四面出击或一步到位的，而是在制度与现实不断调适的状态下的渐进式发展。

就民商事法律制度的选择性而言，选择性实际上源于现代民族国家建构及完善的要求，"个人权利、工具理性、民族认同与宪法共同组成现代社会的整体结构，它们相辅相成、互相依存。民族国家就是对这一整体结构的概括……"〔1〕，因此要将民商事法律制度的构建与完善置于民族国家建设这一整体结构之下来理解。有学者指出，假若民族认同的群体和参与建立政治共同体的群体是完全重合的，那么一个民族就能构建一个国家。〔2〕但是民族认同的标准其实是主观的，并不是一成不变的。对于中国这种多民族组成的政治共同体来说，多民族整合为统一的中华民族是以政治共同体的认同超越了原先对于本民族的单一认同，从而在更高的层面实现从个体到国族的深度融合。近代以来中国的民商事法律制度的构建与完善面临着众多可资选择的学

〔1〕　金观涛：《现代民族国家与契约社会》，载《中国法律评论》2017 年第 2 期。

〔2〕　参见［英］厄内斯特·盖尔纳：《民族与民族主义》，韩红译，中央编译出版社 2002 年版，第 1-10 页。

习对象，在多样化的现代化方案中如何取舍便成了问题所在。选择的多样性并不代表选择是任意的，各国国情的差异深刻影响了各国民商事法律制度方案的选择，这涉及经验理性与建构理性、精英立法与民众诉求、政府主导和公众参与等范畴的关系处理。以经验理性与建构理性为例，对于崇尚经验理性的普通法系国家来说，它们的现代化进程是渐进性的，缓慢渐进的改良运动与注重经验理性的普通法传统相得益彰，英美等普通法系国家施行的是经验性重述式立法，典型的例如《美国统一商法典》，将民众在商事交往实践中的规则进行总结、归纳并汇编为法典。对于德法等崇尚建构理性传统的大陆法系国家，它们的现代化往往以重大的革命事件作为起点，并且有着明确的现代化的规划，尽管其推动力也是自下而上的。它们沿袭罗马法传统所采取的制定成文法典的方式，既有由少数优秀学者、社会精英所主导制定的《德国民法典》这样具有抽象思辨和逻辑严密的特点，但是普通民众难以理解的法典；也有如《法国民法典》这样条文明晰、阅读性极强、能为普罗大众所接受的法典，不论是抽象思辨还是具体清晰，大陆法系国家的民法典都呈现为成文法典。与西方迥异的现代化道路使得当代中国的民法典立法实践所面对的是一系列充满内在张力的范畴，如民族性与全球化、实质理性与形式理性，然而中国的民法典立法实践不是在相关范畴中追求调和或取舍的简单化操作，而是要在深入考察中国的时代需要和社风民情的基础上，不断调整民商事法律制度，因此选择性始终贯穿于民商事法律制度的建构完善过程中，德里达认为："在一个传统哲学的二元对立中，我们所见到的唯是一种鲜明的等级关系，绝无两个对项的和平共处。"[1]选择性呈现为制度与实践、制度建设与社会环境、制度演变与历史进程之间交互影响下的民商事法律制度的持续建构。

最后，中国独特的现代性道路（先经历"否定的现代性"后经历"肯定的现代性"）统合了中国现代化进程与民商事法律制度的演变。近代国人是在被迫打开国门的历史情境下接触到源出西方的现代性的，他们认识到西方国家的先进与传统中国的落后，反帝反封建的历史任务是不可逃避的，因此必须在实现民族独立的基础上进行社会现代化建设，这反映了拥有悠久历史传统又面临着内忧外患的古老中国现代性生长的曲折历程。清末—民国的民

---

〔1〕 陆扬：《德里达——解构之维》，华中师范大学出版社 1996 年版，第 57 页。

法典立法实践基本是在继受西方法律资源并承继改造部分传统法律内容的基础上进行的，总体是继受的多，批判的少，承继的多，改造的少，这与近代中国以反帝反封建为目标的救亡图存运动所需要的批判性意识形态是相悖的。近代中国缺乏批判性的立法实践虽然客观上肯定了源出西方文明的民商事法律制度的正面价值，却因为缺乏对西方的批判和超越的维度而难以帮助近代中国实现"救亡图存"的历史任务。从新中国成立后到改革开放前的一段时间，我国在已经完成民族独立任务的情况下继续张扬"否定的现代性"，暂时压制了对源出西方的现代性因素的肯定，民商事法律制度在此阶段暂时处于低谷。改革开放以来，由民事单行立法转向民法典编撰，立法主体在继续保持对源出西方的现代性持批判态度的同时，主要肯定了其中现代性因素的价值并将其转化为助力中国制度现代化建设的有效手段。

制度视角的民法典因其能够有效容纳文本、规范视角的民法典，并与民法典立法实践产生内在关联，与中国现代化进程具有外在关联，使得我们在中国历史发展特定阶段的语境中讨论与民法典、立法实践、现代化有关的问题时可以融贯性地使用制度视角的民法典这一概念，而不必多加赘述。

第二节　经由民法典立法实践反映"肯定的现代性"

以"肯定的现代性"作为当代中国立法实践的根本特征，是因为它能够有效指引当代中国立法实践，但是"肯定的现代性"、当代中国立法实践都是内涵丰富且具有多种诠释可能性的概念，以"肯定的现代性"直接描述当代中国立法实践的根本特征实际上是由抽象到抽象的过渡，缺乏现实的质感，正如两块空白镜面的中间如果没有任何实际物体的存在，它们相互映射的影像也只是自身的复写一样。由"肯定的现代性"到当代中国立法实践的逻辑推演必须经由更为具体的立法实践的转介和映射，通过宏观（实践）—具体（实践）—抽象（理论）的研究进路，使宏观的实践转化为具体实践，并以抽象的理论对该具体实践进行考察，从而更为生动地展现理论与实践、规范与事实之间的互动关系。

选取具体的立法实践作为中介的必要性毋庸置疑，那么问题的关键便是要论证为什么以民法典立法实践为中介证"肯定的现代性"是当代中国立法实践的根本特征。这需要在民法典立法实践—当代中国立法实践、民法典立法实践—"肯定的现代性"两方面进行论证，即一方面要说明民法典立法实践是当代中国立法实践的典型代表，另一方面要论证以"肯定的现代性"考察民法典立法实践的合理性。

一、民法典立法实践是当代中国立法实践的典型代表

其一，民法典立法实践集中体现了当代中国立法实践所应承载的价值理念。有学者指出除了极少数被殖民过的国家会原封不动地继受原宗主国的民法典以外，大多数国家的民法典均是该国市场经济、产权保护、政治运行、文化演变的产物，贯穿于民法典的核心价值往往反映了该国政治经济制度、意识形态、民族文化传统。[1]我国的社会主义核心价值观凝结了中华民族共同认可的价值理念，承接了优秀的历史文化传统和世界人类文明菁华，对包括法制建设在内的社会主义现代化建设具有指导作用。我国宪法将社会主义核心价值观纳入到第二十四条第二款之中，宪法的最高法、根本法属性决定了其所承载的价值理念必然对其他法律规范具有规范效力。《中华人民共和国民法典》（以下简称《民法典》）第一条也将"弘扬社会主义核心价值观"作为立法宗旨，改变了以往民事单行法立法对社会主义核心价值观表述不够完整的局限性。这不仅是对宪法的积极回应，此外，对物权、合同、人格权等各编所宣扬的更为具体的民法价值理念内容及相关权利义务责任的构造更是具有统率作用，这使得我国的民法典在价值理念层面明确区别于西方国家的民法典。此外，民法典中融入的社会主义核心价值观还指向既有的法律概念、基本原则、具体规则的解释及适用，并且对于其他领域的立法实践具有"示范效应"。综上，民法典中融入的社会主义核心价值观不仅对接宪法，指引未来具体民法制度的完善方向，并且引领其他部门的立法实践，完全可以称得上是集中体现了当代中国立法实践所应承载的价值理念。

其二，民法典立法实践基本涵盖了当代中国主要的立法程序或立法技术操作。按照《立法法》的相关规定，立法程序是全国人大及其常委会为制定、修改、废除法律规范而进行提案、审议、表决、公布的步骤，地方立法程序则一般是地方立法机关参照《立法法》相关内容制定的。从立法程序的完整性、法定性及严格性来看，全国人大及其常委会的立法程序远高于地方人大

---

[1] 参见郭锋：《中国民法典的价值理念及其规范表达》，载《法律适用》2020 年第 13 期。

及其常委会的立法程序。自我国 2015 年启动民法典编撰工作至 2020 年第十三届全国人民代表大会第三次会议通过《民法典》，民法典立法实践基本涵盖了当代中国最为主要的立法程序性步骤，未来的修改、完善的程序性步骤也属于民法典立法实践的重要组成部分。立法技术操作实际上嵌入了立法程序之中，立法工作者的主要职责是辅助人大代表及全国人大常委会组成人员实施涉及利益分配的"政治决断"，立法技术操作主要包括"立法准备阶段的立法规划、立法起草与立法完善阶段的立法修订、立法清理"〔1〕。民法典编撰是一项重大立法任务，回顾民法典制定历程，可以发现不论是 2015 年启动民法典编撰工作时的正式立法规划，还是在民法典草案形成过程中的篇章体例安排、具体规则设计、立法用语使用，又或是未来民法典内容的修订，立法技术操作的高标准、严要求始终贯彻其中，立法者在继受既有立法资源和国外有益立法经验的基础上力图有所创新。从《中华人民共和国民法总则》（以下简称《民法总则》）诞生到各编草案的形成再到各编草案汇集编纂为民法典草案，分布于立法程序不同阶段的各类立法技术操作在民法典立法实践中均有着大量实例，可以说，民法典立法实践基本涵盖了当代中国主要的立法技术操作。

其三，参与民法典立法实践的主体范围十分广泛，除却全国人民代表大会及其常务委员会、国务院等法定机构或团体等法定的立法主体，还囊括了人大代表、专家学者、实务代表、普通民众等具体化的立法实践参与者，在当代中国立法实践中具有充分的代表性。法律是人民意志的集中体现，因此立法就不能只是少数精英为普通民众制定规则，必须激发社会公众的积极参与。在推进国家治理体系与治理能力现代化的语境下，治理的权威不一定是政府，而是"政治国家与社会合作、政府与非政府组织合作、公共机构与私人机构合作、强制与自愿协和，从而在双向的沟通和互动过程中实现社会公共事务秩序化的过程"〔2〕。民法典立法实践充分体现了人大代表、专家学者、实务代表、普通民众等多种类型的主体通过双向互动进行博弈、辩论进而达成立法共识的过程。全国人大常委会法工委牵头组织的研讨会、论证会、听

〔1〕　参见魏治勋、汪潇：《论地方立法技术的内涵、功能及科学化路径——基于当前地方立法现状的分析》，载《云南大学学报（社会科学版）》2019 年第 1 期。
〔2〕　魏治勋：《"善治"视野中的国家治理能力及其现代化》，载《法学论坛》2014 年第 2 期。

证会等各类会议充分吸纳了来自法学界、司法实务部门、政府部门、民间团体等多方面的意见，"先后 10 次通过中国人大网公开征求意见，累计收到 42.5 万人提出的 102 万条意见和建议。"[1]相关意见的征集推动了立法机构对民法典草案的不断修改、完善，极大扩展了实质上参与民法典立法实践的主体范围，可以说参与民法典立法实践的主体范围的变化代表了中国立法实践当下及未来的发展趋势。

其四，除了宪法典立法实践外，与民法典立法实践关联的横向社会生活领域与纵向历史跨度超过了其他部门法领域的立法实践。从横向的社会生活领域看，民法典被誉为社会生活的百科全书，其主要调整以下和民众生活紧密相关的四个领域：市场经济领域、婚姻家庭领域、私人生活领域、其他社会领域。虽然一切立法实践都与社会生活息息相关，但与其他法律相比，民法典所调整的平等主体之间的人身关系与财产关系无疑是社会生活最为重要的组成部分，也是社会运行基本规则的来源。其他领域的法律如公司法、刑法、民事诉讼法等或者只调整社会生活领域的一部分，或者是在民法典不能有效规制相关违法行为时发挥补充性的规制作用而并不直接介入社会生活，又或者因其程序法的属性与实体性的民法规则有所区别而与社会生活保持一定距离，民法典覆盖社会生活各领域的特性使得民法典立法实践可以直接地、全面地影响社会中的个体或组织。从纵向的历史跨度看，近现代中国民法典立法历程的每一步都伴随着不同时期现代化建设的时代需要，伴随着法治实践在中国的具体展开。其他领域的立法实践或者是在时间延展上远逊于民法典，如知识产权领域的立法实践是在改革开放以后才逐步发展起来的，或者是与中国现代化建设的时代需要结合的紧密度不如民法典。

其五，民法典的"渐进式建构"彰显了知识的反思性运用形塑立法实践的重要作用。思想与实践的交互影响构成了知识的反思性运用，这是现代性的重要特征，思想与实践彼此之间的沟通与批判使得立法实践能够根据社会发展的实际状况不断超越既有的理想图景设定，从而推进立法实践。换言之，知识的反思性运用使得现代社会的立法实践永远无法实现"绝对完美"意义上的法律制度框架和规范体系，古典自然法时代曾存在以囊括一切人间事项

---

〔1〕《民法典草案共 7 编，累计征求意见建议超百万条》，载 http://www.bjnews.com.cn/detail/159007026515622.html，最后访问时间：2020 年 7 月 29 日。

为目标的立法，如 1794 年的《普鲁士一般邦法》，现代社会只能进行"并不具有绝对框定未来法律制度样态的确定性"〔1〕的立法实践。因此当代中国立法实践绝非在设定好理想图景的情境下达到特定目标旋即终止，而是在每一历史时期的特定立法目标实现之后不断建构全新的立法目标，根据法律制度与社会发展交互影响的状况渐进式地推进立法实践。自近代以来的民法典立法实践经历了法律移植、部分否定、前后继受、先单行立法后总体立法的曲折历程，并非一次建构完成，具有明显的"渐进式建构"的特点：《大清民律草案》改变传统的诸法合体、民刑不分的法律体系，适应了时代的进步需要，但在亲属编和继承编中仍然充斥着具有强烈人身依附性的亲缘关系的内容。〔2〕而随后《民国民律草案》、《中华民国民法》都对本国固有法中的落后因素进行了改造或革除，从而更加适应社会发展的需要。改革开放以来的民法典立法实践也不是"毕其功于一役"的，而是渐进式的，民事立法由民事单行法逐步统合为民法典，立法主体采取"成熟一个、制定一个"的办法不断确认改革的成果。〔3〕这与国人不断更新对现代化目标的认识以及在认识更新的情况下推进立法实践有着紧密联系。作为后发现代化国家的中国内部并不具有自然生发的各项现代性因素，国人对现代化目标的设定经历了由挽救民族危亡与实现民族独立、完成国家统一向建设功能完善的社会主义现代化国家的巨变，民法典的"渐进式建构"无疑也与国人对现代性的认识不断深入并反思性运用相关理论知识来推进立法实践有关，民法典的"渐进式建构"是立法知识的反思性运用形塑立法实践的典型代表。

二、以"肯定的现代性"考察民法典立法实践的合理性

"肯定的现代性"要求从正面肯定现代价值、制度。随着改革开放以来"中国肯定的现代性"的确立、现代化水平的提升，推动民法典立法实践的根本动力不再是"刺激—反应"模式下的外部挑战，而是内部现代性因素的不断发酵，民法典立法实践作为助力国家现代化建设的有效手段，必然受到各

〔1〕 魏治勋：《论法律移植的理念逻辑——建构全球化时代中国法制现代化的行动方略》，载《东方法学》2012 年第 1 期。
〔2〕 参见张晋藩：《晚清制定民法典的始末及史鉴意义》，载《法律科学（西北政法大学学报）》2018 年第 4 期。
〔3〕 参见王利明：《回顾与展望：中国民法立法四十年》，载《法学》2018 年第 6 期。

领域现代性因素的推动。以民事单行法时期的立法为例，改革开放初期至90年代我国经历了一段高强度的立法时期，以《民法通则》为基础，《合同法》《婚姻法》《中华人民共和国继承法》（以下简称《继承法》）等各类民事单行法相继颁布，密集立法是为了服务于当时我国社会经济的快速转型，具有很强的问题导向性和阶段性，体现了"经济立法"的特点，改革开放以来民事单行法的制定肯定了现代性的正面价值，这是统领立法实践的社会意识形态配合"以经济建设为中心"的直接体现。总的来看，以"肯定的现代性"考察民法典立法实践具有以下三点合理性：

其一，"肯定的现代性"在各领域的具体表现与民法典立法实践具有天然的契合性：首先，经济层面商品经济的快速发展带来生产、交换、消费等各种经济实践的多样化，智能互联时代的来临、互联网经济的兴盛、人工智能产业的崛起等新兴业态不断涌现，必然要求有相应的法律规则去调整这些新兴经济实践。其次，政治层面民法典立法实践具有塑造民族精神，培育共同价值，凝聚人心以建设现代民族国家的重要功能。这要求民商事法律制度注重保护公民的财产权利，并随着时代发展，更加注重保护公民的隐私权、名誉权、肖像权等具体人格权，实现对个人尊严的保护，与此同时，民商事法律制度也要注意平衡社会公益和个体权利，避免破坏公序良俗，也不能将私权绝对化以危害社会的公共利益。最后，在文化价值层面上，现代性呈现为自我实现和自我负责的道德理想，反对将个体视为实现具体目的的手段，而应当将个体视为目的，这与民法典强调私权保障的制度功能恰相吻合，民商事法律制度的构建也是以民事主体的权利为核心构建起相应的规范体系。

其二，构成"肯定的现代性"核心的现代价值理念在民商事法律制度中有着突出表现。民法典所调整的是平等民事主体之间的财产关系和人身关系，并且以民事权利为核心建构相关的社会秩序，体现的是最为核心的现代价值。首先，社会主义核心价值观是指引民法典不断完善的价值标准，相关价值理念融贯于民法典的基本原则和具体规范中。其次，私产神圣是近代民法典所确立的基本原则，中国民法典也强调保护私人合法财产的重要性，但是也强调与社会公益相协调。最后，民事主体地位一律平等是近代西方民法典所确立的原则，符合现代社会对民事主体的平等地位的抽象化理解，但当代中国民法典注意到特殊群体的存在，根据社会发展状况、身份及文化传统对弱势群体的民事权益作出特殊安排，以求更加符合实质公平的要求。

其三，"肯定的现代性"并不是静态的，相反它强调的是不断改变和与过去的告别，"现代性的后果比从前任何一个时期都更加剧烈化更加普遍化"〔1〕，当代民法典的立法实践作为不断延续的法律现象并不因民法典文本的出台而终结，在渐进式建构的立法实践过程中，民法典立法实践社会生活的演变同步进行。近现代中国并没有经历欧陆各国的从法典化到解法典化转向再法典化的自然演进，处于"肯定的现代性"主导下的当代中国民法典立法实践实际是同时面临着法典化、解法典化与再法典化。当代中国民法典立法实践与我国改革开放的不断深化是相互匹配的，解法典化则是指由于传统民法典"无法完全适应现代社会经济结构和组织关系的巨大调整"〔2〕导致的特别立法冲击传统民法典的私法地位的现象，我们要在利用法典化的优势的同时以特别法克服其局限，再通过再法典化吸纳特别法。再法典化是民法典未来不断适应我国社会发展需要并发挥法典化效用的重要的立法实践之一，具有长远的生命力。

第三节　现代化模式与中国民法典立法实践

一、两种现代化模式：早发内生型现代化与后发外生型现代化

现代化模式大体区分为早发内生型现代化和后发外生型现代化〔3〕：早发内生型现代化是一种自然演进的现代化模式，早发国家的现代化进程往往没有具体的某个时间节点，缺乏明确的纲领或目标，其领导者至多有一种模糊的价值倾向性，具有自发性、自下而上、渐进性的特征，如英国、美国、法国等，虽然这些国家的现代化进程中也会伴随有一些重要事件，如英国光荣革命、美国独立战争、法国大革命等，但总体进程是较为和缓且漫长的，推动现代化的因素主要是源自民族国家内部的，因此其主要特征是渐进性的。而后发外生型现代化则是在本国内部缺乏现代化因素的自然积累的情况下人

〔1〕　［英］安东尼·吉登斯：《现代性的后果》，田禾译，译林出版社 2011 年版，第 3 页。
〔2〕　陆青：《论中国民法中的"解法典化"现象》，载《中外法学》2014 年第 6 期。
〔3〕　"早发"、"原发"（即 early development 或 first moving）与"后发"（late development 或 secondary moving）是 20 世纪 50—60 年代发展社会学中用以刻画进入现代化进程的两类国家。See Robert C. Tucker, *The Marxian Revolutionary Idea*, W. W. Norton & Company, 1969, p. 8.

为设计并积极推进的一种现代化模式，后发国家为了应对来自早发内生型国家的挑战，借鉴早发国家的现代化成果，依靠强力的领导团体快速推进现代化进程以消除外部威胁并形成现代民族国家并实现各领域的现代化。后发外生型现代化具有后发性、自上而下、建构性的特点，如俄国、中国、日本、韩国等，其中尤以发展中国家特别是亚非拉第三世界国家为主。后发外生型国家的现代化进程不是一蹴而就的，通常需要经历一定的历史时间段，但是在启动之初领导团体一般有着明确的目标指向和价值准则，有着强有力的中央政府的推动，因此其主要特征是建构性的。[1]当然，早发国家与后发国家的划分并不是绝对的，而是相对的，在十八世纪以后的世界，除了英法美等国属于较为确定的早发国家，其他国家基本都是属于后发国家，其中德国是相对早发的后发国家，而俄国则是相对晚发的后发国家，日本相对更为晚发，比之还晚的是中东社会。[2]

孙立平先生所提出的两种现代化模式并不仅是国内学者的凭空臆想或者说"无缘之水"式的创造，域外哲人或学者对此也多有相关论述。列维认为现代化进程中存在"先行者"与"后发者"，他认为现代化的后发者具有独特的"后发优势"，如可以学习先行者的经验、绕过陌生的领域、加速现代化进程、提前预知现代化的前景等。[3]美国历史学家汤因比则在21世纪来临前作出了预言式的论断，他认为发达国家对发展中国家不应抱有居高临下的姿态，因为相较于发达国家而言，发展中国家成为"世界安定国家"所面临的困难和阻碍要少得多，两者的地位与处境可能迎来戏剧性的逆转。[4]政治学家D·阿普特认为传统欧美的现代化战略即"世俗化——自由主义"的模式很难适用于后发国家，后发国家适合的是"神圣化——集体主义"的模式即意识形态统摄与权威计划调控。[5]英国学者彼得·鲍尔强调第三世界国家可

---

〔1〕 参见孙立平：《后发外生型现代化模式剖析》，载《中国社会科学》1991年第2期。

〔2〕 See Marion. J. Levy Jr. , *Modernization: Latecomers and Survivors*, Basic Books, 1972, p. 16.

〔3〕 参见〔美〕M·J·列维：《现代化的后来者与幸存者》，吴萌译，知识出版社1990年版，第8-12页。

〔4〕 参见〔英〕阿·汤因比、〔日〕池田大作：《展望21世纪——汤因比与池田大作对话录》，荀春生等译，国际文化出版公司1999年版，第47-55页。

〔5〕 See David E. Apter, *The Politics of Modernization*, University of Chicago Press, 1965, p. 64.

以利用先进国家的科学技术与跨国资本，这些条件是第三世界国家从未拥有的。[1]由此可见，除了国内学者外，不少经典理论家也都认识到现代化存在阶段和模式差异，尤其是注意到了落后国家的后发现代化问题，很多域外经典理论家都提到了"后发优势"，认为落后国家相对于发达先进的资本主义国家在现代化的启动和实施上反而具备特殊的比较优势。孙立平先生对早发内生型现代化与后发外生型现代化的区分相对更为中立，他没有刻意强调"后发优势"，只是较为客观地描述了后发外生型现代化的特征及可能出现的问题。

不论是客观上划分两种现代化模式的孙立平先生的观点，还是西方部分经典理论家强调的"后发优势"，其实都存在一定的局限性，需要结合马列主义经典作家的观点对此加以批判：

西方部分经典理论家对后发优势理论的阐释虽然明晰了后发国家的现代化优势，但基本都将这种优势的取得归因于后发国家在时间序列上晚于发达资本主义国家，从而使得后发国家能够借鉴先进国家的文明成果和既有经验，在短时间内完成先进国家几百年的现代化历程。按照这种后发优势理论，现代化本质上是同质性的，有着明显的从中心向外围扩散的过程，后发国家通过经验借鉴（如日本明治维新全面向西方学习和凯末尔在土耳其领导的改革）、承接发达国家产业转移和利用外资（如韩国、新加坡二战后的经济腾飞）、利用科学技术（如德国在第二次工业革命时期的快速崛起）等方式能够短时间内跻身现代化国家行列。但是这种后发优势理论只能解释极少部分后发国家现代化转型的成功（德国、日本、韩国等），却难以说明同样学习西方资本主义国家现代化模式的广大亚非拉国家转型的艰难性，尤其在二战结束掀起民族解放浪潮以后，很多亚非拉国家依然沦为发达资本主义国家的经济附庸或者变相的政治附庸，部分照搬西式民主制度的国家（如海地、利比里亚）至今仍然处于贫困、动乱的状态，称得上是"失败国家"[2]。因此，立足于资本主义现代化道路的后发优势理论因其十分有限的解释力，难以充分阐明后发国家现代化的特性及其与早发国家的区别所在。

---

〔1〕 参见［英］安德鲁·韦伯斯特：《发展社会学》，陈一筠译，华夏出版社1987年版，第118页。

〔2〕 失败国家在国家治理的语境下指的是那些由于战乱、治理无能、政府崩溃，无法对其疆域进行有效控制，也难以提供重要的公共服务的国家。

早发内生型与后发外生型两种现代化模式的区分具有价值中立性、客观性的优点，但这也恰恰是其缺陷所在。孙立平先生指出了后发外生型现代化的核心特征在于外生性，即后发国家在启动现代化之初面临的是正在形成的国际经济政治秩序，外部挑战是后发国家现代化转型不可回避的，基于此后发外生型现代化往往呈现出中央集权式的强力政府领导、策略性选择现代化方案的特征，但也同时面临着特有的错位、失衡与困境。[1]早发内生型现代化的核心特征自然在于其内生性，其特征与问题也是与之呼应的。孙立平先生对两种现代化模式的区分固然能够从外部把握其特征及问题，具有一定客观性，但是缺乏对社会发展与历史进步的深层次动因的把握。此外，两种现代化模式的区分类似于韦伯的"理想类型"，理论假设与经验事实之间通常不完全对应，需要对经验事实材料进行择取、组织和整理，从而与理论假设相互印证，例如将土耳其、日本、中国都归为后发外生型现代化国家的前提是人为忽略掉这些国家受到外部刺激的具体差异（殖民、侵略、贸易等），然而，根据韦伯的结构一致性原则在理想类型间要建立的因果关系却是付之阙如。

马克思并未专门谈及现代化模式的区分问题，但在探讨资本主义和共产主义的关系时，他认为相较于发达资本主义国家，落后国家要实现社会主义并进而过渡到共产主义，必须在充分借鉴吸收资本主义文明成果的基础上进行，否则难以越过资本主义的"卡夫丁峡谷"。[2]因此，为弥补部分经典理论家立场偏狭的缺陷与孙立平先生未探究深层次历史变迁动因的不足，我们需明确对后发外生型与早发内生型的现代化类型区分更多是社会学意义上的事实分析，难以彰显价值立场；而部分经典理论家的后发优势理论则陷入单一化的资本主义现代化模式或者变相的西方中心主义论调中，为此需要重新厘清现代化模式与价值立场或意识形态之间的关系。

实际上，现代化模式与价值立场或意识形态并不具备必然的联系，对早发内生型与后发外生型现代化的区分是相对的：在资本主义国家中也存在着早发国家与后发国家，如英国、美国与韩国、日本，在社会主义国家中也有早发国家与后发国家，如苏联与古巴，并且后发国家在现代化初期更多受到

---

〔1〕 参见孙立平：《后发外生型现代化模式剖析》，载《中国社会科学》1991 年第 2 期。

〔2〕 参见《马克思恩格斯选集》，人民出版社 1995 年版，第 769 页。

外部驱动，随着后发优势的利用以及与早发国家差距的缩小，原先的后发国家在部分领域甚至于赶超了早发国家，后发国家在相关领域占据领先优势后也可以在某种意义上被看作早发国家，其现代化的动力也更多转为内部驱动。

后发外生型国家与早发内生型国家都有立足同样的价值立场或意识形态的可能。对于中国及类似的非西方文明的国家而言，虽然它们都在不同程度上受到西方资本主义国家的侵略、殖民或其他形式的压迫，面临着既要学习西方又要打倒西方的矛盾的现代性，但是它们的应对策略却可能有着显著差异。有的被殖民程度不深的后发国家通过激烈抗争获得了民族独立并开启了现代化，这些国家具有批判资本主义的强烈倾向；有的完全沦为殖民地的后发国家则是在民族解放的浪潮下被赋予独立地位，它们的现代化进程在价值立场上有着认同资本主义的倾向。同样的境遇与不同的应对方式塑造了非西方文明的后发国家极其差异化的现代性道路，"否定之否定"的现代性道路及"否定的现代性"曾主导的历史阶段只为部分后发国家所拥有。

因此，准确定位一个国家的现代化模式本质仅依靠两种现代化模式的区分是远远不够的，两种现代化模式的分类是初步的，要精准勾勒出某国现代化模式的内涵及外延还需要结合文化传统、历史发展、地理环境、政治法律制度、获得民族独立的方式等因素进行综合考量，后发外生型与早发内生型的分类是一种剪除事实"枝蔓"的类型化处理，是对现代化模式的初步界分，其最主要的价值是在我们对某国的现代化模式进行大体归类后，便于我们结合其他因素对此予以更为准确的定位。

二、现代化模式的差异对民商事法律制度的影响

并非所有的国家都以法典编纂作为现代化的制度标志与必然选择，对于受到普通法传统影响并缺乏法典编纂传统的国家而言，它们主要经由判例法发展出的民商事法律制度同样能够满足市场主体可预期性与可计算性的需要，并且能够有效规制现代社会生活的各个领域，能够帮助本国实现现代化。我们要以能否满足市场经济发展与社会生产生活的有序运转为标准判断一国的民商事法律制度是否符合前述制度现代化的标准，即整合诸现代社会各个领域的现代化要素，从而建构功能完善、有序运行的现代民族国家，而前述国家现代化的标准是维系国民共同的身份认同，形成牢固的民族国家共同体意

识，并且有效应对横向的比较压力，这也是判断一国民商事法律制度现代化水平高低的重要依据。当代普通法系国家的制度演进与大陆法系国家的立法实践相互影响，在探究现代化模式对民法典立法实践的影响时，以普通法系国家作为对比的一方具有重要的参照价值。

现代化模式的差异自然会影响到民商事法律制度的形成与发展，原因在于一国的现代化模式和该国的现代化的类型、意识形态倾向、历史文化传统等因素相联系。因此要准确呈现出后发国家与早发国家的民商事法律制度的差异，就必须综合各方面因素。探究一国现代化模式的差异是如何影响该国的民商事法律制度不是简单地作出非此即彼的排中律式的判断，关键在于综合考量一国的现代化类型定位、意识形态倾向、历史文化传统等因素的叠加与融合是如何塑造该国独特的现代化模式，并且进一步影响到民商事法律制度的。

影响一国现代化模式的各种要素的叠加与互动所形成的差异需要在更为精细的层面上呈现，从而展现其对民商事法律制度的影响。因此我们需要罗列出一系列与立法形成机制、立法资源选择、立法方向设计相关的范畴，这些范畴内部具有张力并且外部具有关联，能够将现代化模式的差异性及其对民商事法律制度的影响更为具象地呈现出来：

首先，就立法形成机制而言，可以罗列出经验理性与建构理性、政府主导与社会推进、精英立法与民众参与这三组范畴。总体上，后发外生型国家在立法形成机制上趋向运用建构理性，多为政府主导下的法典编纂，有着鲜明的精英立法的特点。而早发内生型国家的情况则更为复杂一些，英、法、德等西方诸国无疑是现代文明的发源地，但民法典的编纂却主要属于欧陆的理性主义法学传统，其中尤以法国与德国为代表。理性法传统在逻辑思维方面依赖的是演绎推理，在哲学层面汲取的是自然法思想，在法律资源领域主要仰赖的是罗马法以及习惯法、教会法、城市法等原生法律资源，近代《法国民法典》《德国民法典》是理性法传统的产物，如《德国民法典》采用了潘德克顿体系，立法者以"提取公因式"的方式按照"总则—债法—物权法—亲属法—继承法"的编撰体例制定法典。[1]因此早发内生型国家中的欧陆国家在立法形成机制上更倾向于建构理性，并且民法典的编纂也多在中央政府的统一领导或者法律精英的协助下完成，所以也相应更趋于政府主导和精

---

[1] 参见丁宇翔：《民法典编纂中的理性主义传统》，载《人民法院报》2017年12月29日，第5版。

英立法。以英国、美国为代表的海洋法系国家同属于现代文明的发源地，却普遍缺乏制定成文民法典的传统，主要通过普通法、衡平法调整民商事法律关系。普通法系国家之所以普遍缺乏民法典立法实践，并不是立法者欠缺相关的立法技术或立法素材，而是自上而下的民法典编纂可能会侵蚀社会自发形成的普通法规则。[1]正如美国法学家霍姆斯的论断——"法律的生命从来不在于逻辑，而在于经验。"以判例法、陪审团为重要表征形式的普通法制度在法律职业共同体的塑造下凸显了经验理性、社会推进、民众参与的重要性，当然这种凸显也只是相对的，建构理性（如《美国统一商法典》的编纂）、精英立法（如普通法中法官起到关键作用）、政府主导（如衡平法院的设立）仍然发挥着作用。因此，尽管欧陆各国和英、美基本都是现代文明的发源地，同属于早发内生型现代化，同属于资本主义国家，但"英国在诺曼征服后就已建立中央集权和全国性的王室法院"[2]的历史传统深刻地塑造了它的民商事法律制度，并且抵御住了罗马法和欧陆法典化浪潮，随着英国的海外殖民活动，相关法律制度也逐步向世界各地扩散并形成了独具一格的英美法系传统。

其次，就立法资源选择而言，可以罗列出传统资源与现代资源、本土资源与域外资源、国家法律与民间规范这三组范畴。进行立法资源选择的主体只能是现代民族国家，而现代民族国家本身就是现代性的重要产物之一，一种想象的、有限的、拥有主权的新型民族共同体[3]构成了现代国家的基石。现代民族国家与西方中世纪的封建国家、阿拉伯地区的神权国家、东亚社会以古代中国为中心的"天下"等前现代国家形态有着本质的差别，在前现代社会中，不论是神权国家、封建国家还是其他类型的国家，立法主体对立法资源的择取都会不自觉地受到先在的宗教权威、文化传统、道德准则的约束及影响，不依赖先在的约束对立法资源的主动选择只能存在于原子化个体凝

---

〔1〕　See Csaba Varga, *Codification as a Socio - Historical Phenomenon*, Szent István Társulat, 2011, pp. 71-72.

〔2〕　沈宗灵：《论普通法和衡平法的历史发展和现状》，载《北京大学学报（哲学社会科学版）》1986 年第 3 期。

〔3〕　有关现代民族产生的根源大体有"原初论"与"构建论"两种观点，原初论强调构成特定民族身份认同基础的血缘、宗教、语言、文化等因素是先天性的，而构建论则认为现代民族认同产生于经由特定媒介传递的对于经济、政治、社会制度的认同感，安德森更倾向于构建论，他认为现代民族根本上是近代工业化和现代化的产物。参见［美］本尼迪克特·安德森：《想象的共同体——民族主义的起源与散布》，吴叡人译，上海人民出版社 2005 年版，第 4-7 页。

聚成的现代民族国家。任何现代国家的立法主体在立法资源择取中都需面对充满张力的范畴，但是现代化类型的差异导致各国面临的立法资源择取中的矛盾与张力也是不同的：现代民商事法律制度发源于近代欧陆，随着全球化进程不断将其影响力拓展至全球范围。早发内生型国家是现代民商事法律制度的主要发源地，它们的传统资源、民间规范是按照自然演化的方式渐进式地向现代资源、国家法律转化，它们的法律移植更多是在彼此没有文明代差与文化隔阂情形下的信息互通，本土资源和域外资源的界限是相对模糊的。与之相比，后发外生型国家一般是在受到外部刺激后启动现代化进程的，自身的传统资源、民间规范相对于现代资源、国家法律更具有异质性，必须由立法主体改造并利用本土资源，择取并转化域外资源（法律移植），所以后发外生型国家在立法资源选择中会面临更多的矛盾或冲突。当然，后发外生型国家如果是社会主义国家，其所面临的立法资源择取的张力或矛盾可能较后发外生型的资本主义国家更为突出，因为它不仅需要批判和转化既有的本土法律资源，还需要对现代法律特别是民商事立法的资本主义表达采取扬弃的态度，从而确立适合自身意识形态与国情需要的民商事法律制度。

最后，就立法方向设计而言，可以罗列出民族性与全球化、地方性与普适性、实质理性与形式理性这三组范畴。立法方向设计是对立法形成机制、立法资源选择的高度概括与精炼总结，因而上述范畴与立法形成机制、立法资源选择中的范畴有着密切的联系：其一，在全球化与民族性的范畴组合中，由于早发国家具有现代化的"先发优势"，它们在民商事法律制度中的民族性表达通常伴随着革命输出、殖民侵略、商业贸易、文化传播向其他国家或地区的扩散（如《德国民法典》《法国民法典》的广泛影响），进而形成全球化的立法趋势，因此早发国家通过立法形成机制所选择的立法资源通常不会面临民族性和全球化的直接冲突，或者冲突程度较低。依据沃勒斯坦的世界划分理论，桑托斯认为半边缘和边缘国家相对于中心国家在法律全球化中一般处于不利地位。[1]后发外生型国家则因启动现代化时间点上的滞后性，在编纂民法典时世界范围内往往已经存在具有较强影响力的"法典范本"，后发国家的传统资源、民间规范受到冲击后，其原先的合法性被解构而后又需要在

---

〔1〕 参见曾令良、余敏友主编：《全球化时代的国际法——基础、结构与挑战》，武汉大学出版社 2005 年版，第 79 页。

法律全球化背景下重新确证其适用于现代社会的价值，因此后发外生型国家一般会在民法典立法实践中遭遇民族性与全球化的剧烈冲突。

其二，地方性与普适性的范畴组合中，民商事法律制度中普适性与地方性的矛盾或冲突主要是现代民族国家建立后产生的，相较于早发国家，这种矛盾或冲突在后发国家的民法典历程中体现得尤为明显。与法律的"普适性知识"相对应，现代民族国家内部有着特定区域—地理边界构成的"地方性知识"与独特文化—社会边界塑造的"族群性知识"，二者共同形成法律实践的地方性表达。[1]早发国家的民法典立法历程体现了从地方性向普适性过渡的特点，以德国、法国为代表的大陆法系国家大体经历了"不成文的地方性的习俗—成文的习惯法—习惯法的汇编与编纂—民法典中普适性规则"的发展历程，而后发国家在现代化初期的民法典立法历程更多呈现的是地方性受到普适性冲击的情境，立法主体被迫以普适性整合地方性。

其三，实质理性与形式理性的范畴组合与韦伯对理性的分类以及法的类型划分相关，韦伯将法的创制、发现区分为理性与非理性的，并按照形式理性与实质理性的标准区分了形式非理性的法（神谕等）、实质非理性的法（完全以对个案的具体评价为基准）、实质理性的法（伦理的、宗教的、功利的能破除形式性的法规则）、形式理性的法（逻辑一致的、内在无矛盾的抽象法命题的综合体）。[2]立法主体在民法典编纂过程中通过运用演绎推理、体系构建、专业术语等手段使得法律规则呈现出"技术中立"与"可计算性"的特点，民法典在一定程度上体现了形式理性法的特征。在韦伯的分析中，理性化程度最高的就是形式理性的法，而近代欧陆各国率先兴起的民法典编纂活动基本代表了现代法律文明的发展方向，而古代中国、印度、阿拉伯地区等东方国家的法律或者中古欧洲的法律都因理性程度的欠缺难以称得上是形式理性的法。早发国家中以英国、美国为代表的普通法系国家的法律职业群体和诉讼当事人的自主参与成为普通法发展的推动力，民商事法律制度的发展与司法实践高度关联，这赋予了普通法系国家的民商事法律实践强烈的非理性特征。法官通过类推技术、区分技术的"决疑术"形成了不同于大陆法系

---

〔1〕　参见谢晖：《族群—地方性知识、区域自治与国家统一——从法律的"普适性知识"和"地方性知识"说起》，载《思想战线》2016 年第 6 期。

〔2〕　参见 ［德］马克斯·韦伯：《法律社会学：非正当性的支配》，康乐、简惠美译，广西师范大学出版社 2011 年版，第 29-30 页。

以三段论式的演绎推理为特质的判例法系统（形式非理性），并且，司法实践中陪审团的存在导致大量司法判决受到法律规则以外因素的影响（实质非理性）。[1]但是这并不妨碍英美等国工商业与市场经济的繁荣发达，相关民商事法律制度同样也促进了其现代化水平的提升，帮助其取得了不亚于欧陆国家的法治成就。"英国法"的例外性并没有推翻韦伯法律社会学的基本分类，而是证明了实现高水平的现代化并不必然要依赖于特定的法律类型。在后发国家竭力追赶早发国家的时间档口即十九至二十世纪，包括中国在内的众多后发国家在横向比较压力的催迫下，更多学习的是欧陆国家的"法典范本"以图短时间内完成法制现代化，但这不表示后发国家的民法典立法实践只以形式理性法为导向，形式理性与实质理性在民法典立法实践中应当是相互结合、彼此平衡的，立法主体要根据社会发展的现实动态调整二者的关系，后发国家的立法者在注重民法典的形式理性的同时还需要结合本国的意识形态、历史文化传统、政治法律制度、经济发展状况在法典中注入符合本国国情的实质理性。

三、当代中国的现代化模式对民法典立法实践的影响

"当代"一词与现代基本是同义的，现代一词意味着同过去保持距离，以时间断裂的方式朝向未来。[2]从概念层次上看"当代"一词倾向于标注一种注重新旧之分的精神理念，它虽着重指向未来的蓝图构建，却无法割断新与旧的事实性联系，"把自己理解为新旧交替的成果"[3]。由此，当代中国的现代化模式必定在承接既有现代化历程的影响的同时指向将来，现代化模式的定位与其说是静止不变的，不如说是动态演变的。现代化模式的定位及其演变不仅深刻影响着中国的现代化建设，而且也影响我国的民法典立法实践，而民商事法律制度是当代中国现代化进程中制度现代化的重要组成部分。

一方面，后发外生型现代化模式是对当代中国现代化模式的总体定位，这从根本上塑造了我国民法典的立法实践样态。但是后发国家中进行过或者正筹备法典编纂的国家不只是中国，包括中国在内的众多后发国家也在近现

---

〔1〕 参见韩红俊：《形式理性和实质理性的悖论——马克斯·韦伯的法律社会学思想》，载《前沿》2006 年第 10 期。

〔2〕 参见［德］尤尔根·哈贝马斯：《后民族结构》，上海人民出版社 2002 年版，第 178 页。

〔3〕 ［德］尤尔根·哈贝马斯：《现代性——未完成的工程》，丁君君译，载汪民安等主编：《现代性基本读本（上）》，河南大学出版社 2005 年版，第 108 页。

代曾落后或仍落后于世界先进文明，以至于被迫启动现代化，我国的民法典立法实践无疑受到后发外生型现代化模式总体定位的影响：其一，中国的历次民法典编纂在立法形成机制层面基本都倾向于建构理性、政府主导、精英立法。其二，在立法资源选择上中国所面临的传统资源与现代资源、本土资源与域外资源、国家法律与民间规范之间的冲突与矛盾也更为突出。其三，在立法方向设计上中国则承担着全球化背景下确立自身民法典立法实践的民族性的重要使命；同时近现代中国的历次民法典编纂都在竭力沟通、联结普适性的民商事法律制度与地方性的民商事法律实践；此外，作为后发外生型国家，近代中国在追赶法制先进国家的过程中，受到"横向比较压力"和路径依赖的影响，学习的更多是欧陆国家特别是德国、瑞士等国的民法典，因此更容易受到形式理性法的影响。

　　此外，受到文明传统、意识形态、现实国情等因素的影响，后发国家还可以进一步被类型化地区分，不同类型的后发国家的民法典立法实践亦各有其特性，进一步类型区分有助于准确定位我国的现代化模式及其对民法典立法实践的影响：首先，后发国家可以进一步划分为归属于西方文明的国家与非西方文明的国家，因为后发国家是一个相对的概念，宽泛地来说，德国、俄国、波兰等中东欧国家相比于西欧各国也可以被认为是后发国家，它们的民法典立法实践相对更为顺利，也更为成熟，并能够有效转化为现实的制度实践并产生一定的域外影响力。但严格来说，后发国家应当限定为非西方文明的国家，因为这些国家在通过法典编纂确立现代民商事法律制度时不仅要追赶早发国家，还要克服对西方国家给出的"法典范本"的单一模仿，其面临的张力与冲突更为明显，例如深受伊斯兰宗教文明影响的国家要在民法典中确立现代婚姻制度就需要克服更多阻碍。其次，后发国家按照意识形态可以划分为社会主义性质的后发国家与资本主义性质的后发国家，前者在民法典立法实践中虽然也继受早发的西方国家的民事立法理念与制度资源，但更多采取批判与转化的立场，后者则更多是直接继受而较少进行批判。再其次，遭受殖民侵略的后发国家可以分为通过武装斗争获取民族独立的国家与通过和平途径获取独立的国家，前者的法典编纂更强调自身的民族性，而后者更多顺应全球化的发展趋势。最后，后发国家还能分为利用"后发优势"在部分领域追平或者赶超早发国家的后发国家与发展速度相对缓慢、发展水平相对较低的后发国家，相对而言，前者民法典立法实践的状况要好于后者甚至在民商事法律制度中具有一定的开创性。依照对后发国家的类型化定位与综合，中国属于后发国家中的非西方文明的社会主义国家，是通过武装斗争实现了民族独立，并且利用"后发优势"在部分领域追平乃至赶超了早发国家，而这对中国的民法典立法实践产生了重要影响。

另一方面，后发外生型现代化模式的特性并非一成不变的，它始终处于动态演变的过程中，不断被赋予全新的内涵，这导致近现代中国的民法典立法实践在不同历史阶段各有其特性，不断更新特性的后发外生型现代化仍能够指导未来的民法典完善与其他领域部门法的法典编纂：

其一，后发外生型现代化所具有的建构性、后发性、外生性、自上而下等特性不是恒常不变的。在鸦片战争爆发-新中国成立前，由于中国内部的经济、政治、文化等领域的现代性因素较为薄弱，同时我们还面临着反帝反封建的历史使命，在内忧外患的救亡语境下，"否定的现代性"占据主导地位，必须由具备先进意识形态作为指导的领导团体带领民众有效应对外部侵略、化解内部矛盾，建成独立自主的现代民族国家，后发外生型现代化的初始特性是十分显著的。在新中国成立后-改革开放前，随着独立自主的民族国家的初步建成以及深入到社会基层的国家政权体系、动员机制的完善，我国的现代化进程开始呈现出一定程度的内生性与渐进性。改革开放至今，国家政权单向统制社会的局面被打破，生产要素配置的市场化与生产力的飞跃性发展使得我国的现代化进程呈现出一定程度的自下而上的特点，并且我国充分利用"后发优势"在部分领域（如基础设施建设）实现了对先进国家的"弯道超车"，部分具备了早发内生型国家先期在该领域曾拥有的优势地位。然而，纵观中国的现代化进程，我们仍然要承认建构性、后发性、外生性、自上而下作为初始特性始终是占据主导地位的，而渐进性、早发性、内生性、自下而上的特性是对后发外生型现代化特性的重要补充。

其二，后发外生型现代化的特性的演变塑造了各个历史阶段的民法典立法实践。在清末—民国的历史时期，后发外生型现代化的初始特性的影响是十分显著的，此时的民法典立法实践在立法形成机制上也相应地体现为建构理性、政府主导、精英立法的强势地位，在立法资源选择上呈现为立法机关竭力通过现代资源、域外资源、国家法律去改造或压制传统资源、本土资源、民间规范，立法主体在立法方向设计上尚无法有效处理民族性与全球化、地方性与普适性、实质理性与形式理性的关系，例如民国《民国民律草案》未使固有法和继受法充分协调。在新中国成立后—改革开放前，虽然这一阶段的民法典立法实践未能转化为有效的制度实践，但由于我国开始逐步探索独立自主的现代化道路，内生性、渐进性在一定程度上弥补了后发外生型现代化的外生性、建构性的不足，此一阶段在立法形成机制层面的经验理性、社会推进、民众参与有所增强。改革开放至今的中国民法典立法实践不仅承继了上一阶段在立法形成机制上经验理性、社会推进、民众参与的增强，还进一步在立法资源选择方面寻求不同类型资源的合理融通（如《民法典》第十条就民事成文法与民事习惯的适用次序作出了规定），在立法方向设计上力图平衡好民族性与全球化、地方性与普适性、实质理性与形式理性的关系（如《民法典》中人格权的独立成编）。

其三，不断更新特性的后发外生型现代化对于指引中国未来的民法典完善与其他领域的部门法典编纂仍然具有重要意义。诚如忒修斯之船悖论一样，船上的材料都被替换过一遍以后，那么这艘船还是同一艘船吗？忒修斯之船延伸出的同一性问题在思想史上有着截然不同的回应。同样，后发外生型现代化的初始特性在历史发展过程中不断演变，那么我们还能称中国是后发外生型现代化国家吗？实际上，借用中世纪经院哲学唯实论与唯名论的争点，我们可以认为后发外生型现代化只是对近现代中国、印度、日本等国现代化特性的抽象概括，作为一个名称，它并不具有实体性，与认识论领域的事物同一性问题处于不同层面，它所涵盖的特性会受到地域环境、历史变迁、社会发展、意识形态的影响而不断变化。因此，不存在完全一致、固定不变的后发外生型现代化模式，后发外生型现代化主要是一个形式框架，所以即便中国启动现代化进程之初展现的后发外生型现代化的初始特性更为明显，以至于当时的民法典立法实践深受其影响，并表现在立法形成机制、立法资源选择、立法方向设计当中，也不妨碍其后中国的民法典立法实践随着后发外生型现代化特性的演变作出相应的调整。我国在立法形成机制层面同样可以借鉴经验理性，利用社会推进，鼓励民众参与；在立法资源选择上能够不断探索融合不同类别立法资源的有效途径从而适应当下及未来的需要；在立法方向设计方面可以应时代发展不断调整民族性与全球化、地方性与普适性、实质理性与形式理性的关系。

中国现代化进程中的民法典立法实践

改革开放以来的民法典立法实践与"肯定的现代性"实现了较为圆满的契合，但是仅仅得出这一结论却只具备十分有限的意义，我们通过回顾中国现代化进程中的民法典立法历程才能对这一结论有较为全面透彻的理解。

其一，就清末—民国时期而论，占据主导地位的"否定的现代性"与民法典立法实践基本是错位的。无论是《大清民律草案》直接照搬西方诸国民法典样板并与中国本土立法资源简单拼接，还是《民国民律草案》在形式上融合中外民法资源，又或者是《中华民国民法》试图以平衡个人本位的法律社会化原则统领来源不同的立法素材，这一时期的民法典立法实践基本都缺乏对西方的批判维度，因此难以帮助近代中国实现反帝反封建的救亡目标。其二，就新中国成立后—改革开放前而论，"否定的现代性"继续发挥着主导作用。由于立法者过度张扬"否定的现代性"中解构的维度，这一时期民法典立法实践未能转化为正式的法律制度。受到国内外形势的影响，新中国成立后—改革开放前以阶级斗争为指向的时代思潮始终伴随着我们的现代化建设，传统以私权保护为核心的民法典在强调阶级斗争的历史情境中处于被排斥的境地，立法者对私法文化、制度的批判最终演变为对民法典的形式规范与实质内容的否定，这导致其时的民法典立法实践未能转化为正式颁行的民法典。其三，中国自改革开放以来逐步转变为"肯定的现代性"的主导，我国先制定民事单行法并逐步完善民商事法律制度的各个板块，最终在 2020 年5 月全国人大正式通过了《民法典》，与之相对应的是我国社会主义市场经济的蓬勃发展、法治建设水平的显著提高、国家治理能力的不断提升与治理体系的稳步完善。

第一节　"救亡语境"中的清末—民国的民法典立法实践

中国的民法典立法实践与中国近代史的开端即鸦片战争有着半个多世纪的时间差，存在时间差的原因在于国人面对西方列强的入侵时一开始仅仅认为中国需要在器物层面学习西方，随着一次又一次不平等条约的签订，中国逐步转变为半殖民地半封建社会，民族危机日益加深驱使国人认识到中国不仅在器物层面落后于西方，更在政治法律制度乃至文化价值理念层面也有不足。清末—民国的民法典立法实践切入的时间点接续着洋务运动、戊戌变法，跨越的时间段穿插着清末新政、辛亥革命、新文化运动等一系列推动现代化进程的重大历史事件。对时间点与时间段的把握提示我们在分析清末—民国的民法典立法实践时必须将之置入其时特殊的历史语境中，揭示出《大清民律草案》《民国民律草案》《中华民国民法》的编纂与当时社会环境、历史发展的互动关系，指出清末—民国的民法典立法实践的历史作用及局限。

一、以"救亡语境"审视清末—民国的民法典立法实践的合理性

我们不能仅以当下的标准考察清末—民国的民法典立法实践并进行简单化的评判。斯金纳认为我们不能执着于文本中心主义，而必须将我们所研究的文本对象置于特定的历史情境中，从而能够在历史意识的指引下掌握与文本对象有关的知识背景，掌握文本中所蕴含的作者的真实意图。[1]"以今非古"的不合理之处在于现代人与古代人处于不同的文明秩序中，在当今被视为正当的行为模式、伦理价值置于古代可能恰恰是被批驳的对象。清末—民国虽然不属于古代，但这一时间段正处于古今之变的关键时期，反帝反封建和建立独立自主统一的民族国家的历史任务贯穿其中，换言之，虽然此时的中国已然处于现代化进程中，但也不能完全以今天的眼光去衡量当时的民法典立法实践，当时的民法典立法实践必须受到与其时有关联的历史语境的约束。正如有学者指出："历史的无限延续并不等同于历史语境的无限宽容。某些富有创造性的本文允许众多的诠释，但是，这样的自由并不是可以从本文

---

〔1〕　See Quentin Skinner, *Visions of Politics*（Volume 1）: *Regarding Method*, Cambridge University Press, 2002, p. 85.

之中任意召来各种意义。如果某些结论无法通过历史语境的审核，它们将遭受众多方面的联合抵制。换一句话说，一个时代的历史文化空间同时还制约了意义生产的最大范围。"[1]因此以救亡语境审视清末—民国的民法典立法实践的合理性需要从以下三个方面辩明：一者是为何需要历史语境？需要从意义生产功能的角度说明；二者是为何选择救亡语境？需要从救亡语境制约意义生产范围的效用说明；三者是当下的历史语境与救亡语境有关联？需要从现代化任务的阶段性转换说明。

首先，历史语境的意义生产功能使得我们能够在一定认知范式中理解清末—民国的民法典立法实践。历史事件的意义从来就无法脱离后人对历史问题的前提假设与解释框架而自行其是，即便认知者力图还原参与历史事件的人物心理，也是二阶观察层面对解释的再次解释，也摆脱不了认知者的意识建构。此种意识建构凭依的正是认知者的研究范式，即认知者用以理解历史事件和历史人物所需的前提假设、主要信念、研究方法等要素，相关要素构成了历史认识的认知范式。[2]历史语境实质上是认知范式的具体化，其特有的功能是帮助我们跳脱出单一历史事件的直接动因，以共通的目标指向联结起不同时间点的历史事件，为整体性的历史演变赋予意义。以清末变法图强为例，晚清政府设立修订法律馆并编订《大清民律草案》，从直接动因上看是外国列强多与中国签订损及法权的条约，清政府为促使各国放弃在华的领事裁判权而修订民律。[3]若以"救亡语境"审视《大清民律草案》的编订，则可以将之视为挽救民族危亡、追求国家独立富强的手段，《大清民律草案》的编订与《民国民律草案》的编纂、《中华民国民法》的制定共同组成中国近代追求法制现代化的重要步骤。历史语境的意义生产功能能够帮助我们确立认识清末—民国的民法典立法实践的基本方向，这能够避免我们陷入纷繁复杂的历史现象中而无法抓住要害。

其次，救亡语境制约意义生产范围的效用能够有效统合对清末—民国的民法典立法实践的多种视角。面对具有优势的西方文明的入侵，在横向的比较压力下，如何维护民族独立、保持国家完整并使得中国跻身于世界先进国

---

〔1〕 南帆：《诠释与历史语境》，载《读书》1998 年第 11 期。

〔2〕 参见魏治勋：《民间法研究范式辨正》，载《甘肃政法学院学报》2007 年第 2 期。

〔3〕 参见谢振民编著：《中华民国立法史》（下册），中国政法大学出版社 2000 年版，第 740-741 页。

家成为贯穿中国近代史的重大历史问题，"救亡保种"的历史目标支配着一切重大的社会改良运动与革命事件，救亡语境由此制约我们理解那一段历史的意义生产范围。也就是说，虽然我们可以从法制现代化、法律移植、中华法系改造、法律进化等多种认知视角出发理解清末—民国的民法典立法实践，但是这些认知视角根本上都需要受到历史语境的约束，而救亡语境则统合了诸种认知视角。换言之，无论如何理解清末—民国的民法典立法实践，诸种认知视角最终都要归入挽救民族危亡、实现国家独立统一的历史语境中去解读。但救亡语境的意义生产范围的制约并不代表包括民法典立法实践在内的政治法律实践在中国近代历史上仅具有工具性意义，法治、民主、人权等理念也具有不可被工具化的价值，只是清末—民国的救亡图存的急切需求暂时统合了民法典立法实践的内在价值。

最后，救亡语境与当下民族复兴的历史语境前后承接，体现了现代化进程的连续性，这使得救亡语境仍然具有启示当下民商事法律制度完善的现实意义。虽然我们是以救亡语境审视清末—民国的民法典立法实践，但是救亡图存的目标维度建立在对西方资本主义文明与自身传统文明的双重批判的基础上，批判后者是因为传统文明已经构成了中国现代化发展的桎梏，必须要批判传统并从正面肯定现代性诸要素的价值，启蒙不可或缺；批判前者是由于现代性诸要素的呈现不只是西方资本主义的单一模式，中国需要探索与自身国情相适应的现代化模式，救亡离不开批判。"没有启蒙的救亡走不出新路也不会成功，没有救亡的启蒙无异于画饼充饥。"[1]由救亡语境转至当下民族复兴的语境，"肯定的现代性"与"否定的现代性"产生了历史性的接替或切换，即由能否服务于实现民族独立转化为能否服务于建成功能完善的现代民族国家。换言之，在当代中国民族复兴的语境中我们全面肯定了民法典立法实践服务于建设现代国家的功能。

二、清末新政与《大清民律草案》

中国有着悠久的成文法制定历史，春秋战国时期的子产铸刑鼎、李悝著《法经》、商鞅变法，而自秦开创大一统的中央集权王朝以来，历朝历代以法

<hr>

[1] 魏治勋：《近代"救亡叙事"中的新法家法治意识形态及其问题》，载《社会科学战线》2016 年第 1 期。

典形式颁行的成文法更是有着前后承继的发展演变历程。《唐六典》《宋刑统》《大清律例》等古代法典不仅发挥了稳定社会秩序的作用，更形成了独树一帜的法律文化传统，并传播至东亚各国，构建起了独特的法律文化圈。以唐律为例，唐律自制定以来，中、日、韩等东亚国家都奉之为圭臬，从"唐律情结"延伸发展为当下"民法典情结"，东亚各国以制定一部在形式上或技术上能够超越或比肩某一西方强势国家民法典母本的先进民法典为追求。[1]如此看来，中国并不缺乏成文法意义的法典制定传统，在某种程度上，固有的法典制定传统似乎还可助力现代民法典的制定，但对于中国而言，由传统法制至现代法治的过渡不是自然而然的，而是在遭受列强入侵、民族危机日益深重的情况下不得不开启政治法律制度的改良与革命。

编撰《大清民律草案》是清末新政的改革措施之一，清末新政指的是晚清政府在内外交困的境地中为巩固自身统治而进行的系统性改革，期间伴随废除科举、编练新军、五大臣出洋考察、仿行立宪等一系列与新政有关的事件。清末新政是统治者为延续清朝统治而采取的适应当时情势之举，鸦片战争结束以来民族资本主义经济的发展、自给自足的小农经济的逐步破产、社会移风易俗等现代化发展的趋势也促使政治法律制度进行变革。《大清民律草案》的编撰便是统治者主要为巩固清朝统治、挽救民族危亡对法律制度进行革新的重大举措。

清政府在编撰《大清民律草案》工作之前预先修订了《大清律例》。在晚清政府修律之前，中外法律存在诸多冲突、矛盾之处，特别是民商事领域尤为突出，列强与清政府签订了大量的不平等条约从而获得了领事裁判权，这一特权严重损害了中国的主权完整。在二十世纪初期，中国开始了广泛的法律改革，部分原因是推动现代化，部分原因是结束鸦片战争后西方各国强加给中国的治外法权负担。[2]清廷于光绪二十八年（1902年）发布谕旨："现在通商交涉，事愈繁多，著派沈家本、伍廷芳将一切现行律例，按交涉情形，参酌各国法律，悉心考订，妥为拟议，务期中外通行，有裨治理。"[3]沈

〔1〕 参见苏亦工：《得形忘意：从唐律情结到民法典情结》，载《中国社会科学》2005年第1期。

〔2〕 See Jennifer M. Neighbors, "The Long Arm of Qing Law? Qing Dynasty Homicide Rulings in Republican Courts", *Modern China*, Vol. 35, No. 1, 2009, p. 4.

〔3〕 谢振民编著：《中华民国立法史》（下册），中国政法大学出版社2000年版，第741页。

家本等自光绪三十三年（1907 年）起开馆治事，以删除、修改、修并、续纂的方式逐步修订《大清律例》。中华法系的固有特点是诸法合体、民刑不分且刑主民辅，沈家本等对《大清律例》的修订没有彻底颠覆旧有的法制传统，但在外部压力和内部发展的驱动下亦以"旧瓶装新酒"方式融入了大量与时代发展相适应的内容或者将传统的律令规则转换为现代法律的表达方式，沈家本在奏陈修订办法时认为："刑律承明之旧，以六曹分职。……现今官制，或已改名，或经归并，与前迥异，自难仍绳个式。"〔1〕在《大清律例》中笞、杖、徒、流、死以及发遣、充军的刑罚执行方式在沈家本看来应当转化为死刑、安置、工作、罚金四项以厘定刑名。《大清律例》于宣统元年（1909 年）修订结束，被更名为《大清现行刑律》并正式颁行。虽名为刑律，囿于民刑不分的法制传统，《大清现行刑律》实际包含诸多调整民事法律关系的规范内容，且因为直至清朝覆灭《大清民律草案》始终未能正式颁行，《大清现行刑律》中的"现行律民事有效部分"成为民初司法实践中最主要而又具有特殊性的民事裁判法源。〔2〕尽管《大清律例》向《大清现行刑律》的过渡并未实现由刑律向民法转变的任务，即没有形成独立的、统一的立法文本形态的民事法律规范体系，但《大清现行刑律》中有关服制图、服制、名例、户役、田宅等民事部分的内容则至民国继续有效。〔3〕民初司法实践中继续沿用《大清现行刑律》中"现行律民事有效部分"的标准及理由可由以下判例阐明，民国三年大理院上字第 304 号判例有云："民国民法法典尚未颁布前清之现行律除制裁部分及与国体有抵触者外，当然继续有效。"〔4〕当然以是否与国体相抵触为选择法律内容的标准是相当模糊的，在当时的司法实践中民初大理院经由解释、类推、假借、法律概念对接、民法理念及观念渗透等方式对刑律条款进行了民事效果的转化，从而在正式民法典缺位的情况下使得旧有的律

---

〔1〕　谢振民编著：《中华民国立法史》（下册），中国政法大学出版社 2000 年版，第 741 页。

〔2〕　除了《大清民律草案》未正式施行之外，《大清刑律草案》也未正式实施，民国建立初期的法律改革增加了法官的自由裁量权，但是由于相关法律的缺失以及民初立法与传承下来的正义观念相矛盾，法官能够使用这些新扩大的裁量权在裁判中重新使用清朝的旧有法律，从而民初时期的刑事裁判更加接近晚清时期的刑事裁判。See Jennifer M. Neighbors, "The Long Arm of Qing Law? Qing Dynasty Homicide Rulings in Republican Courts", *Modern China*, Vol. 35, No. 1, 2009, p. 3.

〔3〕　参见段晓彦：《〈大清现行刑律〉与民初民事法源——大理院对"现行律民事有效部分"的适用》，载《法学研究》2013 年第 5 期。

〔4〕　谢振民编著：《中华民国立法史》（下册），中国政法大学出版社 2000 年版，第 742 页。

例得以在一定程度上适应全新的社会情势发展。[1]

清末新政时期对旧有律例的修订及民国时期的变通适用虽可以在中国现代化进程中出于实用目的融合固有法和继受法，但终究只是法制过渡时期的特殊现象。立法者在正式民法典颁行之前以一种"旧瓶装新酒"的方式渐进式地改造固有法制传统，同时吸纳西方的民事法律制度，避免过于突兀地移植西方法律引发新旧法律秩序的剧烈冲突。渐进式的旧律修订可以暂时延长固有法的生命力，可在社会发展已经需要独立的民事法律规范调整的情形下，长期缺乏立法文本形态的民法典终究会阻碍现代化的进程。清政府也认识到了仅仅修订旧律是无法满足法制现代化需要的，在修律工作彻底结束之前清政府便开启了《大清民律草案》的编撰工作。光绪三十三年（1907年）清政府民政部奏请厘订民律，认为公私法区分乃是世界潮流："东西各国法律，有公法私法之分，公法者，定国与人民之关系，即刑法之类是也。私法者定人民与人民之关系，即民法之类是也。"[2]编撰民律的宗旨包括重视世界范围立法的普遍原则、归纳抽象出最精确之法理、探索适合中国民情的法则、追求对社会发展的有利法则。[3]在破除了诸法合体、民刑不分的旧法制传统后，公法与私法、实体法与程序法、民法与商法等法律划分标准的引入促使清政府将《大清民律草案》的编纂列为官方主导的系统性立法变革的一项重要任务。清政府指派沈家本、英端、俞廉三为修订法律大臣，负责不同领域的立法修订事宜，由此正式开始《大清民律草案》的编撰。

《大清民律草案》的编撰过程具有强烈的政府主导与精英立法的特点，沈家本等一干法律修订大臣分别负责民法、商法、民事刑事诉讼法的调查起草工作。"每科设总纂一人，纂修、协修各4人，调查一人或2人。又设谘议官，甄访通晓法政，品端学粹之员，分省延请，以备随时谘商。凡各省习惯，及各国成例，得分别派员或谘请出使大臣调查。"[4]可见无论是负责民事习惯

〔1〕 参见段晓彦：《〈大清现行刑律〉与民初民事法源——大理院对"现行律民事有效部分"的适用》，载《法学研究》2013年第5期。
〔2〕 谢振民编著：《中华民国立法史》（下册），中国政法大学出版社2000年版，第743-744页。
〔3〕 参见谢振民编著：《中华民国立法史》（下册），中国政法大学出版社2000年版，第744-745页。
〔4〕 谢振民编著：《中华民国立法史》（下册），中国政法大学出版社2000年版，第744页。

的调查的人员还是对各国民法典的考察的人选，又或者是进行立法协商、沟通的对象基本都是清政府官员或者与清政府合作的法政精英，而根据民律各编内容属性的差别，负责各编起草工作的人选也因此存在显著差异：一方面，总则、债权、物权三编因与国际上通行的民法理论及西方各国的民事立法实践紧密相关，因此清政府特地延聘日本法学博士志田钾太郎与松冈义正专任起草；另一方面，亲属、继承这两编因与本国国情、礼制传统、制定法息息相关，由本国法律专家负责编订这两编。[1]

在本国政府官员、法政精英以及外国法学专家的共同协作下，《大清民律草案》的编撰修订工作也包含了由修订法律馆进行的民事习惯调查，其初衷是尽可能多地将本国民事习惯转化为现代民法规范，在经验理性层面通过考察、归纳本国民事习惯，结合现代民法理论立法范例，最终借助建构理性形成一般化的民事法律规则，从而增强本国民法典的民族性、本土性。囿于政局动荡、财政拮据、人力不足等诸多限制，大规模的民事习惯调查进展缓慢，而《大清民律草案》却先于民事习惯调查工作编撰完成，这导致立法者难以在系统分析、甄别归纳民事习惯调查材料的基础上顺利将本国民事习惯转化为成文法，加之清末法律精英多具备西方法学教育背景且熟悉德、日、瑞士等国民法典，最终《大清民律草案》在内容上呈现出外国民法拼接本国制定法及传统礼制的特点，民事习惯在《大清民律草案》中的内容呈现十分稀少。[2]《大清民律草案》前三编总则、债权、物权与后两编亲属、继承在立法精神上产生了前后的分裂与内容的不连贯：前三编在立法体例及具体规则上均仿行外国民法典，以总则编第五章法律行为为例，该章分为意思表示、契约、代理、条件及期限，与日本民法典高度相似，然而债权、物权制度在大量继受欧陆、日本的民法范例时却极少吸纳本国的民事习惯，仅有"典当权"等极少数源于本土民商事实践的法律规则；后两编虽然是由本国法律精英起草，但与《服制图》的亲属分类系统（宗亲、外亲、妻亲）、《周礼》的同宗不可结婚相关的具体规则却是源自固有的制定法、传统礼制、儒家道德经义而非民事习惯。[3]因此，《大清民律草案》的编撰虽有民事习惯调查的前期工作

---

〔1〕 参见谢振民编著：《中华民国立法史》（下册），中国政法大学出版社 2000 年版，第 744 页。

〔2〕 参见张生：《清末民事习惯调查与〈大清民律草案〉的编纂》，载《法学研究》2007 年第 1 期。

〔3〕 参见张生：《清末民事习惯调查与〈大清民律草案〉的编纂》，载《法学研究》2007 年第 1 期。

作为铺垫，但更多是形式意义上的，草案的形成极大程度地依靠法政精英考察德、日、瑞士的立法范例，《大清民律草案》更多是法政精英运用民法理论按照西方民法标准创作出的私人作品，即使是亲属、继承两编引入的中国元素，也更多是纯理论建构的产物。综上所述，受制于清末政治形势的危急和时间的紧急，最后完成的《大清民律草案》虽然在形式上具有会同中西的特点，可无论是在继受外国法方面还是规制采纳本国法律方面，都存在严重的立法缺陷。[1]此种立法缺陷表现为民法典编撰与社会发展现实的脱节，即脱离经验理性的建构理性运用导致法典难以适应我国的现实国情而沦为具文。即使一再强调立法的民族性、本土性，但是仅依靠少数法政精英是无法实现这一目标的，法的有机发展依赖于"在所有具体成员中都共同存在和作用的民族精神"[2]，《大清民律草案》的制定过程欠缺社会公众的广泛参与，这导致"追求西化"的总则编、债权编、物权编一定程度上脱离本国民事法律实践。此外，看似遵循国情的亲属、继承编却也阻碍了社会生活与伦理秩序革新的发展趋势。普通民众的理论素养虽不及少数法律精英，可普通民众在共同生活中形成的社会交往规则也即民事习惯，对于民事法律制度的建构具有重要作用。法律精英必须深入到本国的民事法律实践中，与普通民众沟通、协调，而不能仅仅将民众视为被调查的对象，以了解本国通行的民事习惯，总结出一般化的民事规则，换言之，运用民法理论的制度建构必须建立在本国普通民众的民商事社会实践的基础上。

三、北洋政府时期的《民国民律草案》

尽管清末新政时期《大清民律草案》的编撰是在清政府面临统治危机为求自保的手段，但客观上引入了大陆法系的民法典框架，其后的立法主体在法典编纂活动中继续沿用《大清民律草案》确立的框架并加以修订完善。域外民法的引进虽然开始是为了救亡图存、维护主权而建立现代民事法律体系，但嗣后却逐渐成为立法治国的重要制度性手段，立法治国与救亡图存二者并

---

〔1〕 参见张生：《〈大清民律草案〉摭遗》，载《法学研究》2004 年第 3 期。
〔2〕 ［德］萨维尼：《当代罗马法体系I：法律渊源·制定法解释·法律关系》，朱虎译，中国法制出版社 2010 年版，第 17 页。

不矛盾。[1]正如启蒙与救亡相互依托，不能发挥规范民众行为、重塑伦理秩序与价值理念的正向启蒙功用的民法典也无法成为挽救民族危亡与争取民族独立的手段。《大清民律草案》虽然建构了较为完整的民法体系框架，但仍是比较粗糙的，且没有经过结合本国国情的合理转化。《大清民律草案》引入的意思自治、所有权绝对、民事主体地位平等等民法理念亦具有开启社会新风气、改造国民性的启蒙作用。

《民国民律草案》又称《民律第二次草案》，它的编撰与《大清民律草案》的编纂相类似，同样与收回领事裁判权相关。民国十一年（1922年）华盛顿会议召开，时值北洋政府时期，北洋政府向列强提出收回领事裁判权的要求，最后会议决议先由各国派出考察团就中国法治状况考察后再行定夺，北洋政府旋即督促修订法律馆编撰民法、刑法等各领域的法典。[2]在推翻封建专制王朝、建立民国的背景下，《民国民律草案》的编撰也部分具有了服务于推动社会发展、治国理政的长期目标，因此对《大清民律草案》进行了一定幅度的修正：

其一，在民法典价值理念层面以社会本位弥补个人本位的不足，适应民法由近代向现代的演化趋势。《大清民律草案》基本确立了契约自由、所有权绝对等倾向于个人本位的民法价值理念。个人本位的价值理念由罗马法传承至近代《法国民法典》并在《德国民法典》的抽象演绎中发展至顶端。然而十九世纪末二十世纪初的《德国民法典》实际上处于新旧交替的历史节点，它的体系构建依赖于请求权、物权与相关人格性权利等主观权利的概念性表现形式，而不是主要取向于现实社会生活秩序。[3]《德国民法典》中的主导法律形象是个人营业者而非资合性或人合性团体，《德国民法典》中宣扬的个人本位的价值理念在一定程度上没有适应当时社会的发展潮流，这造成立法并未同步于法律的社会化趋势。[4]过度强调个人本位的价值易导致工人受到企业主的剥削以至于其基本权益得不到保障，国家、政府的"市场守夜人"

---

〔1〕 参见张新宝、张红：《中国民法百年变迁》，载《中国社会科学》2011年第6期。

〔2〕 参见谢振民编著：《中华民国立法史》（下册），中国政法大学出版社2000年版，第747页。

〔3〕 参见［德］弗朗茨·维亚克尔：《近代私法史——以德意志的发展为观察重点》，陈爱娥、黄建辉译，上海三联书店2006年版，第456页。

〔4〕 参见［德］弗朗茨·维亚克尔：《近代私法史——以德意志的发展为观察重点》，陈爱娥、黄建辉译，上海三联书店2006年版，第463页。

角色使得社会福利事业难以有效展开。在西方资本主义社会矛盾日趋严重的全新情势下,《瑞士民法典》(1912 年 1 月 1 日正式生效)的制定立足于社会公益,突破了传统个人本位的民法价值理念的限制,以私法公法化的趋向确立了一系列全新民事原则,如禁止权利滥用原则、诚实信用原则、善良风俗原则等。[1]《民国民律草案》的制定者在一定程度上学习了《瑞士民法典》的制定模式,力图克服《大清民律草案》偏重个人利益的局限性,使本国固有法中所有权共享、限制私人自由交易、追求社会和谐秩序的特点与现行西方民法中限制所有权绝对、限制绝对性的契约自由、反对严格的过错责任等社会化的原则的形式性特点契合,"将西方最新法学思潮、民事立法的新趋向与中国社会发展的权威秩序需要结合在一起,形成了统摄整部法典的价值基础———法律社会化原则"[2]。

其二,《民国民律草案》在继承本国固有法与继受域外法律资源方面一定程度上摆脱了《大清民律草案》简单堆砌、拼接的弊病,注重对二者的批判与转化,以调和固有法与继受法的差异,实现域外法律资源的本土化和本土法律资源的现代化。虽然《民国民律草案》与《大清民律草案》同样有着收回领事裁判权的相似制定背景,但民初时期的中国初具现代国家的制度框架。在暂时摆脱国家现代化进程中的合法性危机的情势下,即便尚未彻底实现民族独立、国家富强的目标,民商事法律制度的构建意义也不再局限于"救亡图存"的制度性手段,而是需要同时肩负起提供民事交往行为准则、稳定社会运行秩序、传播现代生活理念的正向启蒙功用。以物权构造为例,《大清民律草案》简单继受了"土地债权"的法律概念与规则体系,但是当时中国缺乏与德国类似的"土地债权"民商事实践,却有着典权的社会实践,于是《民国民律草案》出于适应经济社会发展状况的需要,删除了有关"土地债权"规定,增加了典权制度。[3]我们可以发现《民国民律草案》的制定在制度资源的选择上没有在固有法或继受法二者之间偏执一端,而是以较强的主体性姿态择取中外优秀法律资源,服务于社会发展的现实需要。

其三,《民国民律草案》的制定在吸收本国法律传统方面更加注重多种法

---

〔1〕 参见张生:《民国〈民律草案〉评析》,载《江西社会科学》2005 年第 8 期。

〔2〕 张生:《民国〈民律草案〉评析》,载《江西社会科学》2005 年第 8 期。

〔3〕 参见张生:《民国〈民律草案〉评析》,载《江西社会科学》2005 年第 8 期。

律资源的融汇贯通，而力图摆脱《大清民律草案》在编纂时主要吸收儒家经义和《大清律例》的局限性。《民国民律草案》吸收本国法律传统的方式包括征求各地民事习惯、借鉴《大清现行刑律》中民事现行有效部分、参酌民国成立后历年的大理院判例与解释例子等。[1]可以说相比于《大清民律草案》，《民国民律草案》更能凸显民族性、地方性，对传统资源、本土资源的重视程度更高。其中，《民国民律草案》的起草尤为注重民事习惯的调查，其调查范围涉及民情风俗、地方绅士办事习惯、民事习惯、商事习惯、诉讼习惯这五类。除边疆及偏远地区外，各省市几乎均建立了民商事习惯调查会，政府组织了大量人力、物力进行民事习惯调查，最后对所得资料详加归纳、系统整理，出版了《民商事习惯调查报告录》，为《民国民律草案》的编订提供了重要的资料来源。[2]对民事习惯的吸纳在《民国民律草案》的亲属编、继承编多有体现，而清末《大清民律草案》的制定虽亦经过大规模的民事习惯调查，但在最终成型的法典文本中却难以寻觅民事习惯的踪迹，因此《大清民律草案》反映社会现实的程度远逊于《民国民律草案》。

综上，《民国民律草案》拥有立法价值的统摄性、立法资源择取的主动性、吸收本国法律传统的开放性等诸多优点，然而《民国民律草案》在人身法部分却更多地因袭了封建礼教的内容，如扩大家长特权、剥夺妇女权利、增加宗祧继承，这导致《民国民律草案》虽基本确立了人格平等、私产神圣、契约自由的现代民法理念，却在尊重与维护人格的独立平等方面有所欠缺。[3]换言之，统摄《民国民律草案》的法律社会化理念与西方近代的法律社会化思潮并不相同，二者更多是形式上的类似。《民国民律草案》在物权编、债权编的进步与亲属编、继承编的落后、保守，所反映的正是近代中国现代制度转型过程中社会经济领域先行，而伦理秩序和价值理念革新缓慢的境况。在不先行革新伦理秩序与价值理念的情势下，《民国民律草案》无法革除与改造固有法中的落后部分，也无法在学习西方民商事制度的同时保持对西方的批判。然而只有具有现代精神理念的主体在民法典立法实践中才能认

---

〔1〕 参见孟祥沛：《中日民法近代化比较研究——以近代民法典编纂为视野》，法律出版社 2006 年版，第 75 页。

〔2〕 参见杨立新主编：《大清民律草案·民国民律草案》，吉林人民出版社 2002 年版，第 14 页。

〔3〕 参见孟祥沛：《中日民法近代化比较研究——以近代民法典编纂为视野》，法律出版社 2006 年版，第 76-77 页。

识到本国传统中的落后因素，从而加以剔除并吸收其中合理要素，同时在学习西方民商事法律制度时坚持"中国本位"的立场并进行批判后的转换。《民国民律草案》的内容之所以出现财产法领域求先进、人身法领域反而保守的根本原因也正在于理念未与制度同步前进。

虽然《民国民律草案》在人身法领域相比于《大清民律草案》有所倒退，但仍有显著进步之处，例如在法概念与法律术语的使用上更为准确、科学、合理，非常接近现代民法的汉语表达方式，例如将"管理事务"改为"无因管理"，将受法律支配之天然力也纳入"物"的概念范畴。[1]这说明《民国民律草案》的制定至少在思维模式与语言习惯上呈现明显现代化的趋势，这在立法技术方面为后续《中华民国民法》的制定奠定了良好的基础。

四、国民政府时期的《中华民国民法》

与《大清民律草案》《民国民律草案》不同，《中华民国民法》是在中国近代正式施行的民法典。在《中华民国民法》颁行以前的司法裁判中，作为裁判依据的法源主要是《大清现行刑律》的"现行律民事有效部分"。《中华民国民法》的制定背景是南京国民政府的建立，虽然当时尚未彻底完成全国实质性的统一，但南京国民政府为了实现政治上的形式上的统一，巩固其统治秩序，开启了以"六法全书"为代表的大规模的法典编撰活动。[2]民法典编撰属于法典编撰活动的重要组成部分。

在《中华民国民法》制定前，一系列历史事件推动伦理秩序与价值理念的革新，一定程度上更接近实现救亡图存的目标，这使得国民政府时期的民法典编撰与前两次民律草案的编撰有着不同的背景：新文化运动使得落后的封建礼教受到猛烈地抨击，二次革命、护国运动、护法运动客观上促进民主共和观念广为传播，五四运动更是标志着国人民族意识的觉醒。以伦理秩序与价值理念的革新统筹上述一系列历史事件，可以发现由器物到制度再到理念的近代中国现代化进程中，塑造国民性这一历史任务在清末基本是不受重视的，且与维持封建专制统治本质上相互冲突，北洋政府基本脱胎于晚清旧

---

〔1〕 参见孟祥沛：《中日民法近代化比较研究——以近代民法典编纂为视野》，法律出版社 2006 年版，第 76 页。

〔2〕 参见朱勇主编：《中国民法近代化研究》，中国政法大学出版社 2006 年版，第 154 页。

官僚体系并转化为强调人身依附性的军阀派系，统治集团始终缺乏代表社会进步方向的执政理念。而正是这种与社会进步的方向的龃龉导致《大清民律草案》《民国民律草案》呈现出理念落后、内容割裂的弊病。南京国民政府以三民主义作为建国纲领，使得民法典立法实践第一次有了明确、系统、完整的意识形态指引。中国古代的法律强调以家长意志为中心，而三民主义指引下的法律制定则在一定程度上强调社会整体的利益，换言之，旧的法律是为保护一个专制阶级制定的，新的法律则是为了发展现代工业，将其生产以相对公平的方式分配给不同阶级。[1]在由器物到制度再到理念的现代化探索的脉络中理念这块短板有所补齐，一定程度上可以实现由理念—制度—器物的传递，《中华民国民法》的编撰便是在理念这块短板有所补齐的基础上进行的。

尽管三民主义融入了中国历史文化传统中的合理因素（例如五权分立中的考试权、监察权），但本质上仍属于资本主义性质的意识形态，难以站在西方资本主义的对立面审视其缺陷、批判其不足，提出能够充分适用于改变中国当时半殖民地半封建的社会性质的建国纲领与制度方案。国民政府希冀以编撰民法典的方式推动社会进步、实现救亡图存的历史目标，然而意识形态领域的局限使得民商事法律制度的构建只能起到有限的推动历史进步的作用。换言之，即便资本主义的社会运行架构与制度模式相对于中国的前现代传统社会是先进的，但是近代中国毕竟是在遭受西方资本主义的侵略与胁迫下被迫卷入由西方主导的世界体系当中，如果只是一味以学习者的姿态跟随西方资本主义国家而不能对之加以批判，是无法真正实现反帝反封建的目标，从而完成救亡图存的。

意识形态领域理念的局限性并不能抹杀其有限的进步性，这也是《中华民国民法》相对于《大清民律草案》《民国民律草案》更为进步的原因，因为《中华民国民法》"不论是财产法还是身份法都具有资产阶级法的性质"[2]，它的制定标志着中国民商事法律制度近代化的完成，《中华民国民法》的进步性着重体现在如下若干方面：

其一，在人身法领域克服传统因袭观念的束缚，遵循世界潮流。《中华民

---

〔1〕　See R. C. W. Sheng, "The Civil Code of China", *The Chinese Law Review*, Vol. 4, 1930, p. 70.

〔2〕　朱勇主编：《中国民法近代化研究》，中国政法大学出版社2006年版，第156页。

国民法》的制定采取的是分编起草、分别通过的方式，而不是各编同时进行，具有渐进性的特征。民国十六年（公元 1927 年）国民政府成立法制局，由该局负责各重要法典的制定工作，后民法典制定工作移交给新成立的立法院。鉴于民法总则及财产法领域在当时司法实践中尚有民间习惯、北洋政府时期大理寺判例、《大清现行刑律》的"现行律民事有效部分"可以作为法源参考使用，而亲属、继承法领域本国固有法的内容皆因呈现出"保守""倒退"的特征，与世界潮流及国民政府所主张的三民主义思想相背离，导致难以继续沿用。[1]因此，亲属、继承两编的起草工作先行启动，其指导理念与制定原则与前两次民律草案有着实质性的区别：一方面，在亲属法领域顺应当时妇女解放的趋势承认男女平等，废除并改变了诸如离婚条件男宽于女、对子女行使亲权父优于母等诸多不合理的内容；以增进种族健康为导向限制近亲结婚；以奖励亲属互助为目标承认对家族共同生活财产作出贡献者的所有权。[2]另一方面，在继承法领域的革命性更为突出，如彻底废除封建色彩浓厚的宗祧继承制度，承认男女在继承法律地位上完全平等，通过确立"限定继承"原则变相废除了固有法中受传统家族本位的宗法思想影响产生的"父债子偿，夫债妻偿"的规定，除为遗族酌情留出生活费以外，部分承认了被继承人按照遗嘱自由处置其财产的自由。[3]法制局负责草拟的亲属、继承两编虽因立法机构更迭最终被搁置，但是该草案的立法原则和指导理念被其后的国民政府立法院基本接纳，宣扬个人自由、平等的立法原则在人身法领域得到了充分展现，这也是《中华民国民法》在现代化程度上超过前两次民律草案的有力证明。

其二，在民法总则中以兼顾本国特殊国情和西方民法文化的法律社会化原则整合本国固有法与继受法。

《民国民律草案》编纂过程中立法者曾致力于改变《大清民律草案》在财产法与人身法领域前后割裂、风格不一致的弊病，力图整合固有法与继受法。《民国民律草案》虽然在财产法领域引入诸如典权制度等中国特有的法律实践，在人身法领域力图适应本国社会现实，但因在立法体例上缺乏总则规

---

〔1〕 参见谢振民编著：《中华民国立法史》（下册），中国政法大学出版社 2000 年版，第 749 页。
〔2〕 参见谢振民编著：《中华民国立法史》（下册），中国政法大学出版社 2000 年版，第 750-751 页。
〔3〕 参见朱勇主编：《中国民法近代化研究》，中国政法大学出版社 2006 年版，第 156 页。

定，加之在人身法领域过多因袭与社会进步趋向背离的宗法礼教的内容，贯彻整部民律草案的法律社会化原则并未达致预期的整合效果。《中华民国民法》同样也以法律社会化原则整合固有法与继受法，与《民国民律草案》过于贴合本国既有的社会现实不同，《中华民国民法》与本国的特殊国情保持了适当的距离（特别是人身法领域），而这种适当的"距离感"并不意味着民法典与社会现实是脱钩的，若如此便又会重蹈《大清民律草案》的覆辙，即生硬拼接固有法与继受法。

《中华民国民法》一方面在总则编中规定契约自由不得违背善良风俗和公共秩序，适应了民法近代化过程中以社会公益平衡个人主义的进步趋向；另一方面在总则编中明文规定了在不违背公共秩序和善良风俗的前提下，民事法律缺乏相应规定时可以适用习惯，从而赋予了习惯法源地位。《中华民国民法》以社会公益这一进步性的价值取向作为衡量习惯能否被纳入法源的标准，便于法官按照社会公益的价值取向解释法律，择取适应现代社会生活要求的民事习惯。以社会公益平衡个人主义是西方民法近代化的重要趋势，《中华民国民法》的制定在适应这一立法趋势的同时，又希冀克服法律移植过程中因照搬域外民商事法律制度导致"水土不服"的弊病。当然，善良风俗、公共利益概念的模糊性并不表示在《中华民国民法》当中缺乏直接以彰显社会公益价值为取向的明确规范，"如对于法人取干涉主义，对于禁治产之宣告，限制其范围，对于消灭时效，缩短其期间"[1]。

其三，在财产法领域《中华民国民法》寻求"本土法"与"外来法"之间的融合，在物权编中沿袭了我国特有的典权制度规定且没有学习德国民法的"不动产质权"。[2]需要特别说明的是，《中华民国民法》在域外立法资源的汲取上采取的是"博采众长，为我所用"的自主性立场，一改前两次民律草案的制定基本效仿德日民法典以至于学习对象过度单一的弊端，如梅仲协先生指出《中华民国民法》"采德国立法例者，十之六七，瑞士立法例者，十之三四，而法、日、苏俄成规，亦撷取一二"[3]，然而在是否编订民商分立的民法典这一问题上，南京国民政府却没有效仿德国立法例，而是采取了民

---

〔1〕谢振民编著：《中华民国立法史》（下册），中国政法大学出版社 2000 年版，第 756 页。

〔2〕参见朱勇主编：《中国民法近代化研究》，中国政法大学出版社 2006 年版，第 155 页。

〔3〕董茂云：《比较法律文化：法典法与判例法》，中国人民公安大学出版社 2000 年版，第 175 页。

商合一的立法例。尽管《中华民国民法典》的体例设计借鉴的是德国潘德克顿式法典体系，诸多法律概念、原则、也取材自《德国民法典》，但当时的立法者对域外立法资源的借鉴并没有机械地照搬照抄，而是基于世界最新立法趋势与本国国情认为应当采用民商合一的法典模式，主要理由包括以下几点：

首先，立法者因历史发展趋势认为应制定民商合一法典。商法典成为特别法典创始于法国皇帝路易十四，商人阶级是当时社会阶级的重要组成部分，商法典在发端上具有身份法的属性。中国近代以来商人却并无特殊的阶级地位，只具有职业划分的意义，商行为与非商行为或民事行为也难以彻底区分，故没有必要在民法典之外再另外为商人制定专门法律。即便清末政府及北洋政府效仿德日民商分立的做法，但并未觉察民商合一的立法趋势及未来中国的发展动向。其次，立法者因当时各国立法趋势认为应制定民商合一法典，除瑞士以外，意大利、英国、美国、俄国均没有特别商法典，其中的大陆法系国家主张民商合一最为用力，也最能适应我国国情。[1]最后，因民商事法律制度直接重合、关联之处甚多认为应制定民商合一法典，在商人不具有特殊阶级地位的情势下，商行为实际上完全可以接受民法制度的调整，如买卖、行纪、承揽运送等领域，"将商法中具有总则性质的规定放置于债法之中，不宜并入的，则另立单行法规"[2]，这种在民法典债编当中规定商法总则的内容同时附加商事特别法的商法立法模式自此确立下来，也即中国近现代民商合一的立法传统自《中华民国民法》肇始，民法典的调整对象便不仅是民事法律制度，也包括商事法律制度，民商事法律制度一体化建设构成《中华民国民法》的显著特色之一，这也对新中国成立以后特别是改革开放以来的民法典立法实践产生了影响。

总则编的法律社会化原则、人身法领域摆脱宗法传统的因袭、财产法领域适应世界最新的民商合一立法潮流共同证成了《中华民国民法》的进步性，然而其进步性在推动近代中国现代化进程方面的作用是十分有限的，原因在于中国近代社会变革与民法典发展并不是完全同步的：《中华民国民法》的制定体现了立法者抱有以法律解决社会问题的愿景，奈何法典的生命力只有置

---

〔1〕 参见谢振民编著：《中华民国立法史》（下册），中国政法大学出版社 2000 年版，第 759－760 页。

〔2〕 朱勇主编：《中国民法近代化研究》，中国政法大学出版社 2006 年版，第 155 页。

于社会的大背景下才能焕发。当时的中国社会适应现代社会生活的民商事法律规则的适用场域局限在城市范围，而广大的乡村地区仍然继续维持着较为落后、原始的小农经济，民法典的影响力十分微弱，传统的伦理道德和封建礼俗以习惯法的形式在乡村地区具备着强大的支配力。城市中资本主义工商业的发展为民法典的适用提供了重要的经济基础，但是此种经济基础中民族资本主义占比比较有限，民法典更多的是服务于代表西方资本主义国家利益的买办势力。据学者统计，近代中国的买办势力自十九世纪末至二十世纪初经历了爆发式的发展，这体现在买办人数的扩张上，买办人数由 1854 年的 250 人扩充至 1870 年的 700 人，并最终在二十世纪初达到 2 万人。[1] 不仅如此，事实上当时政府的治理能力十分低下，国民政府未有效控制广大的乡村地区，边疆地区的独立性相对很高，军阀势力也没有被彻底根除，即便是国民政府所能控制的主要城市也同时受制于西方资本主义国家的控制（如上海、天津、武汉等地租界的设立），仅凭借立法领域的变革是难以实现国家现代化的目标的。换言之，在封建势力、帝国主义势力尚未消灭，国家仍然面临亡国灭种的危机的历史语境下，争取国家统一、民族独立是近代中国最为重要的历史任务。指引《中华民国民法》的三民主义思想致力于正向的启蒙，一定程度上具有反对封建势力的价值指向，却因与西方资本主义国家意识形态的同源性难以有效服务于救亡目标，即无法有效反对帝国主义，因此，当时的统治集团没有能力事实上也无法承担救亡图存的历史重任，《中华民国民法》的正向启蒙意义也是比较有限的。

五 、清末—民国的民法典立法实践的历史作用及局限

这里所说的历史作用及局限其实是相互关联的，因为清末—民国的民法典立法实践并不是近代中国实现救亡目标的主要路径，它的历史作用是间接的、次要的，存在着诸多局限。

一方面，清末—民国的民法典立法实践致力于建构现代社会生活模式与交往准则，在伦理秩序方面具有反对封建守旧势力的启蒙价值。近代中国现代化过程中一个重要的命题是社会关系统合方式的重塑。传统社会的民众被

---

〔1〕　See Yen-P'ing Hao, *The Comprador in Nineteenth Century China : Bridge between East and West*, Harvard University Press, 1970, p. 102.

牢牢地束缚在围绕宗法秩序构建起来的尊卑等级关系与意义之网中，此种尊卑等级关系于私依靠血缘纽带维系家族运行（男性家长的权威），于公则需要通过血缘关系的拟制维系统治集团内部的人身依附性（君父与臣子相对应）。虽然自秦朝以来历代大一统王朝基本都形成并延续由中央到地方、君主到普通民众的治理组织架构，但在根本上联结公与私、君主与官吏、官吏与民众的还是以孝道为核心的儒家伦理。韦伯在分析家产官僚制时曾指出："正如家产制源自于家子对家父权威的恭顺关系，儒教亦将官吏对君主的服从义务、下级官吏对上级长官的服从义务，以及（尤其是）人民对官吏与君主的服从义务，奠基于孝顺此一首要的德行上。"[1]家国同构、君父同伦的国家治理模式使得政府权力的运行与血缘纽带相关的宗法伦理和道德准则紧密绑定，此种治理模式在中国历史上稳定运行了数千年。直到中国在近代遭受侵略的情势下打开国门，被裹挟进入现代化进程中，面对文明形态异质于传统中国的现代西方国家的入侵，民众缺乏民族共同体的社会想象，这导致国民面对西方侵略时的态度甚至是中立的、冷漠的。例如，第一次鸦片战争时期清政府军队与英军在珠江口岸作战，观战的民众像是在观看两个不相干的人争斗。引发这种奇怪现象的原因在于民众缺乏对于国家的认同感，致使国家的组织力和动员能力极为低下。面对军事和政治上的屈辱，人们越来越难以相信中国的文化优越性，许多中国知识分子对中国在军事上的失败感到越来越不耐烦，并由于这种挫折而怀疑中国文化传统的合法性。[2]民族危机的加深使得国人逐渐意识到要实现救亡图存，就必须强化国民对于国家的认同并重塑社会关系的统合方式，在制度和理念层面解构原先统合中国社会关系的宗法伦理和道德准则，引入自由、平等、民主等符合现代民族国家运行所需的价值理念，将国民从封建等级关系当中解放出来，建构从身份走向契约的社会关系模式，拉近民众与国家之间的距离。

清末—民国的民法典立法实践与新文化运动一样，都是起到正向启蒙的作用，加快中国的现代化进程，只是前者聚焦在制度层面，后者集中于理念层面。近代中国正向启蒙的理念的发扬并不是毕其功于一役的，而是有着渐

---

［1］［德］马克斯·韦伯：《支配社会学》，康乐、简惠美译，广西师范大学出版社 2010 年版，第 158 页。

［2］ See Horst J. Helle：*China：Promise or Threat? A Comparison of Cultures*，Leiden：E. J. Brill，2017，p. 14.

进发展的过程，这在民法典的立法历程中反映得颇为明显。《大清民律草案》在财产法领域体现了保护私产、契约自由的立法理念，却在人身法领域保留了大量与宗法伦理相关的内容，《民国民律草案》在财产法领域基本继承了《大清民律草案》宣扬的立法理念，却在人身法领域有所退步反趋于保守，《中华民国民法》在人身法领域规定了男女平等、废除宗祧继承，在财产法领域继承了契约自由、保护私产的理念，同时兼顾社会公益。但是清末—民国的民法典立法实践在助力近代中国实现救亡图存的阶段性目标方面，其作用是十分有限的，因为中国作为后发国家要摆脱半殖民地半封建的社会境况必须这样做：一方面，通过启蒙强化国民对政府权力的信任以增强国家能力，从而有能力抵御外侮（救亡）；另一方面，救亡目标的实现同时也需要通过有别于西方资本主义国家的表达方式确立启蒙的内在价值，两个方面互为依托，不可偏废。然而，清末—民国的民法典立法实践在渐进发展的历程中始终未能平衡好救亡与启蒙的关系，存在反帝反封建的不充分或不均衡的问题，在伸张权利时缺乏强化国家权力的工具性利用。正如有学者所言，法治的要旨虽在于限制国家权力，保障民权，但对于中国这类后发国家而言，却必须先建构强大的国家能力，清末以来法制变革最终失败的原因就在于其没有建构强大的国家能力，即"以法强国"。[1]因此，可以简要来概括清末—民国的民法典立法实践的功用及局限：助力于将个体从封建专制社会的"等级锁链"中解脱出来，却没有以一种合理的方式统合所有个体使之成为具有高度国族认同感的现代公民，所以这一阶段的民法典立法实践在近代中国的国家建构的进程中起到的只是辅助性作用。

　　另一方面，清末—民国的立法实践通过发挥精英立法、政府主导的力量，能够帮助作为法制后进国家的中国充分运用建构理性快速建立现代民商事法律制度，这在一定程度上印证了制度转型的过程中自上而下的现代化路径的相对合理性。近代西方民法典的创立与古代法典编撰最显著的区别在于《法国民法典》《德国民法典》等民法典的形成基本依赖的是人的理性，而不是宗教神谕、道德准则或其他目的取向的规则，立法者运用自身理性建构法典体系的能力与近代民法典创立是相伴随的。中国古代虽有法典编撰的传统，但

---

　　〔1〕　参见支振锋：《变法、法治与国家能力——对中国近代法制变革的再思考》，载《环球法律评论》2010年第4期。

法典的形式理性程度却极为有限，并非充分运用建构理性的产物，更多是实质理性法与形式理性法的混合，因为中国古代的法典引入了诸多的宗法伦理、道德命令。

清末—民国的民法典立法实践主要是政府主导下法政精英运用建构理性设计法律规则、统筹法律体系并起草立法文本的过程。近代中国开始遭受西方列强的入侵是在十九世纪中叶，但是开启政治法律制度的改革的标志性事件却是由甲午战败直接引发的戊戌变法运动，其时已是十九世纪晚期，涉及民商事法律制度的变革则时间更晚。清末新政时期的法典编订固然有变法维新以图自强之意，然而在内外交困的时局下更多是统治集团挽救颓势的自救手段，有着政府主导和精英立法的显著特点。这是由于当时中国民族资本主义和工商业发展还十分有限，要形成一部体系完善、内容科学的民法典，只能是由少数留学西方或曾访问他国的法政精英协助政府官员，博采中外立法资源，运用建构理性完成。近代欧陆民法典的制定是在文化思潮快速革新、资本主义工商业经济占据主导地位、社会生活需要全新的规则模式的背景下进行的，即便民法典起草也是在政府官员和法律精英主导下运用建构理性的产物，他们是顺应社会公众的普遍要求，因此具有自下而上的特征，即基层社会力量催生民法典的建立。中国则是后发现代化国家，在基层社会现代性诸要素缺位或发展程度有限的情形下，政府官员和法律精英在确立民商事法律制度的过程中"顺势而为"的程度相对较低。自上而下的现代化路径不仅展现在现代文化传播、资本主义工商业发展、现代军事制度建立等诸多方面，也体现在清末—民国的民法典立法实践中。

近代中国利用自上而下的现代化路径能够快速构建起一套相对完整的民商事法律制度，然而这样的现代化路径也存在局限性。少数法律精英、政府官员运用建构理性制定的民法典虽然可以确立起逻辑体系相对严密的民商事法律制度框架，但是如果缺乏源自社会基层的法律实践经验的反馈，现实中规范民众日常行为与相互交往的实际规则可能与文本意义上的民法典脱离，致使民法典中的法律概念、原则、规则在现实中缺乏适用的场域（如《大清民律草案》规定了土地债权却缺乏现实中的制度实践与之相对应），这导致民法典无法发挥应有的效能。自上而下的现代化路径在形成民商事法律制度方面的优势同时也是它的劣势。在制度转型的后发国家要构建起现代化民商事法律制度必然依靠少数能够"睁眼看世界"的政府官员和法政精英的主观建构，但是难以充分适应本国社会现实需要的制度建构终将会沦为具文，原因在于清末—民国的政府官员和法政精英在立法实践中基本拒绝了社会基层力量的参与，从而无法接收法律实践的经验反馈。换言之，在包括民商事法律制度在内的制度现代化进程中，建构理性只在现代化起步阶段占据着主导地位，但这种主导地位并非意味着经验理性作用的式微。制度尽管是人为建构出的，但是制度也需要随着社会现实的改变不断变迁与演进，这不妨碍制度演进过程中人们对制度的改变。[1]

随着本国民商事法律实践的增多，必须综合运用建构理性与经验理性，即将本国渐进发展的民商事法律实践经验不断到注入抽象的法典逻辑体系，例如《中华民国民法》与许多国家的民法典均继受了潘德克顿立法体系并以此为基准进行法典的内容顺序编排、篇章体例设计，形成基础法律概念与技术性法律规则，但是《中华民国民法》的不同之处在于它建构与本国社会发展动态相关的法律概念及法律规则，这部分实质性的立法内容来源于自下而上的经验理性的反馈。然而清末—民国的民法典立法实践整体上偏重于依靠自上而下的建构理性，即便政府主持下的法典编纂过程中曾有着大规模的民事习惯调查，普通民众也仅是作为被调查的对象而存在，缺乏在立法进程中的主动参与。

在"否定的现代性"主导下，新中国成立之前我们最为重要的历史任务是如何实现国家统一、民族独立，因此包括民法典立法实践在内的一切政治法律制度建设都要服务于这一目标，清末—民国的民法典立法实践最终难以促成救亡目标的达成，其重要原因在于指引相关立法实践的意识形态或者直接与启蒙价值相对立，如清末统治集团依然抱持封建皇权思想，或者如北洋政府时期的意识形态介于进步与保守之间且缺乏系统性，或者如南京国民政府时期虽有三民主义意识形态作为指引却欠缺针对西方资本主义的批判维度。最终，带领中国人民实现救亡图存目标的是以先进的马克思主义作为意识形态指引的中国共产党，马克思主义批判西方资本主义，以社会主义革命为旨归，加之以"启发阶级觉悟、民族觉悟和新道德为取向"[2]，同时满足了救

---

〔1〕　See Douglass C. North, *Institutions*, *Institutional Change and Economic Performance*, Cambridge University Press, 1990, p. 5.

〔2〕　刘小枫：《现代性社会理论绪论——现代性与现代中国》，上海三联书店 1998 年版，第 388 页。

亡与启蒙、反帝反封建的要求。

第二节　新中国成立后至改革开放前的民法典立法实践

新中国的成立标志着救亡目标的初步完成，国家现代化的目标重心由民族独立、国家统一转向经济、社会、政治、法律等各领域的现代化建设，其中包括民法典的制定。

然而现代化建设任务的开启并非意味着由"否定的现代性"主导转向了"肯定的现代性"主导，在多重因素的影响下，"否定的现代性"在新中国成立后至改革开放前的历史区间内仍然继续保持主导地位。

一、"否定的现代性"指引民法典立法实践的表现及原因

"否定的现代性"指引民法典立法实践在某种程度上意味着"否定的现代性"由清末—民国时期在场但无法有效指引民法典立法实践的状态，迅速转变为直接指引新中国成立后—改革开放前民法典立法实践的状态，从而以实质性地型塑民商事法律制度的样态，反映在民法典立法实践。当中可以总结为以下三点：

其一，以废除《六法全书》为标志全盘否定了《中华民国民法》确立的民商事法律制度体系。新民主主义革命的目标是推翻封建主义、帝国主义、官僚资本主义三座大山，南京国民政府建立的法律制度体系被认为是用来压迫人民的旧社会的上层建筑，所维护的是少数资本家、官僚集团的利益，是官僚资本主义的重要象征。新中国成立前夕，1949 年 2 月中共中央发布了《中共中央关于废除国民党六法全书和确定解放区司法原则的指示》，其中明确指出废除《六法全书》以后，在新的法律尚未正式颁行以前，以党的政策以及人民解放军的各项纲领、法律、条例、决议作为司法工作的依据。[1] 同年 9 月中央人民政府发布的《共同纲领》再次明确了要废除旧有的法律体系，建立保护人民利益的法律体系。

其二，民法典草案的编纂与相关零散的民事单行法的制定着重于突出法

---

〔1〕　参见《建党以来重要文献选编（1921—1949）》（第 26 册），中央文献出版社 2011 年版，第 153-156 页。

的阶级性。新中国成立后至改革开放前曾有两次民法典起草活动，分别是
1954—1956 年与 1962—1964 年的民法典草案编纂，除此以外在新中国成立之
初的社会主义过渡时期还曾制定过《土地改革法》《婚姻法》这类的民事单
行法，但其时不论是民法典还是民事单行法都与私法秩序意义上的民商事法
律制度相去甚远，"民法典是尊重私有产权、鼓励交易的私域基本法，民法及
其支持的经济增长建立在这些基本原则之上"[1]。这一历史区间的民事立法
实践是对整体社会关系的重构，需将之置于确立社会主义的经济基础、伦理
秩序、政治架构的背景中去理解。新中国至改革开放前的民事立法实践首要
特性是鲜明的阶级性，如新中国成立初在 1950 年颁行的《土地改革法》不单
根据阶级成分的差别重新分配土地确立土地私有产权，更是通过阶级划分的
方式确定国民身份的差异并以此为依据重新分配经济利益，如《土地改革法》
第一条规定施行农民的土地所有制，第五条和第十三条又规定根据阶级成分
与政治身份分配土地资源，相关规定都是为了夯实社会主义经济基础，巩固
以工农阶级为基础的社会主义政权。[2]与之类似，1950 年颁行的《婚姻法》
不仅废除了传统的封建婚姻制度，更是通过规定男女平等、解放女性将广大
女性公民吸纳进社会主义各项事业建设中变为劳动者，巩固社会主义政权的
阶级基础。阶级性的特点也体现在我国 1954—1956 年及 1962—1964 年的两次
民法典草案编纂当中：1956 年完成的民法典草案包括了总则、所有权、债、
继承这四编，在编章体例上仿照了 1922 年颁行的《苏俄民法典》，设置了总
则、物权、债、继承四编，却以所有权概念取代物权概念，这是学习苏联民
法理论的结果。在苏联民法理论当中物权概念是生产资料私有制的产物，是
资产阶级用以剥削无产阶级的工具。[3]1956 年的民法典草案以突出生产资料
公有制、限制私有制的方式巩固社会主义政权的阶级基础，与之相类似的民
法概念的替换或重新界定还有很多，如以公民的概念替换资本主义国家民法
典常用的自然人概念等。1964 年起草的民法典草案当中则更是直接删除了继
承编，将债编改为财产流转编，更进一步排除法人、债权、权利、义务等
1956 年民法典草案中有所保留的传统民法概念，从而与私法性质的民法典相

---

〔1〕　邵六益：《民法典编纂的政法叙事》，载《地方立法研究》2020 年第 5 期。
〔2〕　参见邵六益：《民法典编纂的政法叙事》，载《地方立法研究》2020 年第 5 期。
〔3〕　参见柳经纬：《回归传统——百年中国民法学之考察之一》，载《中国政法大学学报》2010
年第 2 期。

区分，更为突出了民法典的阶级性。

其三，民商事法律制度的构建服务于向社会基层延伸国家权力的触角，致力于提升国家政权动员和组织社会各方面力量投身于社会主义现代化建设的治理能力，以民法典立法实践为代表的民事立法具有较为突出的工具性特点。"五四宪法"确立了社会主义原则，在当时的历史情势下虽然"五四宪法"中规定了国家所有、集体所有、个体劳动者所有、资本家所有这四种所有制形态，但社会主义原则的重要体现就是在"五四宪法"中规定了以国家所有、集体所有为基础的公有制经济为主导，以及通过鼓励、利用、限制、改造等方式逐步将个体所有制经济、资本家所有制经济转化为公有制经济。因此，由资本主义国家民法典立法实践所依赖的国家与社会既相互联系又相互独立的关系延伸出的公法和私法的区分，对于受到"五四宪法"确立的社会主义原则影响的我国的民法典立法实践来讲并不适用。在强调公有制经济主导地位的法律秩序框架下，民法典的调整对象虽然可以表述为一定的财产关系与非财产关系性质的一定的人身关系，[1]"实质上是将整个社会关系视为一体，在社会中并无所谓公域或私域的区分，即无公、私法划分理论所称的政治国家与市民社会的区分"[2]。民事立法实践由此也成为国家政权深入社会基层的制度性手段，而不再仅仅向社会自我组织与运行提供规范资源，一切民事主体都肩负着社会主义现代化建设的使命，这也反映在对源自西方资本主义国家民法典概念的改造与剔除上。例如在西方国家民法典当中表示自然人的联合体的法人不仅有着独立的财产，也可以有独立的意思表示，遵循私法自治的原则，但在二十世纪五十年代中国有关法人的制度实践与理论研究中，法人被视作国家组织经济建设活动的手段，遵循的是社会主义原则，需要依照国家政权的指令计划承担相应的组织经济建设、开展文化教育的职能。特别是在社会主义改造完成后，几乎所有的生产资料与消费品都由国家统一调拨与统购统销。[3]如债的制度构建，在西方资本主义国家，民法典中债的制度构建主要适用于平等的私主体之间为实现个人利益的场合，但在五

---

〔1〕 参见《佟柔文集》，中国政法大学出版社 1996 年版，第 231 页。

〔2〕 孙莹：《民法调整对象理论溯源——以新中国民法典第一次草案为视角》，载《河北法学》2011 年第 1 期。

〔3〕 参见《中华人民共和国民法资料汇编》，中央政法干部学校民法教研室 1956 年编印，第 251页。

十年代的民事立法实践中债的制度构建则主要是为实现国民经济计划，由各经济组织与公民个体订立合同以完成额定的指标任务。

　　总体而言，"否定的现代性"在新中国—改革开放前的民法典立法实践中既反映在立法理念层面，也反映在具体的立法活动当中，同时也反映在正式的立法文本或者草案中。民事规范与宪法规范紧密关联，形成了一体化的社会主义法制体系的历史语境，改革开放前的民法典立法实践立足于批判西方资本主义国家民法典立法实践的立场，并且批判的程度随着历史阶段的发展不断增强。新中国成立初期的《婚姻法》《土地改革法》以及1956年的民法典草案的制定或编纂过程中立法者虽然也抱持的是批判西方的立场，但是仍然使用了与传统的民法典相近似的编章体例，也在立法文本中大量运用了诸如法人、债、权利、义务等传统民法概念并以此为基础进行相应的制度设计。这一历史时期民事立法实践对西方的批判主要体现为运用民事立法服务于社会主义改造与现代化建设，抽离源自西方资本主义国家民法典相关法律概念的实质价值倾向，为其注入符合社会主义原则的立法理念。尽管出于尊重经济发展客观规律与商品生产、商品交换的需要，当时的领导人指出"没有法律不行，刑法、民法一定要搞"，[1]但在1962—1964年的民法典起草中批判西方的程度进一步增强，其典型表现就是立法者避免运用能够在形式规范或实质价值层面体现西方民法典特征的编章体例与民法概念。

　　那么为什么新中国成立后的民法典立法实践没有迅速转为"肯定的现代性"的主导，而是延续了"否定的现代性"的主导地位呢？原因主要有如下几个方面：

　　其一，受到国际环境与国际局势及我国的外交路线的影响。新中国成立后—改革开放前的民法典立法实践受到意识形态倾向的限制，难以有效借鉴西方资本主义国家的立法经验。新中国成立初期我国面临着严峻的国际环境，以美国为首的西方资本主义国家对我国采取封锁、孤立乃至敌对的政策，拒不承认社会主义新中国的合法地位。以苏联为代表的社会主义国家的接纳使我们获得了重要的国际承认，也让新中国在五十年代在经济、社会、政治、法律、军事等各领域的现代化建设上获得了来自各个社会主义国家的帮助，

---

　　〔1〕　参见赵苍璧：《在法制建设问题座谈会上的讲话（一九七八年十月十三日）》，载《人民日报》1978年10月29日，第2版。

其中尤以苏联为代表。因此，新中国的民法典立法实践必然在形式规范与价值理念层面深受苏联民法理论与立法实践的深刻影响：如在立法理念上强调民法典服务于阶级改造，重视全民所有制；在民法概念上以所有制取代物权、以公民取代自然人等，这在1954—1956年的民法典草案编纂中体现得尤为显著。随着苏联奉行大国沙文主义并意图在军事上控制中国，自中苏关系破裂后，我们在民法知识与立法实践上也开始批判继受苏联的立法资源，这在1962-1964年的民法典草案编纂中十分突出。我国在改革开放前的民法典立法实践与当时我国所处的国际环境及自身外交路线的选择有着密不可分的关系。

其二，受到社会主义改造与高度集中的计划经济模式的影响，民法典立法实践缺乏必要的社会经济基础。1953—1956年为配合第一个五年计划的实施，我国对农业、手工业、资本主义工商业进行了大规模的社会主义改造，在生产资料公有制基础上建立了高度集中的计划经济体制。[1]在以消灭生产资料私有制为目标的历史语境下，除了继承、婚姻的民事制度尚保有私人生活属性外，绝大部分具有经济属性的民事活动基本都被纳入到计划经济的调整范围，发端于商品经济的民法典天然具有以私权为皈依的属性，无论如何改造民法典的文本表达或实质规范，都无法彻底革除民法典天然的私权属性与计划经济时代公权支配之间的深层次矛盾。

其三，受到以阶级斗争为目标的政治运动的影响，我们对私法文化的批判逐步升级，以至于最终彻底否定民法典的私权属性，例如1964年的民法典草案排除了亲属、继承、侵权等内容，却将国家预算、税收等公法性内容纳入其中。以服务于国家公权力为目标的民法典立法实践反而与现实中发挥治理效用的政策、文件等更能灵活传达上级指令的规范形式在一定程度上产生了冲突，以至于民法典立法实践难以有效转化为现实可行的民商事法律制度。

二、"否定的现代性" 指引民法典立法实践的作用及局限

应当说，在"否定的现代性"主导下，新中国成立后—改革开放前的民法典立法实践通过批判西方资本主义国家的民法典立法实践逐步确立起自身的主体地位，摆脱了旧中国时期民法典立法实践在很大程度上模仿西方资本

---

〔1〕 参见王利明、石冠彬：《新中国成立70年来民法学理论研究的发展与瞻望》，载《人民检察》2019年Z1期。

主义国家的局限。虽然受政治运动的客观影响，仅有《土地改革法》《婚姻法》等少量民事单行立法正式颁行，1956 年与 1964 年的民法典草案均未正式颁行，但形成了具有中国特色的符合社会主义意识形态要求的民事立法传统。这一方面有助于塑造具有现代国族认同的国民，巩固新民主主义革命的成果即民族独立、国家统一，这是旧中国民法典立法实践付之阙如的地方；另一方面侧面印证了政府对基层社会动员与控制能力的提升，即"以法强国"是现代化进程中不可回避的重要任务。

　　然而，"否定的现代性"主导与新中国成立后—改革开放前的民法典立法实践之间也存在着张力，应对此种张力的部分偏颇最终导致改革开放以前新中国的民法典立法实践没有转化为现实有效的制度实践。在初步完成救亡图存的历史任务之后，现代中国并没有转向"肯定的现代性"主导以适应正向启蒙要求的现代化建设，而是继续处于"否定的现代性"主导的历史语境下，在新中国成立后至改革开放前，"否定的现代性"指引包括民法典制定在内的经济、社会、政治等领域的中国的现代化建设，形成了历史语境与历史任务的错位。"否定的现代性"实质上否定的是西方资本主义国家现代化模式的普适性，而非意味着彻底否定脱胎于资本主义文明的现代价值理念、政治法律制度、经济生产方式的正向价值，换言之，即便在"否定的现代性"主导的情势下也不能忽略"肯定的现代性"的作用，毕竟二者互为依托。而新中国—改革开放前正是由于在"否定的现代性"主导的历史语境下过度强调了批判的维度，造成其时的民法典立法实践出现自我否定的倾向，1954—1956 年与 1962—1964 年的两次民法典制定活动中立法者试图推翻资本主义国家民法典的形式规范或实质内容，超越资本主义民法典所属的发展阶段，重新塑造一套属于社会主义话语体系的民商事法律制度，但两次立法活动皆因为强调阶级斗争的政治活动在草案制定阶段就戛然而止，客观而言，"否定的现代性"主导下新中国成立后至改革开放前我国的民法典立法实践虽未转化为现实的制度实践，但是立法者旨在构建符合社会主义原则的民商事法律制度的努力也帮助我国确立了强烈的主体性意识，即立法者可以根据本国的实际国情与发展所需批判性地择取与改造域外的立法资源。此种强烈的立法主体意识不仅体现在对西方资本主义国家民法典立法实践的批判中，也体现在对具有类似意识形态倾向的社会主义国家民法典立法实践的批判中。如我国在1956 年起草的民法典草案大量借鉴了苏联民法典，但随着中苏关系的日趋紧张，立法者在 1962—1964 年的民法典编撰活动中转而开始批判苏联民法典。此种强烈的立法主体意识的形成及延续为我国在改革开放以后开启中国特色社会主义民事立法实践并进行民法典编撰奠定了初步的基础，这也是"否定的现代性"主导下民法典立法实践虽未转化成现实的制度实践但仍部分具有正向意义的原因所在。这也构成了划分旧中国与新中国两个历史时期民法典立法实践的标志，即旧中国时期的民法典立法实践一定程度上并未摆脱对西方民法典立法实践的依赖，如尝试融汇中西的《中华民国民法》仍是学习西方的产物，与新中国成立以后独立自主的民法典编撰有着根本性的差别。换言之，固然新中国成立后—改革开放前的民法典立法实践最终也没有转化为现实有效的制度实践，但这一时期我们其实是以一种看似矛盾的建构与解构同时并举的方式破除了对单一立法资源、立法路径、立法目标的依赖，侧面印证了探索独立自主的现代化道路的重要性。

第三节　改革开放以来的民法典立法实践

"肯定的现代性"是对当代中国民法典立法实践所处历史阶段的客观描述，它所指向的历史任务是经济、社会等领域的现代化建设，经济、社会等领域的现代化建设在推动民法典立法实践的同时也反过来受到民商事法律制度的促进，二者形成了良性互动的关系。这也依赖于"否定的现代性"指引下的现代民族国家建设任务的完成，所以改革开放前后的民法典立法实践仍然是有关联的。

一、"肯定的现代性"与民法典立法实践的良性互动

民法典立法实践基本都是与现代性的生长相互契合的，这一点在西方近现代文明历程中有着突出体现。《法国民法典》虽从思想史上看处于十六世纪与十七世纪达到顶峰的自然法思想与十九世纪的个人主义思想浪潮之间，但是在相当程度上还是以个人主义、平等主义作为指导思想塑造财产法、合同法及侵权法的内容。[1]《法国民法典》的制定主要受到法国大革命的影响，

---

〔1〕　See James Gordley, "Myths of the French Civil Code", *The American Journal of Comparative Law*, Vol. 42, No. 3, 1994.

大革命后的法国在扫除封建关系残余后亟需从政治法律制度层面巩固革命成果，从而维护新兴资产阶级的利益，因此借助个人主义、平等主义破除原先的封建等级制度及观念就显得尤为重要，民法典的制定就是这一"破旧立新"过程的重要表征。在资本主义上升期，工商业经济蓬勃发展、民主政治实践及理念持续扩散、新兴资产阶级力量不断壮大的时代背景下，出现了高度技术化、形式化、学理化的《德国民法典》。有学者指出《德国民法典》之所以具有回顾过去且深思熟虑的精神，主要原因在于十九世纪与二十世纪之交的德国总体上处于政治与经济都相对稳定的时期，德意志民族国家的构建与维系需要一部能够同时兼容主张自由主义的大资产阶级与普鲁士保守势力的民法典。[1]

新中国自改革开放以来是"肯定的现代性"占据主导地位，那么"肯定的现代性"是否与民法典立法实践形成了良性的互动关系呢？

新中国成立前构建统一的民族国家共同体的任务尚未完成，封建主义、帝国主义的影响犹存，传统文明中与现代性不相适应的因素未被改造，西方列强对中国的殖民侵略阻碍着统一有序的国内市场以及从中央到地方的治理机制、具有相似身份认同的国民等维系民族国家共同体的要素的形成，在此种情形下，要制定肩负着"稳定市场经济制度与家庭秩序、护持民族基本法律情感乃至建构'国民法律共同体'的重要使命"[2]的民法典是缺乏根基的。换言之，民商事法律制度的形成及有效运行高度依赖于现代民族国家形成后各项现代化事业的开展，尤其依赖于统一的国内市场支撑的商品经济活动。在新中国成立前独立自主的现代民族国家尚未建成的情况下，即便少数法律精英通过法律移植的方式能够萃取世界各国民事立法的精华，追踪当时世界民法典的发展趋势，也无法实现文本、规范层面的民法典与现实制度需求的有效契合。在新中国成立后至改革开放前，"否定的现代性"由于历史的惯性在相当程度上居于主导地位，指引着我国的现代化建设。具体而言，民族国家共同体虽已基本形成，由中央至地方并延伸至社会基层的治理体制也初步奠定，但由于我国实行高度集中的计划经济，包括《土地改革法》《婚姻

---

〔1〕　参见〔德〕康拉德·茨威格特、海因·克茨：《略论德国民法典及其世界影响》，谢怀栻译，载《环球法律评论》1983年第1期。

〔2〕　谢鸿飞：《中国民法典的生活世界、价值体系与立法表达》，载《清华法学》2014年第6期。

法》在内的民事法律更多服务于社会主义改造的治理目标，并批判资本主义的生产方式及其上层建筑。在缺乏商品经济活动及相关民事交往实践的客观情势下，我国立法机关即便曾编写过民法典草案，相关草案也难以转化为正式的法律制度。

改革开放以来我国曾于 1979 年、1998 年、2015 年三次启动民法典立法工作，前两次民法典编纂没有最终转化为正式颁行的法律，直至第三次的民法典立法工作结束后我国方才正式颁行《民法典》。改革开放之初的民法典编纂之所以未能成功，其主要的原因包括作为立法基础的经济体制的发展方向尚不清楚以及理论准备的不充分，这导致其时的立法者出于现实的急迫需要，采取实用主义的立法态度，包括彭真在内的领导同志根据现实国情、民法典稳定性及严肃性的要求，提出了"改批发为零售的指导思想"[1]。而改革开放以来的第二次民法典编纂虽然在立法的经济基础、制度基础、知识储备上有所发展，但是由于当时实质意义上的民事单行法构成的民法体系尚未完全形成（其时《物权法》、《中华人民共和国侵权责任法》（以下简称《侵权责任法》）尚未颁行），且民法典草案的体系庞杂与内容涉及范围的广泛导致学术观点存在分歧，这一次的民法典编纂也未能继续，到 2003 年又转回到制定民事单行法的轨道。尽管改革开放以来前两次的民法典编纂未获成功，但是也深刻说明了民法典立法实践要与社会发展的现实状况相契合。[2]以十一届三中全会为肇始的改革开放正面肯定了商品经济、市场规律对于社会主义现代化建设的作用，这与改革开放以来的民法典立法实践形成了良性的互动关系，思想文化领域的革新、政治法律制度的发展、社会生活的不断丰富也与民法典立法实践相辅相成。

首先，社会主义市场经济的发展与民法典立法实践彼此促进。有学者指出，我国自改革开放以来创造出了令世人瞩目的经济奇迹，这部分得益于民法典立法实践推动着我国民商事法律制度的不断健全，营造出了良好的法治

---

〔1〕 参见张玉敏主编：《新中国民法典起草五十年回顾与展望》，法律出版社 2010 年版，第 75 页。

〔2〕 如在改革开放之初我国还面临着计划经济与市场经济关系的处理、国有企业财产权的性质争论、民法与经济法的争议，在这些问题未能有效得到解决的情况下一味追求"大而全"的民法典，反而可能会阻碍民法典的有机发展。参见顾昂然：《新中国民事法律概述》，法律出版社 2000 年版，第 10 页。

环境，在某种意义上，市场经济就是法治经济，以保障产权、平等交换、规范市场为导向的民法典就是市场经济的"宪章"。[1]我国社会主义市场经济的发展固然得益于民商事法律制度的不断健全，但是市场经济与民法典立法实践之间并非单向的推动与被推动的关系，毋宁是交互推进的双向互动关系，民法典立法实践在这种互动关系中得以不断适应社会发展趋势：

一方面，社会主义市场经济的发展要求民商事法律制度的完善，这推动了民法典立法实践的进步。不同于《法国民法典》《德国民法典》的创制高度依赖于人的建构理性，我国最终成形的民法典从形式及内容上看虽受到建构理性的影响，但也同样依赖于经验理性的指导，民法典在相当程度上可以被视作对改革开放以来一系列民事单行法的汇总和加工。"摸着石头过河"作为改革开放的标志性语言，形象生动地说明我国在改革开放过程中充分借助了经验理性的指导探索社会主义市场经济的发展方向，即根据国家治理目标、社会发展形势、国内外环境的变化不断调整并完善规制市场经济活动的政策、法律。改革开放启动之初我国立法机关曾于 1979 年动议制定民法典，全国人大常委会法制工作委员会也成立了民法起草小组主持开展民法制定的工作。[2]尽管当时的民法起草小组先后形成了四部民法草案，但是考虑到改革开放刚刚开始，过早地制定大而全、精且细的民法典可能会阻碍新兴经济力量或者全新生产经营方式出现，不利于改革开放的深入推进。当时负责领导民法制定工作的彭真、习仲勋等同志也深刻地认识到改革开放启动之初许多经济活动中的现实问题还未充分暴露出来，先行制定单行法也不失为可行的选择，1979 年彭真在与民法起草小组中心组的同志谈话时指出："你们的任务（指民法起草小组）是搞个总的民法，单行法也可以搞。"[3]因此自 1978 年以来我国在民商事立法领域主要采取的策略是"成熟一个制定一个"，即立法机关根据发展社会主义市场经济的需要及实践经验的反馈渐进式地制定民事单行法。我国在改革开放以来最早制定的民事法律是 1979 年制定的《中华人民共和国中外合资经营企业法》（以下简称《中外合资经营法》），《中外合资经营法》无疑针对的是改革开放初期缺乏资金、技术、先进管理经验的现实困

---

〔1〕　参见郭晔：《中国民法典的法理定位》，载《东方法学》2020 年第 6 期。

〔2〕　参见《彭真委员长在全国〈民法通则（草案）〉座谈会上的讲话要点》，载何勤华等编：《新中国民法典草案总览（增订本）》（中卷），北京大学出版社 2017 年版，第 1346 页。

〔3〕　参见顾昂然：《新中国民事法律概述》，法律出版社 2000 年版，第 7-11 页。

难，我国亟需通过与外国投资方的合作有效配置相关生产要素，因此该部立法虽然是专门性立法，但实际上是"以法的形式向世界宣告了我国对外开放的重大决策"〔1〕。此后的《中华人民共和国专利法》（以下简称《专利法》）（1984 年）、《民法通则》（1986 年）、《公司法》（1993 年）、《中华人民共和国担保法》（以下简称《担保法》）（1995 年）、《合同法》（1999 年）、《物权法》（2007 年）等若干部重要的民商事法律的出台基本都受到不同阶段的市场化改革目标的影响。在党的十四大提出构建社会主义市场经济体制之前，市场经济主要被定位为计划经济的补充，如"有计划的商品经济"（十二届三中全会）、"市场调节为辅"（十二大）的目标，我国在这一历史时期的民商事立法缺乏系统的市场主体制度、合同制度、物权制度、侵权责任制度的构建。尽管我国在 1986 年颁布的《民法通则》初步构建起了民商事法律制度的框架，但此一阶段的民商事立法更多呈现为根据身份、行为的差异进行专门性立法的多元规范体系，例如立法机关根据企业所有制的不同为全民所有制企业、私营企业、外资企业等多种类别的企业规定了不同的组织法，再如根据合同交易内容的差别制定了以《中华人民共和国经济合同法》（以下简称《经济合同法》）为代表适用于不同领域的合同法，这都反映出改革开放初期由原先高度集中的计划经济体制向社会主义市场经济体制转型过程的渐进性。《合同法》《担保法》《物权法》都是在党的十四大之后陆续颁行的，平等的市场主体制度、统一适用的合同制度、明晰的产权制度及其相关保障制度自此才逐渐成形，说明了随着市场化改革进程的加快，我国愈发需要系统的民商事法律制度服务社会主义市场经济的有效运行，2010 年《侵权责任法》的施行则标志着能够充分满足社会主义市场经济发展要求的系统性民商事法律制度的基本建成。由此可以看出，直至 2010 年，虽然形式上一部成体系的民法典尚未颁行，但是我国实质上已经通过响应不同时期市场化改革与市场经济发展的需要，渐进式地完善了民商事法律制度体系。此后民法典的制定"实质上是一次民事部门法典的统一再法典化"〔2〕，即自 2015 年启动的民法典立法工作并不完全是从无到有的理性建构，更多的是对改革开放以来适应

---

〔1〕 柳经纬：《改革开放四十年民法之变迁》，载《中国法律评论》2018 年第 5 期。

〔2〕 朱广新：《民法典编纂：民事部门法典的统一再法典化》，载《比较法研究》2018 年第 6 期。

市场化经济发展需要的民事部门法典的系统编撰或增订删补，例如由人工智能、互联网、大数据、基因编辑等全新科技引领的经济业态亟需民法典的规制与引导，再如民法典总则编中有关个人信息权保护的规定。

另一方面，民法典立法实践也反过来促进着市场经济的转型与变革。市场经济本质上就是法治经济，市场主体在商品交易过程中能否获得稳定的收益预期以及最大程度的交易自由将决定他们在市场活动中确定性的获得与否，这进一步决定了经济能否取得增长，因此现代市场经济的运行依赖于符合形式理性要求的法律制度的支持。因此我国自改革开放以来的市场经济的转型与变革推动了民法典立法实践，与此同时经由立法实践确立起的民商事法律制度反过来也为市场经济的转型与变革提供了规范支持，呈现为交错推进、互相作用的螺旋式发展历程。有学者指出，"法治在现代市场经济中的基础地位是通过其对产权、市场与秩序的作用来实现的"[1]，明晰的产权制度、健全的市场交易规则、完善的市场运行秩序并不完全是市场经济渐进发展的自发产物，而是需要立法者建构相应的民商事法律制度满足市场体制不断完善的要求。以我国于 1998 年启动的民法典编纂尝试为例：1992 年邓小平"南方谈话"后我国的社会主义市场经济迅速发展，九十年代制定的《合同法》《担保法》参酌并吸纳了大量国际法律文件，至我国在 2001 年加入世界贸易组织，这更对我国的营商环境及其法制保障提出了要求。1998 年至 2002 年这一历史区间内的民法典编纂更多是对保障市场经济稳步运行特别是市场交易规则国际化的回应。

从某种意义上看，民法典立法实践虽然从时间顺序上看呈现为渐进式发展过程，但是这一渐进式立法过程的结果即民商事法律制度仍然具有建构理性的特征，能够以认识指导实践的方式对市场经济的发展起到正向的推动作用：其一，明晰的产权制度通过明确物的归属并赋予相关权利的方式可以间接促进要素的配置与流转，为参与市场交易活动的各类主体提供基础的制度性安排。《专利法》《中华人民共和国土地管理法》主要根据调整对象的不同，分别对知识产权与土地产权作出了界定，此后的《物权法》更是系统性地对不同类别的产权作出了界定并规定了权利救济的方式。《民法典》物权编

---

〔1〕　刘守英、熊雪锋：《〈民法典〉与高水平社会主义市场经济》，载《北京大学学报（哲学社会科学版）》2020 年第 6 期。

消除了原先与产权界定及保护相关的民事单行法规定中的矛盾、冲突之处，通过"体系性逻辑和制度框架将民事单行法系统地、逻辑地、科学地编纂在一起，形成了价值融贯、规则统一、体系完备的市场经济'基本法'"[1]，民法典同时也适应经济社会生活的变化，以准用性规范的方式明确了数据、个人信息等新兴财产需要受到保护（《民法典》第一百二十七条）。其二，健全的市场交易规则能够满足市场主体在交易活动中自由订立契约并获得稳定预期的要求，这能够有效促进市场交易的非人格化和生产要素的自由流动及配置。不管是民事单行法时期的《合同法》《担保法》，还是《民法典》的合同编、物权编中的担保物权分编，基本都是通过对契约的订立、履行、保全、变更等事项的规定为市场主体的交易活动提供了保障。相较于民事单行法，民法典确立的合同制度和担保制度更为灵活宽松，更加能够适应市场经济发展的全新趋势，例如《民法典》第四百九十一条确立了通过互联网订立合同的规则。其三，完善的市场运行秩序体现为公权力的适度干预与市场主体的行为符合规范要求，这能够形成有序竞争的格局，有效发挥政府和市场的长处，避免市场失灵。民事单行法时期的《侵权责任法》通过规制侵权行为、保护权利主体的人身及财产权益打击违法违规的市场经营活动，从而营造安全的营商环境，但有关公权力适度干预市场运行的内容在民事单行法中仍然是相对较少且不成体系。民法典就公权力适度干预市场也作出了相关的规定，如《民法典》第一百一十七条有关征收的规定、第七十九条有关建立法人章程的规定、《民法典》第一千零三十九条有关国家公权力机关及其工作人员在履职过程中保护自然人隐私和个人信息的义务的规定。

其次，社会生活的不断丰富为民商事法律制度的发展与演进提供了日益丰富的现实素材。在民商合一的立法体例下，与改革开放相同步的民法典立法实践的发展也是逐步确立、完善民商事法律制度的过程。这一过程从根源上看虽源于市场经济转型的需要，但是我国民商事法律制度所调整的领域却并不仅限于市场经济领域，还包括社会生活的许多其他方面，例如婚姻家庭领域、私人生活领域等非经济领域。在新中国成立后至改革开放之前，社会生活同样是需要民商事法律调整的，但是由于其时实施的是高度集中的计划

---

[1] 刘守英、熊雪锋：《〈民法典〉与高水平社会主义市场经济》，载《北京大学学报（哲学社会科学版）》2020 年第 6 期。

经济体制，社会生活的私人属性被严重削弱，普通民众的日常生活生产经由自上而下的管理和动员，基本上被纳入到政府部门的统一管控中。虽然新中国成立初期曾颁行了《婚姻法》《土地改革法》等部分涉及普通民众财产及人身利益的法律，但是相关法律的数量偏少、私法属性相对较低且不成体系，因此所能调整的社会生活领域十分有限，这一历史时期的两次民法典立法工作囿于客观条件也最终停止。新中国成立后至改革开放前我国的民商事法律制度发展程度有限，其表面原因是我国社会主义法律体系的发展时间较短，立法经验有限，人才储备不足，但是更为深层次的原因在于高度集中的计划经济体制下社会生活的各方面都被纳入到国家的监管和组织中，在市场经济缺位的情况下公权力的扩张使得私人生活的各个领域都高度依赖于行政指令、红头文件的调控。可以说，在新中国成立后至改革开放前的较长历史时间段内，社会生活难以衍生出丰富的领域以供民商事法律制度调整，更多受到服务于国家公权力的政策、指令的影响。

改革开放以来我国的社会主义市场经济得到充分发展，民商事法律制度的调整对象是由市场经济发展催生出的平等主体之间的财产关系与人身关系。而市场经济的发展使得公与私、权力与权利、国家与市场的区分融入到其他社会生活领域当中，由此使社会生活一定程度上脱离了公权力的严格管控与支配，并且社会生活的领域和板块不断丰富，形成了自我组织的一套系统，社会生活的私权属性以及社会公众的权利意识都得到了增强。家庭生活、社会交往、文化娱乐、生产交易等社会生活的各方面都亟需相应的民商事法律制度的规范，社会生活的丰富性为民事单行法时期建立以保障权利为核心的民商事法律制度体系提供了现实素材，《民法通则》《婚姻法》《合同法》《物权法》《侵权责任法》等一系列法律得以陆续颁布实施。在传统自然经济模式下，由于商品交易活动的类型及梳理的欠缺，乡土社会的生产生活十分单一，主要围绕农业进行，民商事法律规则的作用领域十分有限。在高度集中的计划经济体制下，商品交易活动同样受到压制，社会生活围绕着行政指令和国家政策进行组织，民法与商法难以发挥效用。而在改革开放后市场经济逐步发育成熟，商品交易行为的类型及数量不断丰富，个体的衣食住行才能够经由财产关系反映到民商事法律制度中并以权利为中心构建具体规则，因此，社会主义市场经济的发展程度越高，社会生活可由民商事法律制度调整的范围就越广泛。民法典的编撰并不仅仅是对专门规制某一社会生活领域的单行立法的汇编，而是通过内在统一、逻辑融贯的民法价值"将多元的社会生活面向一体化、系统化、有序化"〔1〕，从而使得民法典最终成为一部真正意义上的"社会生活的法律百科全书"。改革开放以来的第二次民法典编纂工作中就曾产生过有关汇编式民法典与编纂式民法典的争议，除此以外还产生了许多其他方面的争议，这导致当时梁慧星、王利明、徐国栋等学者在民法典的相关立法问题上产生了分歧，虽然九届全国人大常委会对民法典草案进行了初审，但一系列分歧、争议最终导致该民法典草案未能进入下一步的审议流程。

再其次，社会意识的革新沟通了民法典立法实践与民商事社会实践。实现以自由、平等、民主、人权、法治为要义的现代基本价值固然要求公法领域的立法不断完善以规范公权力行使，而围绕私法自治、平等原则、权利保护等理念的民法典立法实践更加能够贴合现代基本价值的要求。但要真正发挥民商事法律制度的实效，就不能单纯依靠民法典立法文本或民商事社会实践，而必须经由社会意识的革新沟通民法典立法实践与社会实践。换言之，如果私法自治、平等原则、权利保护的理念仅为少数法律精英人士所掌握却不能被普罗大众所接受，那么民法典立法文本即使从形式上看十分完备，也会由于缺乏社会实践的支撑而沦为具文，如清末—民国时期的民法典立法实践；然而即便有了广泛的民商事社会实践，但是若缺乏法典化的社会文化或者法典化的社会思潮发展不到位，也会导致民法典立法文本的"难产"，如历史上在《法国民法典》创制以前欧陆地区也曾有过较为活跃的商品经济活动，但是由于自由、民主、人权等现代价值尚未成为一种普遍化的社会思潮，未经理性整序的习惯法替代了民商事立法文本发挥了规范商业活动和市民生活的作用。依据马克思主义认识论，尽管是社会存在决定社会意识，但是社会意识同时具有相对独立性，对于社会存在具有积极的反作用。改革开放以来我国民法典立法实践之所以能够稳步有序地进行，其中很重要的一个原因就是社会意识的革新起到了弥合民法典立法文本与民商事社会实践的鸿沟的作用。改革开放之初的民法典编纂活动之所以能够产生，主要原因在于观念的转换与实践需要。自由、平等、民主、人权、法治的现代基本价值伴随着市场化改革、社会生活的丰富逐渐融汇成社会主流思潮，同时私法自治、平等

〔1〕 郭晔：《中国民法典的法理定位》，载《东方法学》2020年第6期。

原则、权利保护等民商事法律理念也逐步扎根于社会思想文化领域。例如在计划经济体制主导的时期，有关民法与经济法的关系的讨论并未产生，而在改革开放启动之后，随着工作重心的转移与加强民主法制建设的政策导向，1979 年中国社科院在公安部礼堂首次举行了在京法学界对民法与经济法的关系的讨论会，这使得民法典的制定与民法的调整对象进入法学界视野。[1]一方面，这意味着少数法律精英制定的民法典立法文本需要有相匹配的社会意识作为依托，民法典立法实践的渐进性反映了现代基本价值和民商事法律理念为民众逐步接受的过程，例如八十年代我国在经济领域的立法仍然是根据所有制和交易主体的差别分别进行立法，身份对于民商事立法仍然有着一定影响，随着社会主义市场经济体制的确立，《公司法》《合同法》《物权法》《侵权责任法》等统一适用于所有主体的民商事立法才逐步出台；另一方面，这也表明与社会意识相匹配的民法典立法文本可以与民商事社会实践相呼应，因为立法者可以从民商事社会实践中不断提炼出有价值的立法素材，引申出一般性的法律规则，例如民法典中有关农村土地"三权分置"的规定所针对的正是我国城市化进程不断加快而农业发展需要走集约化道路的趋势。

最后，整体性的政治法律制度的发展和局部性的民法典立法实践的进步互为依托。我们不应技术化地理解民法典的编撰与实施，需要正视它在推进国家治理体系和治理能力现代化的进程中的作用，尤其是要厘清经由民法典立法实践塑造的民商事法律制度是如何促进国家政治法律制度的现代转型的。民商事法律制度具有相对的独立性，但是"民法学者在强调自身独立性的时候，对宪法的根本法地位也秉持了一种令人生疑的立场"[2]，因而我国民法典通过专业化、技术化的编撰方式实现内部的体系融洽的同时，也要确立宪法的指导作用，并与各部门法保持协调。换言之，局部性的民商事法律制度的进步要嵌入整体性的政治法律制度的发展中才能实现。正如德国法律史学家维亚克尔所说，法典化的宗旨并不仅仅在于通过汇编现有法律以提升其科学性，更在于创造出适于国家发展的更好的社会制度。[3]这不但是一种应然

〔1〕 参见张玉敏主编：《新中国民法典起草五十年回顾与展望》，法律出版社 2010 年版，第 75 页。

〔2〕 刘志刚：《民法典的宪法使命及其实现》，载《政法论丛》2019 年第 4 期。

〔3〕 参见［德］弗朗茨·维亚克尔：《近代私法史——以德意志的发展为观察重点》（上），陈爱娥、黄建辉译，上海三联书店 2006 年版，第 321 页。

层面的价值追求，也是实然层面的制度事实。中国自改革开放以来社会主义民主政治运行水平不断提升，法治建设也取得了丰硕的成就，很大程度上可以归因于我国整体性的政治法律制度建设与民法典立法实践是互为依托的，具体体现在以下两个方面：

其一是意识形态的协调一致，改革开放是对国家治理模式的深度变革，但是社会主义依然是我国的制度底色，不论是整体性的政治法律制度，还是局部性的民商事法律制度都必须坚持社会主义这一根本原则。我国"八二宪法"中明确规定了国家性质是社会主义国家，这要求我国整体性的政治法律制度的建构都不能偏离社会主义道路，而民事单行法时期的《物权法》《合同法》等立法几乎都在立法目的条款中规定了"社会主义现代化建设"或者"社会主义市场经济秩序"等相关内容，《民法典》第一条也有着类似的表述，由此可见我国自改革开放以来的民法典立法实践充分贯彻了社会主义这一根本原则。

其二是体系构建的衔接协调，我国政治法律制度的发展经历了从"社会主义法律体系"到"社会主义法治体系"的变迁。有学者指出社会主义法治体系包含了理论和实践两个层次，其中实践层次又可继续细分出静态与动态两个层面，静态指向法律规范体系，动态指向法律制度运行体系。[1]社会主义法治体系是社会主义法律体系的升格，社会主义法律体系应当被定位为社会主义法治体系中的实践层次的静态层面的法律规范体系。以党的十五大提出到 2010 年形成中国特色社会主义法律体系为时间节点，在 2010 年之前民法典立法实践在体系协调上主要呈现为静态的法律规范体系的完善，相较于追求大而全的形式意义的民法典文本，此一阶段我国更多地注重以渐进发展的方式实现民商事法律制度的完善，从而适应社会主义市场经济的发展和现代社会生活的日益丰富。因此在 2010 年之前尽管我国的民商事法律制度已然初具体系，但是更多是强调有足够的法律规范能够覆盖相关的社会领域，而在 2010 年以后我国民法典立法实践在体系构建上有了全新的发展趋势：一方面，各民事单行法有被整合为逻辑严密、系统完整、有机统一的民法典的需要，民法典的颁行标志着我国静态层面民商事法律制度体系初步形成，民商

---

〔1〕 参见莫纪宏：《明确社会主义法治体系的结构与内涵》，载 http://theory. people. com. cn/n/2014/1027/c40531-25913450. html，最后访问日期：2021 年 3 月 12 日。

事法律制度体系不仅追求内在协调，还强调其与公法、社会法的衔接。另一方面，在建设社会主义法治体系的语境下，我们还要从动态层面追求民商事法律制度体系实际运行过程中的内部协调与外部衔接，并总结民法典立法实践的深层规律，上升为中国特色的民法理论。

"肯定的现代性"在市场经济、意识形态、社会生活、政治法律制度等方面的具体表现与改革开放以来的民法典立法实践形成了良性互动，这种良性互动呈现为民法典立法历程的渐进性与最终成型的民法典文本的建构性：

渐进性指的是我国不仅将"摸着石头过河"〔1〕的工作方法运用于指导改革开放的探索与各项现代化事业的展开，更将之运用在民事立法领域。改革开放之初我国的民法典编撰工作因客观条件的限制未能成功，此后我国转而采取了"成熟一个，制定一个"的立法策略，立法机关"根据不同时期政治、经济、社会发展的需要陆续颁布了众多民商事单行法"〔2〕。我国立法机关由"批发"向"零售"的民事立法模式的转向无疑与传统大陆法系强调建构理性、形式理性的法典编撰模式大相径庭，《法国民法典》《德国民法典》或者是发展程度较高的商品经济及革命活动的自然衍生物，或者是"自由主义、启蒙运动、理性法和罗马学说汇纂法学的晚熟果实"〔3〕。而改革开放之初我国却缺乏一次性完成民法典制定的基础，不论是经济领域商品经济与市场交易的发展程度的有限，还是社会生活中组织与个体受到齐一化与统合性的行政命令或政策动员的影响，抑或是社会意识因受阶级斗争思维的限制难以在短时间内转向法治、人权、民主等观念，改革开放之初的现实国情预示着我国的民法典立法实践必然不同于德国、法国等传统大陆法系国家。

我国在改革开放历史进程中因应客观社会情势的演变，先逐步制定民事单行法填补空白，建立基础性的民商事法律制度架构，待民法典制定的经济、社会生活、政治制度、社会意识等各方面的条件充分成熟后将一系列民事单

---

〔1〕 "摸着石头过河"是指在实践经验尚不充足以及对现实情况尚未充分掌握的情况下，通过大胆试验，不断纠错，认清规律，稳步前进，以达致最终的目的，体现了马克思主义认识论中实践—认识—再实践—再认识的曲折过程。参见韩振峰：《"摸着石头过河"改革方法的来龙去脉》，载 http://dangshi.people.com.cn/n/2014/0409/c85037-24858259.html，最后访问日期：2021年3月13日。

〔2〕 薛波、雷兴虎：《"中国特色"民法典编纂方法及其对商事立法的镜鉴》，载《学术界》2020年第10期。

〔3〕 ［德］罗尔夫·克尼佩尔：《法律与历史——论〈德国民法典〉的形成与变迁》，朱岩译，法律出版社2003年版，第1页。

行法汇集合拢并加以梳理、改造并再次进行体系化构建。因此，即便改革开放以来渐进式的民法典立法历程已然彰显了经验理性的重要性，但是展现在立法活动中的人类思维主要是建构性的，这是由于法律思维在很大程度上主要是建构理性，以概念、逻辑、推理、论证为基础的思维活动和思维方式"〔1〕体现在立法文本的创建上。我国民法典立法文本同样在编章体例的设置、法律概念的使用、法律关系的构建上呈现出强烈的建构性特征。

可以说，立法过程的渐进性和立法文本的建构性之间并不是冲突的，相反，二者是并行不悖乃至交互推进的关系，这种关系在改革开放以来的民法典立法实践中体现得较为明显：一方面，改革开放进程本身就是渐进性的，计划经济体制向市场经济体制的过渡、社会生活的不断丰富、权利意识的逐步形成乃至政治法律制度的整体性进步等促使我国的民法典立法实践能够不断根据现实情况作出调整。改革开放进程的渐进性与民法典立法实践的发展相得益彰，前者为后者不断提供全新的立法素材。另一方面，由这一渐进的立法过程延伸出的民事单行法文本和民法典文本本身又是建构理性的产物，尽管民事单行立法文本虽然在调整领域的针对性和专门性方面具有优势，但"大而全"且体系性更强的民法典文本更能贯彻统一的价值理念、化解民商事法律规范内部的规范冲突，可以更加有效地发挥规范市场经济、调整社会生活、引导伦理观念、完善治理体系的作用。

二、改革开放前后民法典立法实践的关联

改革开放以来"肯定的现代性"占据主导地位及其种种表现与民法典立法实践形成了交互促进的良性互动关系，最终渐进性的立法进程与建构性的立法文本共同促进了改革开放以来我国整体性的民商事法律制度建设。对于当下的改革开放进程而言，清末—民国与新中国成立后—改革开放前的民法典立法实践也在一定程度上影响到当代中国民法典立法实践。因此我们不能将不同时期的民法典立法实践完全割裂开来理解，而是要在认识不同时期的民法典立法实践的殊异性的基础上，进一步认识彼此之间的关联。

一方面，清末—民国时期的民法典立法实践客观上引入了大陆法系的民

---

〔1〕 薛波、雷兴虎：《"中国特色"民法典编纂方法及其对商事立法的镜鉴》，载《学术界》2020 年第 10 期。

法知识及理念，特别是当时的立法者大量吸收了大陆法系国家注重运用逻辑推理、抽象概念、体系构建的立法思维模式，建构理性的立法思维模式基本为后世所沿袭。此外，尽管当时的立法者主要是继受外国法，但是此种继受并非简单的照搬照抄，《大清民律草案》中可能存在较为明显的外国法和固有法的拼接问题，但随着民商事社会实践的增多、社会意识的革新及立法经验的积累，《民国民律草案》与《中华民国民法》处理固有法和外国法的合理性有所提高，即对本国传统法律资源进行批判与改造，对域外法律资源有所择取和转化，从而不断适应社会现实的需要。因而清末—民国时期的中国民法典立法实践虽未呈现出立法策略意义上的自觉的渐进式立法，三次民法典编撰的立法机关前后更迭，但客观层面的民法典立法的渐进性也为改革开放以来的民法典立法实践的渐进发展提供了历史经验。

另一方面，新中国成立后—改革开放前的民法典立法实践在"否定的现代性"继续占据主导地位的情势下最终没有转化为实际运行的民商事法律制度，制度实施的阙如并不意味着这一时期的民法典立法实践不能产生积极影响，新中国成立后—改革开放前我国的民法典立法实践体现了强烈的立法主体意识。改革开放标志着中国正式确立"肯定的现代性"的主导地位，强烈的立法主体意识以一种潜隐但切实有效的方式帮助我们避免陷入西方资本主义道路或者传统复古主义的窠臼或限制，促使我们能够自主择取古今中外一切有利于社会主义现代化建设的民商事立法资源，并且自觉自发地采取融立法过程的渐进性与立法文本的建构性为一体的民法典立法实践策略。这种强烈的立法主体意识随着法治进步和国家现代化水平的提升被不断加以强调和诠释，2015 年民法典编纂工作启动之初就以编纂一部"适应中国特色社会主义发展要求，符合我国国情和实际"[1]的法典为目标，《民法典》总则编中对"弘扬社会主义核心价值观"的强调、人格权编的创立、侵权责任法的独立成编是从宏观视角揭示出新中国成立—改革开放前形成的立法主体意识的延续及影响，民法典对"家"的关注、居住权的创设、保护个人信息的条款、离婚冷静期的设置则是从微观视角彰显出了立法主体意识的重要价值。

---

〔1〕 李建国：《关于〈中华人民共和国民法总则（草案）〉的说明——2017 年 3 月 8 日在第十二届全国人民代表大会第五次会议上》，载《人民日报》2017 年 3 月 9 日，第 5 版。

第四节 中国曲折的现代性道路与民法典的"渐进式建构"

从清末新政时期的《大清民律草案》到当下的《民法典》，不论是单独审视中国百余年的民法典立法历程，还是将民法典立法历程嵌入到一个半多世纪以来的中国现代化进程中予以分析，可以发现民法典立法实践呈现出鲜明的"渐进性"与"建构性"相互交融的特征，民法典立法实践的"渐进式建构"的特征与中国曲折的现代性道路有着密切关联。现代性在时间意识上表现出一种深刻的"断裂性"，要求切断与传统的联系，与过去拉开距离，是一种全新的时间意识。[1]与此种时间观和理性观相关的经济生产方式、政治法律文明、伦理价值理念相应地也成为国人学习、借鉴的对象。中国与西方国家无疑都是从正面肯定了现代性的基本价值，但凡一个国家进入了现代化的历史轨道，接纳了现代性的时间意识和理性观，就难以再开历史的倒车。但是与西方国家的不同之处在于，中国确立"肯定的现代性"并不是一帆风顺的，而是经历"否定之否定"过程，均质性、齐一化的现代性道路无疑与事实是相互背离的，尤其是简单应用"西方中心论"的现代性理论更是难以对中国曲折的现代性道路进行合理解释。

近现代中国是先经历"否定的现代性"再经历"肯定的现代性"，最终是"肯定的现代性"占据主导地位，这一独特的现代性道路使得我国的民法典立法实践不会一次建构完成，而是经历了多次建构，期间伴随着立法者认识的不断更新与立法实践的动态演进，因此民法典具有"渐进式建构"的特征：

一方面，自从近代中国被裹挟进入以西方为主导的世界体系并开启现代化进程以来，国人就逐步接受了一种进步的、非循环论的、朝向未来的线性时间观，并且逐步接受与之相关联的建构理性的思维方式以及自由、平等、人权、民主、法治的现代价值理念，编撰一部能够规范社会生活的民法典是中国现代化进程的必然结果。由器物学习知制度不足，由制度学习知理念不足。究其根本，近现代中国要完全脱离前现代状态就必然要肯定现代性的正向价值，需要进行各领域的现代化建设，而民法典的编撰和实施符合现代国

---

〔1〕 参见［德］尤尔根·哈贝马斯：《后民族结构》，上海人民出版社 2002 年版，第 178 页。

家建设的基本要求。

另一方面，中国的民法典立法实践受到曲折的现代性道路的影响。近代国人在承认有接纳源出自西方的现代性的必要性的同时又面临着西方的侵略与殖民，因此不得不既反对西方又要学习西方。中国的"矛盾的现代性"的展开只能是以先在"否定的现代性"指引下通过社会革命完成救亡图存的历史任务，建成独立自主的民族国家，在此基础上继续在"肯定的现代性"指引下实现对现代价值、现代制度的认可和建构。我国的民法典立法实践不可能是一步到位的，因为民法典立法实践需要在"肯定的现代性"指引下才能真正发挥其作用，民商事法律制度的发展必然要经历一个曲折且漫长的过程：

首先，从鸦片战争到戊戌变法前国人认识到传统中国在器物上不如西方文明，主张"师夷长技以制夷""中体西用"。此一阶段我们有学习西方文明以抵御外部侵略的愿望，却更多是在吸收西方现代文明的物质成果，缺乏制度、理念层面的学习与借鉴，表现在立法层面就是传统的中华法制仍然发挥作用，与现代文明相关的立法资源、理论著述尚未传入，遑论产生民法典立法实践，这一阶段对于中国而言更多是一种缺乏先进意识形态指导的"否定的现代性"，缺乏对自身文明传统的深入批判与反思。

其次，从戊戌变法到五四运动前这段历史时期，国人逐步认识到中国在制度乃至理念上的落后，需要实现现代化转型。我们学习西方文明是为了抵抗侵略、维护民族独立与国家统一，此一阶段中国向西方的学习进展到了制度、理念层面，且具象为戊戌变法、清末新政、辛亥革命、新文化运动等，体现为反帝反封建的社会思潮的不断发酵。由于此时我国与"否定的现代性"相关的意识形态尚未正式登上历史舞台（马克思主义），此一时期中国的民法典立法实践仍然缺乏彻底"反帝反封建"的意识形态的指引，缺乏对固有法与外国法的批判，难以有效适应我国国情的需要，不能转化为有效的制度实践。

再其次，五四运动直到新中国成立前是"否定的现代性"占据主导的时期。《中华民国民法》的编撰与颁行虽然在促进社会进步、移风易俗、消除封建陋习方面有所突破，但由于南京国民政府所主张的意识形态是用于指导旧民主主义革命的三民主义，因此难以实现彻底的反帝反封建，在中国无法获得充分的主权完整和民族独立的情况下，经由《中华民国民法》确立起的民商事法律制度也难以真正实现促进经济发展、保障民众权利、规范社会生活的现代化目标。五四运动与中国共产党的成立标志着马克思主义作为一种满足"反帝反封建"要求的先进意识形态开始发挥指导中国现代化转型的作用，能够帮助中国共产党取得中国新民主主义革命的胜利。

复次，在新中国成立后我国初步完成了反帝反封建的历史使命，完成民族国家共同体的初步建构，我国初步具备了"肯定的现代性"阶段的历史条件，本应由"否定的现代性"转向"肯定的现代性"，但是由于历史的惯性、国内外政治形势以及对革命彻底性的追求，"否定的现代性"依然在改革开放前指引着我国的现代化建设，因此，尽管中国在五十年代初期乃至六十年代初期有两次民法典编撰的尝试，但是民法典的私法属性与当时的社会环境（确立计划经济体制、"以阶级斗争为纲"）是互相龃龉的。新中国成立后至改革开放前的两次民法典编撰尽管试图在不同程度上克服"私法性"，但违背民商事法律发展规律的立法实践最终也无法有效转化为推进国家现代化的制度规范。

最后，改革开放以来随着我国转向以经济建设为中心，"肯定的现代性"在中国开始占据主导，并且这种主导作用的发挥是以此前"否定的现代性"占据主导为前提的：我们一方面认识到由西方资本主义国家引入的现代文明的各项因素的正面价值，另一方面更强调形成具有独特个性的中国特色社会主义现代化道路。西方的立法资源固然对于当代中国的法制现代化有所助益，但是我们需要结合中国的国情需要（社会主义国家性质、社会主义发展阶段、民族文化传统）加以改造，从而赋予其"中国性"。因而，改革开放以来我国的民法典立法实践必然不是一次完成的，而是渐次推进、逐步发展的，我国自改革开放以来通过"成熟一个，制定一个"的方式先制定民事单行法，配合我国社会主义市场经济的发展和社会生活的变迁，在民事法律体系基本框架形成之后，立法者对民事单行法进行系统整合，最终形成了逻辑体系严密、符合时代要求、内容科学全面的民法典。

中国民法典立法实践对重要范畴的处理

立法实践既是中国现代化进程的反映，也是现代化进程的保障与推力。民法典立法实践属于当代中国立法实践的重要组成部分，它必然一方面受到现代社会生活的影响，从而在时间维度上呈现为各个历史阶段的现代化目标对民法典立法实践的型塑，另一方面，民法典立法实践在"肯定的现代性"主导的现阶段也需要主动地满足现代性的各项要求，从而积极推进社会生活各领域的现代化进程。

第一节　以民商事法律制度的现代化推进国家现代化

本章以及第五章都是在立法论层面探讨当代中国立法实践如何通过法律规则满足社会发展的需求。在当代中国已然处于"肯定的现代性"指引的历史情境下，各项法律制度更多地要因应社会发展的自然态势，立法者在立法形成机制、立法资源选择、立法方向设计上考虑到规范与事实、制度与实践的互动关系。研究者也要避免仅仅从解释论的角度阐释既有的以民法典为代表的民商事法律制度，而应将民法典立法实践看作不断延续的法律现象。不同历史时期的中国都有制度现代化的需要并且表现在民商事法律制度领域，而尽管每一时期国家现代化的具体目标有所变化，如清末—民国时期是救亡图存，改革开放以来是经济社会的现代化建设，但总的国家现代化的目标是没有变化的，即维系民族国家成员的身份认同感并有效应对横向比较压力。而中国作为后发国家，其民商事法律制度相较于早发国家仍有不小的差距，立法者必须汲取中外民法典立法历程中的重要经验，在立法形成机制、立法资源选择、立法方向设计上处理好相关重要范畴，使得私法制度体系中的价值理念、权利体系、人身关系、财产关系在符合世界民法发展一般规律的同时兼具中国特色，由民商事法律制度的现代化促进国家现代化。

固然民法典颁行之后相关法律规范的准确解释与合理适用是极为重要的，但是并不代表立法论层面的研究就失去其价值或不具备现实意义。尽管王利明教授指出"民法典颁布前的成果多为针对民法典制度设计的研究，民法典颁布后，学界的焦点则集中在解释论的研究上"，[1]解释论在某种程度上等同于从法教义学视角将民法典本身视为静态的、完善的规范体系，但是考虑到科技的日新月异和社会生活的高速变迁，解法典化和再法典化的现象也会随之出现，已经正式颁行的民法典难免出现滞后性，难以充分适应飞速变化的社会现实，法律漏洞[2]的形成在所难免，即便裁判者经由司法过程中的文义解释、逻辑解释、历史解释、体系解释等方法，也无法彻底解决立法的滞后性。而立法论的研究则可以突破法教义学的局限，利用法社会学的方法探究社会秩序变迁与立法发展的互动关系，不断完善既有的民商事法律制度，并为其他部门法领域的立法实践特别是法典化提供有益的经验借鉴。[3]

法律制度的运行必然与社会发展产生一定张力，需要结合国情适时调整相关法律制度，既然立法论研究可以通过探究既有的立法实践与社会发展之间的互动关系，从而能够对中国现代化建设有所助益，那么探究民法典立法实践所需处理的重要范畴的意义就不仅限于民法典颁行前，相关议题的探究在民法典颁行后同样具有价值。此外我国当下还存在着对环境法、经济法、行政法以及与民法关系密切的商法等部门法领域是否需要法典化的争议，对民法典立法实践的分析能为其提供重要的参照。

---

〔1〕 王利明、陆家豪：《民法学：民法典时代的解释论图景》，载《检察日报》2021 年 1 月 5 日，第 3 版。

〔2〕 黄建辉指出法律漏洞指的是由于立法本身的不周密或存在破绽，导致其存在违反计划的不圆满性特征。参见黄建辉：《法律漏洞·类推适用》，台湾蔚理法律出版社 1988 年版，第 21~22 页。杨解君进一步区分了法律漏洞与法律缺陷、法外空间与法律漏洞，认为法律漏洞的概念是法律缺陷的一部分，与法外空间无交集，它是对应予以规范的事项却存在空白、遗漏等情况的概括。参见杨解君：《法律漏洞略论》，载《法律科学》1997 年第 3 期。

〔3〕 参见马新福等：《立法论——一种法社会学视角》，吉林人民出版社 2005 年版，第 79 页。

第二节　当代中国民法典立法形成机制处理的范畴

　　当代中国立法实践首要使命是促使个体层面的立法实践参与者形成牢固的民族共同体意识，这需要立法实践参与者不仅要培育现代立法思维，更要具体运用立法技术并在立法程序中展现其主体性。然而立法实践参与者中的政府官员、立法代表对立法活动的参与具有直接性，他们通过特定的立法主体如人大机关、政府部门才能发挥其作用，而普通民众对立法活动的参与具有间接性，无形中有被降格为客体的风险，因此，如何协调好不同立法实践参与者的关系是当代中国立法实践的重要任务之一。立法形成机制是对动态层面当代中国民法典立法实践展开过程中诸种操作规程的统合与概括，它与参与立法实践的各方主体密切相关，涉及立法技术的运用、立法程序的设计、立法思维的呈现等要素，但这些要素归根结底都是由立法形成机制派生出的。"机制"一词本身并非专业法学术语，它在管理学、社会学、经济学、法学等社会科学领域得到广泛应用，但该词实际上来源于工程学领域，"根据系统的观点，机制是各子系统、各要素之间的相互作用、相互制约、相互联系的形式，是系统良性循环不可缺少的机械"，[1]立法机制"包括各个主体的相互关系、制度结构、规则的运行方式、操作技术、流程等"[2]，"机制"一词进入法学领域并得以组成"立法机制"的概念与"立法体制"相对应。立法机制区别于立法体制之处在于立法体制偏向于横向或纵向的立法权力的配置，而立法机制则更加侧重于"具体立法工作中各个环节的操作规范、运行程序、操作技术以及各要素协调配合等动态运行问题"[3]。而在立法机制之中增添"形成"二字，则意在凸显派生出立法机制的本源性要素，这些本源性要素不仅形成了有关联的范畴（如经验理性与建构理性），对相关各组范畴的处理方式最终会影响到现实的立法工作。建构理性与经验理性的关系处理着眼于立法活动中思维模式，而政府主导与社会推进的关系处理则立足于整体意义上

---

〔1〕　李学栋等：《管理机制的概念及设计理论研究》，载《工业工程》1999 年第 4 期。

〔2〕　白利寅：《实现地方立法科学化的创新机制研究》，载《云南大学学报（社会科学版）》2019 年第 1 期。

〔3〕　白利寅：《实现地方立法科学化的创新机制研究》，载《云南大学学报（社会科学版）》2019 年第 1 期。

对立法实践中主体的作用定位，后续要讨论的精英立法与民众参与的关系处理强调的是个体层面对立法实践参与者的功能定位。

一、经验理性与建构理性

经验理性与建构理性作为人类思维领域的两种认识论方法，在西方思想史上有着漫长的发展历程与丰富多样的先哲阐释，与之对应地形成了两种截然不同的法治进路，深刻地影响相关的民商事立法实践。哈耶克考察西方政治法律制度的发展历史后得出了经验理性或称建构理性的思想进路，其中经验理性主义者认为政治法律制度乃至最终社会秩序的形成依赖的不是人为的建构设计而是社会的自然演化，经验理性在哲学上代表人物主要有休谟、弗格森、波普尔以及哈耶克，法学领域的代表人物主要有萨维尼、霍姆斯、柯克、梅因等；建构理性主义者则强调政治法律制度源自人的主观创造，是理性的产物，人们可以通过理性建构出一套社会秩序并不断予以改进完善，建构理性在哲学领域的代表人物主要有笛卡尔、霍布斯、卢梭等，在法学领域的代表人物主要有边沁、奥斯丁、凯尔森等。[1]

受经验理性的影响，英美等普通法系国家的民商事法律制度主要表现为判例法、衡平法以及十九世纪八十年代以来产生的各种民商事单行立法。一般性的民商事法律规则通常是由法官从判例中归结出来，具有"法官造法"的特性，与经验理性密切相关，如关于所有权的判断标准就是由法官从相关判例中归纳出权利义务的归属，"无论何人不得以非自己所有之物给人"。[2]与之相对应，受建构理性的影响，德国、法国等大陆法系国家的民商事法律制度呈现出鲜明的法典化特征，虽然欧陆各国民法典的体系构造（仿《法学阶梯》或仿《学说汇纂》）与概念运用（使用抽象法律概念的比例的差异）不完全相同，但是它们都是立法者按照一定的逻辑层次与体系框架在一部成文的法律文件中安置的调整同一领域的法律规范，是内在无矛盾的抽象法命题的综合体，如《法国民法典》第五条规定："审判员对于其审理的案件，不

---

〔1〕 See F. A. Hayek, *Law, Legislation and Liberty: A New Statement of the Liberal Principles of Justice and Political Economy*, Routledge, 2012, p. 5.

〔2〕 江平编著：《西方国家民商法概要》，法律出版社 1984 年版，第 26 页。

得用确立一般规则的方式进行判决。"〔1〕该条规定实际上预设了依靠人的理性构建的法典能够解决各领域的社会问题因而是万能的，不需要法官再度进行解释或填补漏洞，法官只需如自动售货机一般以三段论的演绎法就可以在司法裁判过程中解决争端。

当然，在民商事法律制度的形成中经验理性与建构理性并非绝然对立的，某种程度上二者也存在着不同程度的融合。即使是高度依赖建构理性的《法国民法典》并未承认习惯的法源地位，也有少部分条款的实质内容取材于习惯（如第六百六十三条关于地役权的规定），这实际上一定程度上承认了经验理性的补充作用。《德国民法典》在法典风格上不同于《法国民法典》，它深受以萨维尼为代表的历史法学派的影响，使用了大量的抽象法律概念特别是"善良风俗"等，事实上为法官预留了针对社会情势变迁运用经验理性填补规范与事实之间的差距的空间。〔2〕而《瑞士民法典》第一条明确了习惯属于法源之一，〔3〕承认了成文法的局限性，具有调和建构理性与经验理性的折中主义倾向。此外，在普通法系国家的民商事法律制度演进中，也存在着建构理性的运用，除判例法、衡平法外，普通法系国家如英美等国在物权、契约、信托、代理、侵权、亲属关系与继承等领域亦有着相当数量的非法典化的成文法，例如信托制度最早源于英国的衡平法上的用益权制度，到了二十世纪则经由一系列成文法转化为体系化的信托制度。普通法系国家中的美国则是一个较为特殊的存在，一方面美国继受了英国民商事制度里的判例法、衡平法，另一方面由于联邦和州分别拥有独立的立法权，个别历史上曾受法国或西班牙殖民过的州形成了独特的大陆法系传统，也会进行民法典编纂（如《路易斯安那民法典》），而联邦层面则在二十世纪早期诞生了《美国统一商法典》，该法典深受卢埃林法律现实主义思想影响，立法者以反对形式主义、强调法典的灵活与开放、承认固有法等反建构理性的方式赋予了法典化命题以崭新的内涵。

---

〔1〕《拿破仑法典（法国民法典）》，李浩培等译，商务印书馆1979年版，第1页。

〔2〕参见何勤华主编：《大陆法系及其对中国的影响》，法律出版社2010年版，第48—49页。

〔3〕《瑞士民法典》中规定的适用习惯法的条件是争议事项属于民法典的调整范围，但是缺乏相关条款，并且任何联邦或州的法律中也缺乏相关条款，即在"法源耗尽"的情形下不得不适用习惯法。See Ernest J. Schuster, "The Swiss Civil Code", *Journal of Comparative Legislation and International Law*, Vol. 5, No. 4., 1923, p. 220.

古代中国先哲并未对经验理性与建构理性作出专门的哲学表述或者系统论证，但他们在论证国家治理、伦理秩序等问题时往往会兼及认识论问题，如孔子强调"学而知之"，朱熹提出"格物致知"，诚如金岳霖教授所说："中国哲学家都是不同程度的苏格拉底。其所以如此，因为道德、政治、反思的思想、知识都统一于一个哲学家之身；知识和德性在他身上统一而不可分。"〔1〕总体而言，中国古代先哲在认识论方面的确更偏向于实践性、经验性的认知方法，与经验理性具有部分的相似性，也与西方哲学语境中的经验理性存在一定差异，中国古代思想的认识论与伦理问题、政治问题、道德问题难以分割，这对于中国古代的司法裁判有一定影响。在一般人看来，中国古代多以成文法典为主，似乎与经验理性相去甚远，但在"礼刑合一""诸法合体"历史语境下，以《唐律疏议》为代表的中国古代法典不仅具备制裁犯罪、维护社会秩序的直接功用，更是承载了道德教化、维系政治秩序的使命，因而中国古代的法典编纂并非主要出于建构理性的人为主观制度设计，而是在整合儒家经义、不同时期的法典、本朝的政令等多种立法资源的基础上偏经验理性的产物，往往具有集思广益、借鉴前人立法成果且不断完善的特性。偏经验理性的思维特征并不妨碍古代中国各朝代统治者制定法典的历史实践的延续以至于形成了某种"法典情结"，偏经验理性的思维特征与法典编纂实践在古代中国同时在场并相得益彰。

在中国被迫启动现代化进程之后，我国近代开启的民法典立法实践开始受到西方舶来的建构理性的影响。在清末至民国的"救亡语境"下，面对日益深重的民族危机与本国内部现代性匮乏的局面，部分先进国人为了挽救民族危亡开始反思中国传统经验性思维的局限，试图引入基于逻辑演绎的思辨哲学，希冀借助建构理性的制度设计与意识形态宣传在"亡国灭种"的压力下尽可能快速汇集各项现代性要素以加速中国的现代化进程。自清末开启的民法典立法实践无疑承继的是中国历史上既有的法典化实践及"法典情结"，但随着欧陆私法知识的引入，立法者对建构理性的依赖开始上升。尽管此种上升很大程度上是通过大规模法律移植的方式，以至于在移植过程中产生了一系列问题，诸如未能充分处理好固有法与继受法的关系（《大清民律草案》在人身法领域保留了过多的封建礼教习俗），未能实现沟通国家法律与民间规

---

〔1〕 冯友兰：《中国哲学简史》，涂又光译，北京大学出版社 1985 年版，第 14 页。

范的互联互通（《民国民律草案》删除了《大清民律草案》的"法例"一章），[1]或是大规模引入域外立法资源却忽视了对本国固有法的有效吸收（如《中华民国民法》的主要内容都是取自外国法）。[2]相关问题并不能掩盖建构理性的正向价值，它是中国现代化进程中民法典编纂乃至政治法律制度建设的思想基础，尽管体现在清末—民国时期民法典立法实践中的建构理性思维未能和当时主导的"否定的现代性"有效结合，因而最终没有促成独立自主的民族国家的建立，但建构理性思维的引入为新中国成立后特别是改革开放以来的各项现代化建设尤其是民商事法律制度的完善奠定了重要的思想前提。需要指出的是，清末—民国的民法典立法实践对建构理性依赖度的上升并不能说明经验理性的作用就完全消弭了：一方面这一时期的民事习惯调查一直作为民法典编纂的准备工作而存在，此类立法型的民事习惯调查主要包括清末立法者为制定《大清民律草案》所作的调查与民国时期立法者为制定《中华民国民法》所作的调查，由于政权更迭、法律移植等原因，这一时期的民法典文本对调查得来的民事习惯资料的汲取、吸收十分有限，但注重本国法律实践经验的方法却得以沿袭；另一方面，从法典内容上看，《大清民律草案》与《中华民国民法》均在第一条规定了习惯具有补充性法源的定位，从而一定程度上使得源于经验理性的民商事社会实践能够弥补主要源于建构理性的民法典的不足。

新中国成立后至改革开放前，建构理性的地位进一步上升，而经验理性的作用则相对受到压制，这重点表现为高度集中的计划经济体制下一切生产活动都要服从于上级政府部门的统筹调度，政治法律的制度设计与运行都旨在推行由中央到地方的治理目标，这一时期的两次民法典编纂的尝试也与意识形态塑造、计划经济体制的建立、社会主义公有制改造等治理目标相互联系，同样具有强烈的建构理性特征。改革开放以来我国转变为"肯定的现代性"占据主导，民商事法律制度作为服务于市场经济、商品活动的规范得到了长足的发展，建构理性依然在指引民法典立法实践上发挥主导作用，但经验理性的作用得以提升，并且在新的历史条件下与建构理性形成了良性的

---

〔1〕 参见张生：《民国〈民律草案〉评析》，载《江西社会科学》2005 年第 8 期。

〔2〕 民国时期著名法学家吴经熊先生曾一针见血地指出，如果拿《中华民国民法》和《德国民法》、《瑞士民法典》等域外民法典比对的话，可以发现百分之九十五的内容都可以找到相应出处。参见吴经熊：《法律哲学研究》，上海法学编译社 1933 年版，第 27 页。

沟通。

首先，建构理性在指引改革开放以来的民法典立法实践上依然发挥着主导作用。不论是当下正式施行的民法典，还是民法典施行前的若干部重要的民事单行法（《合同法》《物权法》等），立法者基本都是通过运用"一般/抽象—具体/个别"的立法方法主观构造出能够融概念、原则、规则于一体的法典体系或法律体系，从而使得民商事法律制度能够摆脱对单一情境的依赖，能够在一段时期稳定地适用于同一类型的情境，即使该情境在同一时刻有着不同的变体。例如民法中有关无因管理的规定是以化约无因管理情形中的细节差异为前提，有助于法官类型化地把握无因管理的主客观要件，以保持相关规则适用的稳定性。

其次，经验理性在改革开放以来的民法典立法实践中也起到重要的补充作用。表面上看，改革开放以来的历次民商事立法活动基本上是建构理性发挥主导作用，但是如果将历次民商事立法活动串联起来，我们会发现民法典颁行前民事单行法的立法实践具有"成熟一个，制定一个"的经验理性特征。民事单行法的立法实践具有经验理性特征的原因在于改革开放的启动就是对此前"以阶级斗争为纲"、计划经济体制主导的社会秩序的全方位变动，而现代化转型不可能是一蹴而就的，伴随着市场经济的发展、商品活动的繁荣、社会自组织力量的强化以及权利文化与法治观念的兴起，配套的民商事法律制度需要不断汲取来自实践的经验反馈，因此必须要接收来自经验理性的有益补充。此外，经验理性的补充在民事单行法时期还反映为民事单行法对民事习惯的容纳上，如《合同法》第二十六条规定了不需要通知的承诺可根据交易习惯生效。民法典的编纂本身就是对此前民事单行法内容的汇集、整理、统合与加工，它既非从无到有式的主观建构，也不是对既有民事单行法的简单汇编，而是有效融合建构理性与经验理性的产物：一方面，在建构理性的指引下，立法者在体系设计与规则设置上追求法典体系的内在逻辑统一性，致力于消除原有民商事法律规则之间的矛盾、冲突。另一方面，更为重要的是经验理性的补充作用。民法典的编纂相当程度上是对改革开放以来立法经验的归纳、总结，而自2015年启动的民法典编纂工作穿插了大量的立法调研、论证会、咨询会、听证会。同时，民法典也将习惯要素以直接或间接的方式纳入其中，前者主要指民法典明确规定了习惯要素的适用情形，常常带有"习惯""交易习惯""当地习惯"等语词，相关规则以明确习惯要素的法源地位（如《民法典》第十条有关习惯的法源补充作用的规定）、厘清模糊概念或填补漏洞（如《民法典》第五百零九条有关履行诚信原则应遵循交易习惯的规定）、确定法律事实（如《民法典》第三百二十一条有关法定孳息归属的规定）为目标；后者则是指的法律条文未使用"习惯""交易习惯"等标识习惯要素的字词，而是根据社会秩序和价值共识的变迁，将事实层面的习惯改造为具体的法律规范，从而保证民法典的编纂能够及时呼应当前社会道德观念的演进，例如《民法典》第一千零八十八条有关家务补偿权的规定、第三百六十六条有关居住权的规定等。[1]

最后，改革开放以来的民法典立法实践中的建构理性与经验理性一定程度上形成了良性的彼此沟通、相互促进的关系。历时性维度的历次民事单行法制定仰赖于社会转型时期的法治秩序需求与法制实践经验的反馈，而民事单行法的制定本身却依靠立法者建构理性的运用，因而每次的民事单行法制定都是兼容经验理性与建构理性的结果。在"成熟一个，制定一个"的立法策略实施过程中，立法者将运用建构理性的结果不断累积为宝贵的立法经验，从而在全新的民商事立法实践中发现前期立法的缺陷与不足并及时更正，能够更精准科学地运用建构理性，这为民法典的形式完备与内容完备奠定了基础。例如我国在 1995 年制定了《担保法》，但囿于法律体系的不完善，《担保法》并未规定抵押权的追及效力，这使得对抵押权人的权益保护存在明显的制度漏洞，随着《合同法》《物权法》的陆续颁行，抵押权的追及效力问题仍未得到有效解决，直到《民法典》第四百零六条规定了抵押人可以自由转让其抵押财产并需及时履行通知义务，抵押权的追及效力问题才得到解决。

需要特别说明的是，建构理性与经验理性仅是当代中国民法典立法实践过程中立法主体的思维趋向，属于立场形成机制中最为基础的因素，它们可以派生出更为具体的立法机制并由该机制予以表现，如狭义立法技术中的"法律文本结构安排、法律语言文字表述构成的立法起草技术"[2]主要体现的就是建构理性的作用，如立法程序中立法前的立法规划也具有建构理性的意涵，而立法程序中的立法调研、立法听证就指向经验理性。

---

〔1〕 参见宋菲:《重视〈民法典〉中的习惯要素》，载 sscp. cssn. cn/xkpd/fx_20156/202011/t20201118_5218502. html，最后访问时间：2020 年 11 月 18 日。

〔2〕 魏治勋、汪潇:《论地方立法技术的内涵、功能及科学化路径——基于当前地方立法现状的分析》，载《云南大学学报（社会科学版）》2019 年第 1 期。

在民法典已经正式颁行的背景下，未来中国民法典的完善以及其他部门法领域的法典化仍然面临着有效沟通西方思想史及法治语境中的建构理性与经验理性、沟通从中国本土思想脉络及法典编纂实践延伸出的经验理性和建构理性以及沟通中西立法实践及法律思想的重要任务。虽然古今中外的法治实践对上述范畴的处理为我们提供了宝贵的历史经验，但是现代性的重要特性就在于某种意义的"断裂性"，即既有的历史经验不能完全支配当下及未来，民法典立法实践所面对的时代环境的变迁需要我们探寻更加合理的渠道以处理上述范畴：

其一，建构理性与经验理性从思想史上看在西方语境中各自有着独立的发展轨迹，但是二十世纪以来在二者各自主导下的法治进程都出现了一些问题，如普通法系国家中的垄断经营现象、部分大陆法系国家中的极权主义势力上台（如纳粹德国）等，建构理性与经验理性随之在各国的法治建设中呈现出互相借鉴的态势。英美法系国家尤其是美国二十世纪以来的成文法制定明显增多，大陆法系国家也不断汲取英美法系程序法的原则、理念。此种互鉴在西方哲学领域中的对应概念就是由法兰克福学派代表人物哈贝马斯提出的"沟通理性"，沟通理性强调主体在不受权力支配的情形下平等尊重，互相交换意见，通过以理服人的方式达成共识并以此为依据构建社会秩序。[1]在沟通理性观照下经验理性与建构理性完全可以通过平等对话以克服自身的劣势，沟通理性的思维方向同样为中国的法治建设特别是民法典立法实践提供了思路指引。事实上民法典制定过程中立法机关通过互联网平台广泛征集建议、组织社会听证、召开大量专家论证会并最后由全国人大讨论表决通过在一定程度上也体现了沟通理性的向度。但是沟通理性或称商谈理性本身就有着理想情境的色彩，它源于西方思想脉络并且也受到同时代思想家如主张系统论的卢曼的批判，未来中国民法典的完善或者其他领域的法典化同样需要处理西方思想脉络中经验理性与建构理性的关系，但是二者关系的处理不能完全照搬西方思想脉络中的沟通理性或系统论或其他相关理论，尽管它们都旨在克服单一化建构理性或经验理性的不足。我们需要结合中国自身国情并根据立法实践所需处理源自西方思想脉络的经验理性与建构理性的关系，为之赋予民族性、独创性的处理思路，当然这一思路并不排斥类似于沟通理性、

---

〔1〕 参见谢晖：《法治的道路选择：经验还是建构？》，载《山东社会科学》2001 年第 1 期。

系统论等西方式处理思路的再度转化与加工。

其二，未来民法典的完善及其他部门法领域的法典化实践还需处理好从中国本土思想脉络及立法实践延伸出的经验理性与建构理性的关系。中国古代思想类似于西方语境中的经验理性，但是依然是存在差别的，中国古代思想本质上更加具有经验性特征，理性化程度相对低一些，偏经验性的思维特征导致中国古代的立法与司法夹杂了大量的道德、情感、伦理、礼仪等非法律性的因素并且民刑不分、诸法合一，因经验性思维与经验理性的相似性，近现代中国的民法典立法实践也受到影响，特别是改革开放以来的民法典立法实践呈现出随着社会发展不断演进的特征，并且民事习惯和社会风俗也不同程度地被纳入民商事法律制度。在建构理性的指引下，改革开放以来随着中国民法典编纂技术不断成熟，我们最终建构出相对而言内容全面、体系完备、逻辑统一、规则基本无矛盾的民法典，为了在民法典立法实践中有效实现经验理性与建构理性的衔接，立法者要革除传统的经验性思维过多引入非理性因素的弊病，同时避免过度依赖建构理性，这对于其他部门法领域的法典化实践也是适用的。

其三，中国与西方在其思想脉络及民法典立法实践当中对经验理性与建构理性关系的处理也可进一步沟通与对话，当代中国的法治建设的理想图景是达到古今中外一切优秀立法资源会通的境地，中国是后发现代化国家，民法典立法实践的后发却可能转化为我们特有的"后发优势"，立法者从而能以主动的姿态审视早发内生型现代化国家的民商事法律制度形成的经验与教训，也可以同时观察其他后发外生型现代化国家法制建设是如何处理经验理性与建构理性的关系，最终形成一个独特的民法典立法范例乃至于法治模式。

二、政府主导与社会推进

后发国家基本都是在政府主导下通过自上而下的方式推进现代化进程，民法典作为制度现代化的重要标志，其编纂工作的推进也是由政府组织相关人员出国考察法制、调查本国民俗、聘请外国专家、利用本国法学精英的智识，社会推进则是对政府主导的民法典编纂工作的辅助。如日本在明治维新时期启动的民法典编纂工作始终是以司法省、外务省或直属内阁的"法典调查会"为领导力量，最后由帝国议会审议通过，在此过程中吸收社会各方力量参与，其中如本国法学精英穗积陈重、法国法学家保阿索那特等。[1]一战之后土耳其共和国的新政府在其政治领袖凯末尔的带领下，以《瑞士民法典》为范本制定了《土耳其民法典》。[2]

早发国家如德国、法国等大陆法系国家的民法典编纂过程中同样也是政府力量占据主导地位。《德国民法典》的编纂工作主要由联邦委员会任命的起草委员会负责，最终由联邦议会、帝国国会通过。[3]《法国民法典》的编纂则是法国大革命之后，由担任第一执政的拿破仑任命的民法典起草委员会负责完成草案，最终由参政院和立法会议通过。[4]与大陆法系国家中后发国家相比，早发国家的民法典编纂中社会推进的辅助效用相对突出一些。《德国民法典》制定的时代背景是德国快速由农业国转变为工业国、德国基本实现统一且启蒙思想在德国传播，因此《德国民法典》在制定前经历了漫长的理论交锋的过程，其中不同流派的法学家的争论为法典的编纂（典型如萨维尼和蒂堡的辩论）奠定了充分的思想根基，法典草案也收到了社会各界的意见。表面上看《法国民法典》是法国大革命的社会成果的直接转换，但法典制定前的土地私有化进程的推进与资本主义工商业的发展、启蒙思想的广泛传播、中央集权制政府对各地习惯法的归纳与整理却为法典的诞生提供了极为重要的社会基础。[5]早发国家中的普通法系国家如英国、美国等国虽然缺乏政府主导下的民法典的编纂，但是其通过判例法的生产机制，即"对抗制所提供的理性争辩的平台和机制，陪审制曾经提供的对民间法的吸纳机制，加上遵循先例原则所提供的对过去先贤智慧的借鉴机制"，[6]促使英美等国的民商事法律制度成了一种融合专业性与民主性的制度体系。英美法对多种规范渊源的包容使得民商事法律制度具有开放性、连续性并受到民众社会实践与法律精英人士的共同塑造，从而呈现出较为突出的社会推进特点。由此，可以看出从后发国家到早发国家，再由大陆法系国家到普通法系国家，社会推进在

---

[1] 参见何勤华、曲阳：《传统与近代性之间——〈日本民法典〉编纂过程与问题研究》，载《清华法治论衡》2001年第1辑。

[2] 参见刘雁冰：《伊斯兰民法之基石：土耳其与埃及民法典》，载《西北大学学报（哲学社会科学版）》2014年第4期。

[3] 参见由嵘主编：《外国法制史》，北京大学出版社2000年版，第201页。

[4] 参见刘春田、许炜：《法国民法典制定的历史背景》，载《法学家》2002年第6期。

[5] 参见刘春田、许炜：《法国民法典制定的历史背景》，载《法学家》2002年第6期。

[6] 李红海：《普通法的内在机制与社会经济发展》，载《比较法研究》2017年第6期。

民商事法律制度形成过程中的作用是逐步上升的，社会推进占据主导地位的国家基本都是缺乏民法典编纂的普通法系国家，这一点在早发国家中的普通法系国家显得尤为突出，而大陆法系国家当中不论早发还是后发，民法典立法实践中基本都是政府主导。

后发国家中的大陆法系国家的民法典编纂往往是社会发生变动之前，立法者意图通过施行全新的民商事法律制度加速本国的现代化进程。民法典作为具有法定效力的成文法典是建构理性的重要体现，其起草、修改、表决通过乃至正式公布与颁行都需以公权力为依托，所以政府主导的特性较为明显，不论后发与早发，这是所有大陆法系国家法典编纂活动的共通属性，但大陆法系国家中的后发国家相比于早发国家在民法典立法实践中更为突出政府主导的作用。

早发国家中的普通法系国家的民商事法律制度主要是社会逐步演进的产物，民族国家内部的现代性因素特别是经济因素的不断成长导致上层建筑的调整。普通法系国家中的早发国家如英国、美国的民商事法律制度的形成主要依靠的是包括法律精英、普通民众在内的社会各方力量的共同推进，虽然最后依然需要以政府为代表的国家权力机关的背书，但是社会推进的主导地位十分显著，政府力量主要发挥辅助性作用。值得注意的是，普通法系国家中也有后发国家如印度、马来西亚，这类国家的数量不是很多，其民商事法律制度的形成却具有阶段性差异，早期通过法律移植的方式引入普通法后形成民商事法律制度架构，此一阶段政府主导的作用更为突出，而后随着摆脱殖民后建设民族国家的需要，这些国家的立法者开始逐步在普通法体系内吸纳本地的因素，社会推进的重要性上升，但是远未达到如普通法系国家中的早发国家中社会推进占据主导地位的程度。

中国自古以来就有着制定法典的传统，在礼法融合、家国同构的社会运行模式下，官方主导制定的法典编纂活动与民间对法典内容的伦理化理解相互促进。换言之，中国古代的法典制定中也是政府占据主导，社会推进发挥辅助作用，主要表现为民众配合法典执行与参与法典内容的文化意义、价值共识的形成。在古代法典传统与近代被迫启动现代化进程的影响下，作为后发国家的中国在民法典编纂上将大陆法系国家作为主要的学习对象，因而在民法典立法实践中也是政府占据主导地位，社会推进居于辅助地位，然而这种辅助作用的发挥在改革开放前一度受到压制。清末—民国时期的中国经历了国体政体的更迭，民法典编纂活动的主导力量始终都是政府，从晚清的修订法律馆到北洋政府的法律编查会再到国民政府立法院成立的民法起草委员会，这些官方机构通过吸纳外国法律专家协助、组织本国法律精英起草法典文本、发起民事习惯调查、考察外国民商事制度等方式在较短时间内形成了法典文本，社会各方力量的参与主要是配合官方从事相关立法工作。清末—民国时期民法典编纂过程中社会推进的辅助作用受到压制的原因有很多，关键在于近代中国民族资本主义经济发展程度十分有限，除少部分大城市外，大部分中小城市和乡村地区的现代化程度也较为低下，此外国内战乱动荡不断，也缺乏稳定的社会环境。新中国成立后—改革开放前的两次民法典编纂工作都是由全国人大常委会领导和组织，而后因政治运动先后被迫中止，这两次编纂尝试中的社会力量的推进作用也较为缺乏，这主要源于当时中国施行高度集中的计划经济体制，缺乏支撑私法规范运行的商品经济活动，各方社会力量也被纳入自上而下的政府管理体系。

改革开放后我国的民法典立法实践逐渐步入正轨，社会推进的辅助作用也逐步凸显。尽管1979年与2002年的民法典编纂均因时机不成熟或认识不统一等原因最终未能成型，但在"成熟一个，制定一个"的渐进式的立法策略指引下，我国终于在实质意义上构建内容完整、覆盖全面的民商事法律规范体系，在这一过程中政府力量仍然占据主导作用，主要表现为各民商事单行法仍是由全国人大及其常委会领导制定，但社会主义市场经济的发展、社会生活日趋多样化和自组织化、权利观念与法治观念的深入人心和广泛传播等因素使得社会推进有所体现：社会各界积极就立法的完善建言献策，其中法学专家、法律实务精英的作用尤为突出，而各类司法判例的大量涌现更是帮助立法者能够发现单行法的缺陷或漏洞，从而在新的单行法制定中避免类似的错误。自2015年我国正式启动民法典编纂工作至2020年民法典颁布，各编草案的制定工作也都是在政府主导下完成，但是社会推进的辅助作用也有相应体现，社会各界参与民法典立法实践的广度、深度也较此前民事单行法时期有较大幅度的提高。

近代中国的民法典立法实践受大陆法系国家影响较深，加之后发国家的定位，清末—民国时期中国的民法典立法实践中政府主导的作用尤为突出，社会推进的作用稍显薄弱。不仅与德国、法国、瑞士等欧陆国家相比，即便与同时期的日本相比，清末—民国时期中国的民法典编纂中的社会推进作用也是相对薄弱的。换言之，民法典立法实践中社会推进的辅助作用的发挥建立在该国的现代性要素有所积累的基础上，如民族国家的建立、全新生产方式的引入、政治法律制度的进步、伦理价值的革新等，完全没有或高度匮乏现代性要素都会不同程度地导致社会推进的辅助作用的削弱，而缺乏社会推进辅助的民法典编纂即使在强势政府的主导下展开，并在形式上满足了该国拥有民法典文本的诉求，民法典文本往往也难以转化为有效的制度实践（如《大清民律草案》），或者即便正式颁行也会与现实的实际需要产生龃龉（如《中华民国民法》），从而反过来抵消政府主导法典编纂工作的短期实效。新中国成立后特别是改革开放以来我国民法典立法实践中政府主导与社会推进的关系之所以能够取得一定平衡，关键在于我国民法典立法实践的展开是以独立自主的民族国家的建立为前提，并且"渐进式建构"的立法策略较好地融合了经验理性与建构理性，使得市场经济发展、思维理念更新、政治法律制度的进步与民法典立法活动能够彼此互动。当然，随着现代化水平的不断提升，作为后发国家的中国利用"后发优势"会逐步在某些领域实现对早发国家的"弯道超车"，同时我国民商事法律制度对普通法的借鉴不断增多，如信托制度在我国有了长足的发展，指导性案例制度也在深刻地塑造我国的司法实践，社会推进在民法典的完善及其他领域法典化实践中的作用会更为显著。

三、精英立法与民众参与

精英立法与民众参与是个体层面对立法实践参与者的功能界定，与政府主导与社会推进并非完全的对应，即精英立法不完全对应政府主导，民众参与也不完全对应社会推进。其原因在于自人类文明进入现代社会，主权在民的理念形成了政府获取权力的合法性来源，立法权最终都是归属于人民。卢梭依托于公意的主权理论认为强力不能产生权威，只有共同的约定才能产生人间的一切权威。[1]洛克的人民主权学说则将国家权力的来源归于摆脱原有自然状态后的个体通过订立契约让渡部分权利，立法机关的权力来源于国家权力的授权，而国家权力来源于人类将按照自然法拥有的保护自己与同伴的

---

〔1〕　参见［法〕卢梭：《社会契约论》，何兆武译，商务印书馆 1980 年版，第 14 页。

生命、自由或财产的专断权力的放弃。[1]虽然在代议制民主还是直接民主的问题上卢梭与洛克的理念有所差别，但立法权源于人民主权的理念无疑是共通的，这意味着现代社会中精英与民众是相对的，二者是可以相互转化而非对立的，因此不能狭隘地认为立法权归属于精英、民众的任何一方，我们需要从功能维度谈论现代社会中精英、民众对于我国民法典立法实践的作用以及如何协调二者的关系。

从表象上看，包括民法典在内的古今中外重要法典的制定基本都是少数精英主导的，民众似乎是被法典内容规范的对象。古代如《汉谟拉比法典》《查士丁尼法典》《唐律疏议》，近现代如《法国民法典》《德国民法典》《瑞士民法典》等法典或者是由国王、皇帝等政治领袖领导制定，或者是由代议机关授权相关的法学专家、立法精英起草，或者由宗教神权加持下的神职人员赋予权威性。然而，古代社会与现代社会的一个重要差别就体现在精英的内涵及其与一般民众的关系上。从常见的语义上看，精英指的是在财富、智慧、权力等领域胜过一般民众的个体集合，这一点是古今中外共通的，而古代社会的精英往往特指社会等级结构中处于高位的阶层，精英地位的取得不依赖于个体的选择，而是先在地取决于既定的事物的本质、神的意志、血缘的亲疏。正如泰勒所说，古代社会的荣誉"内在地与不平等相关联"，[2]因此，古代社会被嵌入社会等级结构中的精英与民众有着固定的阶层、角色、地位，彼此极少产生流动或交换或者即使个体层面有阶层、角色、地位的互换也是以维持等级制的社会秩序结构为前提。国内有学者将秦大一统以后的封建社会视为超稳定系统的形成、建立、受冲击、成熟与慢慢陷入僵化。[3]因此，在古代社会精英与民众分属不同阶层的情形下，法典制定更多是精英阶层的专属事项，而民众更多是被法典内容规范的客体，民众很难以主体姿态参与到法典编纂中。例如古罗马的私法制度虽然是现代民法规范的源头，其具体私法规则的形成主要依靠的是裁判官、执政官、法学家等法律精英，而这些法律精英多半出身贵族阶层，即便少部分精英出身于被解除奴隶身份的自由民阶层，也改变不了奴隶阶层被排除出主体范围的等级制的社会秩序

---

〔1〕 参见［英］洛克：《政府论》，叶启芳、瞿菊农译，商务印书馆 1964 年版，第 83 页。

〔2〕 ［加］查尔斯·泰勒：《本真性的伦理》，程炼译，上海三联书店 2012 年版，第 57 页。

〔3〕 参见金观涛、刘青峰：《兴盛与危机：论中国社会超稳定结构》，法律出版社 2011 年版，第262 页。

结构，在罗马法中奴隶主要被视为物。

现代社会的重要特征之一就是个体从社会等级结构中解脱而形成了以平等认同为核心要素的社会秩序。在平等认同的影响下，个体之间的承认与个体自我的身份认同变得十分重要，"这些社会安排和行为模式在某个意义上可以嬗变由人"，[1]先在的社会秩序不再具有合法性，包括立法权在内的政治权力合法性来源只能是抽象意义上全体社会成员的共同约定及授权。因此现代社会的精英不再是阶层化，主要是功能性的，政治、经济、文化等领域的精英在横向的社会分工下参与国家治理、生产经营、文娱创造等活动。其精英地位的取得源于社会全体成员拥有选拔精英标准的共识以及对某类精英在社会分工体系中作用的认可，精英与民众毋宁在一定条件下或不同情境中是可以相互转化的，同时精英并不必然直接参与政治。帕累托区分了现代社会中执政的精英与不执政的精英[2]（下文称作执政精英与社会精英），社会精英亦可与普通民众合作以辅助民法典编纂，普通民众也能通过选拔或选举成为立法工作者、职业政治家参与立法进程，所以精英立法与政府主导不完全吻合，民众参与和社会推进不完全对应。因而虽从表象上看，现代社会的民法典编纂主要是由政府当中的立法工作者、民选政治代表、杰出政治家主导以至于部分民法典直接冠以政治人物的姓名如《拿破仑法典》，但受制于人民主权的建政原则与平等认同的社会秩序，执政精英只能是作为人民意志的"传声器"（直接民主）或人民的代表（间接民主），与民众复归一体。在这个意义上，近现代各国民法典的起草、修改、颁行是由执政精英主导的，而这些精英都是经由民主程序合法产生，因此精英立法在一定程度上等同于民众立法。可是考虑到代为行使立法权力的执政精英在传递人民意志、反映民众利益诉求时可能因个人偏见、权力寻租等因素不恰当运用权力，因此，需要在执法精英行使立法权力的过程中收集立法建议、召开听证会、组织人员广泛调研等，以直接吸纳社会公众的诉求与社会精英的意见，实现对行使立法权力的执政精英的纠偏。

综上，精英立法与民众参与不是简单的等同关系或主导、辅助的关系，

---

〔1〕［加］查尔斯·泰勒：《本真性的伦理》，程炼译，上海三联书店2012年版，第6页。

〔2〕参见［意］帕累托：《普通社会学纲要》，田时纲等译，生活·读书·新知三联书店2001年版，第298页。

而是要在区分问题层次的前提下对二者关系予以定位：从形式上看，最狭义的精英立法仅指执政精英主导的立法过程，如果满足相应标准及程序，精英立法就等同于民众参与得以实现，这建立在选拔或选举执政精英的标准及民主程序被严格执行的基础上；从实质上看，执政精英运用立法权力存在一定局限性，需要社会精英的协助与民众参与的纠偏，广义层面的精英立法包括了社会精英的参与，该层面的精英立法具有主导性，民众参与居于辅助地位。

中国古代并不存在精英立法与民众参与的协调问题，因为中国古代存在着以血缘为纽带的伦理秩序，君主是拟制意义上所有臣民的"家长"，以士大夫为主的精英阶层与从事农工商的普通民众有着不同的社会分工，前者治人，后者治于人，士大夫从政也相当于君主之下的一级"家长"，中国古代法典基本是由官吏编纂，最后以君主凭借其权威发布，再由官吏执行，民众完全是被法典规范的对象，"夫生法者，君也；守法者，臣也；法于法者，民也"。[1]近代中国的民法典编纂主要是在形式层面确立了最狭义的执政精英的选拔标准及程序，却缺乏实质层面社会精英与普通民众的立法参与，清末—民国的民法典编纂工作都是由政府委任少数立法专家操作，如编纂《中华民国民法》的南京国民政府立法院的人数规模更是长期维持着不足百人的规模，社会精英与普通民众几乎被排除于立法进程之外。[2]即便到了南京国民政府统治后期，"1947年《中华民国宪法》颁布之后，立法院以普选的方式，大幅增加了立法委员的额数，在形式上开启了立法的民主化进程"，[3]但实质层面国民党政权因军政、训政时期执政惯性仍然排斥社会精英、普通民众参与国家治理的诉求，乃至于变相地化身为大地主阶级与资产阶级买办集团的代理人。

新中国成立后在中国共产党的领导下，全体国民参与国家治理的积极性得到充分调动，我国不仅建立了人民代表大会制度以选举具有"人民性"的立法精英，还进一步建立了中国共产党领导的多党合作与政治协商制度广泛吸纳各方面的社会精英进行立法协商，更为重要的是基层群众自治制度促使普通民众得以自我管理、自我教育、自我服务、自我监督，起到了民主训练的功能，广大公民提升了自身的政治素养。因此，新中国成立以来的立法形

---

〔1〕 李山、轩新丽译注：《管子》（下），中华书局2019年版，第699页。

〔2〕 参见《立法院近闻汇志》，载《法令周刊》1930年第1期。

〔3〕 徐骏：《南京国民政府立法院的精英性及民主转型——以立法委员为中心的考察》，载《暨南学报（哲学社会科学版）》2013年第11期。

成机制有效融合了执政精英、社会精英、普通民众，不仅确立最广义的精英立法，还合理容纳了民众的直接参与，从制度根源上保障了社会精英、普通民众的主体地位。人民当家作主的制度优势使得我国改革开放以来的民法典立法实践呈现为广义层面的精英立法，并逐步将民众参与纳入其中，一定程度上形成精英立法主导与民众参与辅助的新局面，主要体现为以下三点：其一，全国人大及其常委会主导了民法典立法实践的具体工作，改革开放以来的三次民法典编纂工作的启动与展开都是由全国人大及其常委会负责，而全国人大代表、立法工作者作为立法实践的直接参与者是按照严格的选举或选拔的标准与程序产生的。其二，全国政协汇集了社会各领域作出卓越贡献、具有突出才识的人士，政协委员虽不能直接参与立法工作，但是通过政协组织制度架构及与人大的沟通机制他们能够更为理性、专业、准确地反映社会各界的诉求，这种反映不单是召开两会时政协委员对民法典草案的讨论，如政协委员胡晓炼"建议在民法典草案关于借款合同相关规定中明确造假的责任"，[1]有着杰出才识的社会精英特别是法学专家更是可以凭借其政协委员身份通过立法建议、新闻采访、提供咨询等方式为民法典编纂提供重要协助，例如《民法典》总则编中"绿色原则"的引入及分则编中相关规定的设计就与政协委员吕忠梅的建言献策密切相关。其三，民法典编纂过程中最广义的精英立法能够提高立法效率、降低立法成本、克服公众意见表达的非理性与缺乏有序组织等弊端，但民众直接的意见表达则在一定程度能有效反映人民真实的立法诉求，实现对精英立法的校正与纠偏，从而使民法典的实质内容能够满足如艾森伯格所说的"社会命题"（social propositions）意义上的"社会一致性"（social congruence）原则。[2]改革开放以来，立法机关不断探索民众参与立法活动的方式，其中包括听证会、座谈会等《立法法》规定吸纳社会各界意见的方式，还包括立法机关与法学院校合作、专家咨询、委托第三方评估等创新方式。改革开放以来的民法典立法实践中民众参与立法活动的方式日益多元，深度、广度也在不断加强，特别是随着互联网、大数据等技术的发展，民法典编纂过程中立法机关借助网络平台向全社会发布立法信

---

〔1〕《胡晓炼：建议在民法典草案关于借款合同相关规定中明确造假的责任》，载 https://baijiahao.baidu.com/s？id=1667821746272450657，最后访问时间：2021 年 6 月 8 日。

〔2〕 See Melvin Aron Eisenberg, *The Nature of the Common Law*, Harvard University Press, 1988, p. 44.

息、征集立法建议。据统计，在 2019 年底完整的民法典草案颁布前，2014 年至 2019 年立法机关曾先后十次向社会公开征集立法建议，共有 425 600 多人提出了近 102 万条意见。[1]

人民代表大会制度具有代表来源的广泛性、贯彻人民意志的彻底性、密切联系群众等制度优势，我国的人民代表大会制度尊崇人民的主体地位，在民主集中原则指导下人大代表参与立法工作，这成为人民民主的重要表现形式，最狭义的精英立法因此在某种意义上等同于民众参与立法的实现。民法典各编草案经历了全国人大常委会的反复审议，最后才由全国人大审议通过，人大代表通过审议、讨论、表决等方式对立法工作的参与实际上就在为法典内容的形成赋予"人民性"，使民法典最终成为保障民众权益、反映人民意志的规范体系。然而毕竟中国是后发现代化国家，近代以来中国曾饱受内部动荡与外部入侵，大规模、成体系的民商事立法活动与社会现代化建设基本发生在新中国成立后特别是改革开放以后。因此我国在处理广义的精英立法与民众参与的关系问题上还有着一定不足之处，特别是还需要进一步调动民众参与立法活动的积极性，这方面我国相比于早发国家仍有一定差距。尽管随着公民法治素养不断提升，精英立法的专业性、理性化程度日趋显著，民众参与立法活动的方式也日益丰富，如何在精英立法主导下保障民众对立法活动的参与具有切实影响力并且将这种影响力合理引导，涤除其中的非理性因素，[2]仍是亟待解决的重要问题。

第三节　当代中国民法典立法资源选择处理的范畴

当代中国立法实践要全方面同步于现代化进程而不能与之逆反，这要求民法典立法内容符合当代中国社会发展的历史趋势与基本规律，立法者要在民法典立法资源选择上处理好传统资源与现代资源、本土资源与域外资源、

---

〔1〕　参见《人民网评：民法典是开门立法的好典范——2020 全国两会前瞻"奋进，中国的姿态"系列之五》，载 http://opinion. people. com. cn/n1/2020/0520/c223228-31716261. html，最后访问时间：2021 年 6 月 10 日。

〔2〕　新自然主义法学派代表人物塔玛那哈认为民主程序更多是形式法治上通过确定决策者来间接决定法律内容的一种方法，并不能在实质价值层面决定法律的好坏优劣。See Robert S. Summers, "A Formal Theory of the Rule of Law", *Ratio Juris*, Vol. 6, No. 2., 1993, p. 127.

民间规范与国家法律的关系，不能在这些范畴之间作出非此即彼的选择，而要吸取历史上特别是"否定的现代性"主导下立法资源选择失当的教训，准确处理各组范畴的关系。

当代中国民法典立法资源选择所需处理的三组范畴即传统资源与现代资源、本土资源与域外资源、民间规范与国家法律属于民法典立法实践的客体。卡西尔指出人文科学意义上的诸种概念本身则是由人类创造，后人对它的解读不仅需要揭露这些概念指向的文化现象，更重要的是重新诠释，结合当下语境把这些概念的产生原理再度呈现出来（卡西尔称之为所由出的生命的再度展现），因此人文科学概念的原生程序与理解程序毋宁是不能同时进行的。[1]立法属于社会科学的概念，虽然近年来社会科学大量借鉴统计学、数学、工程学领域的知识，但总体还是偏向于人文科学，民法典立法实践中主体与客体的现实不可分性与逻辑可分性意味着我们由客体反推主体对它的影响本身就已经是结合当下语境的一种诠释，此种诠释并不等同于主体对客体的实际影响：一方面主体对立法客体的实际影响掺杂着许多与立法无关的因素，需要予以剔除从而在理想情境中"还原"立法客体的样态；另一方面，仅仅剔除无关因素后"还原"立法客体的样态是不够的，因为渗透着主体既有影响的立法客体并不必然符合当下的需要，还需进一步反省立法主体对客体影响的合理性，进而适时调整处理传统资源与现代资源、本土资源与域外资源、民间规范与国家法律的方式，如此才能推动立法实践的现代化，这也是构成现代性思维根基的理性的必然要求，"理性只洞察根据自己的规划产生的东西，它必须以自己按照不变的规律进行判断的原则走在前面，强迫自然回答自己的问题，必须不让自己仿佛是被自然独自用襻带牵着走"。[2]

当代中国民法典立法资源选择中三组范畴彼此相关但不完全等同，传统资源与现代资源是以时间维度为标准区分出的立法资源，本土资源与域外资源是以空间向度为依据划分出的立法资源，民间规范与国家法律则是按产生方式的不同区分出的立法资源。传统资源、本土资源、民间规范三者之间不能完全画等号，民间规范基本可以被纳入本土资源，同样传统资源中有不少

---

〔1〕 参见［德］恩斯特·卡西尔：《人文科学的逻辑》，关子尹译，上海译文出版社 2004 年版，第 137—138 页。

〔2〕 ［德］康德：《纯粹理性批判》，邓晓芒译，人民出版社 2004 年版，第 30 页。

内容是本土资源的重要组成部分，但是传统资源还有着非本土的部分，民间规范与传统资源有着密切联系，但是民间规范还有着更偏向现代资源的部分，因此三者之间毋宁更多是交叉或包含的关系，现代资源、域外资源、国家法律同样也是类似的关系。这三组范畴的划分标准是不同的，因此需要分别予以探讨。

一、传统资源与现代资源

以时间维度为标准划分传统资源与现代资源并非将某个具体时间节点当作标准，即在该时间节点之前即为传统资源，在该时间节点之后俱为现代资源。譬如直接以 1840 年鸦片战争爆发为节点，将之前中国古代法律资源视为传统资源，1840 年后的民法典立法实践及经验视为现代资源，这样的处理方式显然是不合理的。现代性是反传统的权威但不是彻底抛弃传统，基于朝向未来的线性时间观与人的理性的现代思维模式要求任何传统的制度、文化、法律、语言须经过转换与改造，从而符合现代社会的价值理念，最终成为现代社会生活秩序的组成部分，正如吉登斯所说，"即使在最现代化的社会里，传统也并未在后传统秩序中完全消失"。[1]现代社会对传统法律资源的改造过程被美国著名比较法学家帕特里克·格伦称为对非正式法律传统俘获、重构与排斥，最终使得非正式法律传统转变为"不是作为过去的教义，而是作为当下对它的反应来看待"[2]。因而，在流动性的时间观念下区分民法典立法资源中的传统部分与现代部分的标准无法被精确为某个具体的时间节点，而是以过去和当下及未来的界分为标准，其中当下及未来的重要性超过了过去。[3]按照这一标准界分的结果是现代资源就有了明确的范围：立法主体"作为人

---

〔1〕［英］安东尼·吉登斯：《现代性与后传统》，赵文书译，《南京大学学报（哲学·人文·社会科学）》1999 年第 3 期。

〔2〕［美］帕特里克·格伦：《对"习惯"的俘获、重构和排斥》，魏治勋译，载《民间法》第十二卷，第 415 页。

〔3〕现代文化是一种个人主义文化，在这种文化中，人们既从继承的习俗中获得一定程度的自由，又被鼓励质疑权威和创造新奇，而在进步主义的思潮下人类历史上第一次正式否认过去的规范性，认为未来将与之背道而驰。See Lawrence E. Cahoone, *Cultural Revolutions：Reason Versus Culture in Philosophy, Politics, and Jihad*, Penn State University Press, 2005, p. 95.

世间的理性的拥有者、权利的承担者"〔1〕在立法活动中不受制于传统，根据当前的立法需求进行立法创构、法律移植或者对传统资源俘获、重构与排斥，就形成了民法典立法实践的现代资源，相对应的那些拟被俘获、重构与排斥的传统资源就是与现代资源相对应的传统资源。

　　在循环论时间观与尊崇三代的社会观念支配下的古代中国虽有法典编纂，但是前现代社会状态下不存在现代资源与传统资源的区别，更不存在对传统资源的俘获与重构，"祖述尧舜，宪章文武"的政治理想意味着传统作为一种教义支配着社会生活秩序及相应的法典编纂。只有在循环论时间观逐步被线型时间观取代，社会成员普遍形成"向前看"而非"向后看"的理念的情况下，立法资源才包括现代资源，立法主体才需要转化与改造传统资源。传统中华法系遭受现代文明的冲击时仍沿着既有的历史轨道延续到清末，直到我们遭遇的民族危机日益加深乃至面临亡国灭种的威胁时，国人才在器物—制度—理念的渐进性的转型历程中逐步认识到传统中国文明的不足与现代文明的价值，并迅速接受了一种朝向未来的历史发展观，清末以来民法典的百余年发展历程就是在"救亡叙事"、进步史观及线性时间观的综合作用下开启的。

　　清末以来立法者在民法典编纂过程中处理传统资源与现代资源的方式大致可以划分为四种类型，即生硬拼接、部分融通、部分否定、合理沟通，处理方式的类型演变表面上取决于不同时代的立法主体所追求的直接目标的变迁，但是其根本驱动力在于历史发展观念的作用，即当下的决定过去的，未来的引领当下的。从历史发展的角度看，传统的风俗、法律、习惯等立法资源根植于特定的历史语境，受到当时的经济、社会、文化等因素的影响，不论各个时代的立法主体是以哪一种方式处理传统资源与现代资源，其最终的处理结果都会变为"全新"的传统资源留待以后的立法者继续予以转化和改造。

　　首先，生硬拼接的处理方式主要体现在《大清民律草案》与《民国民律草案》的编纂过程中，其中尤以前者为代表。生硬拼接指的是民法典编纂主要利用了现代资源（主要是法律移植），同时与之相结合的传统资源却未经转

---

〔1〕［美］帕特里克·格伦：《对"习惯"的俘获、重构和排斥》，魏治勋译，载《民间法》第十二卷，第415页。

化与改造或改造、转化的不彻底。《大清民律草案》财产法领域的内容在外国立法专家的影响下大量吸收了包括德国、日本在内的资本主义国家的民法理论、基本原则，而人身法领域即继承、亲属两编则由本国立法精英按照"中学为体、西学为用"原则保留了许多具有封建主义色彩的礼教民俗，尤其是以家族本位、家长权威取代个人本位。《民国民律草案》沿袭了《大清民律草案》在财产法领域积极继受现代资源的特点，却在人身法领域更加趋于保守乃至于有所退步。造成两次民律草案编纂在立法资源选择上生硬拼接现代资源与传统资源的原因有共通之处，一方面两次民律草案编纂过程中立法主体都不约而同地主要通过大规模直接的法律移植继受现代资源，这是因为"否定的现代性"影响下不论清末还是民初时期的政府都意识到了传统中华法系不能适应现代社会的要求，必须对之批判、调整并引入域外资源；但另一方面囿于清末政府和民初北洋政府的历史局限性，前者以维护封建专制政权为目标，后者依赖派系林立的旧军阀的支持与妥协，它们均未能把握"否定的现代性"主导下的建构独立自主的民族国家的历史任务，因此前后两次民律草案的编纂难以实现对传统立法资源的扬弃，存在着反帝反封建的不彻底性，所以最终立法者对传统资源与现代资源的处理呈现出生硬拼接的特点。

其次，"部分融通"主要体现在《中华民国民法》的编纂中。"部分融通"指的是民法典编纂采用较为先进的立法理念进行立法创构、法律移植、改造与吸收传统资源，从而有效统合现代资源与传统资源，使之至少在一定程度上符合社会发展的现代化趋势。《中华民国民法》顺应了当时世界上民事立法潮流，以民商合一的立法体例统合财产法领域，以法律社会化原则平衡个人本位的立法理念从而统合总则编，以形式上趋于平等、自由的立法导向兼顾传统法律精神的方式统合人身法，例如《中华民国民法》在婚姻制度方面基本确立婚约自由，但仍对传统的事实婚与中表婚予以认可，[1]立法主体在民法典编纂中部分实现了传统资源与现代资源的融通。之所以说是部分融通，原因在于指引《中华民国民法》的意识形态即三民主义不能完全符合"否定的现代性"的要求，因为三民主义本质上还是服务于旧民主主义革命，存在反帝的不彻底性，这导致尽管《中华民国民法》的编纂引入了西方的现

---

〔1〕 参见翟红娥：《变革中的妥协——〈中华民国民法典·亲属编〉立法特点评析》，载《人民论坛》2013 年第 20 期。

代立法资源，如民商合一的体例、法律社会化原则等，却未能对从西方资本主义国家引入的立法资源再度进行批判与转化，立法创构十分有限，法律移植过多，只能是部分融通传统资源与现代资源。

再其次，"部分否定"主要体现在新中国成立后至改革开放前的民法典编纂中。这里的"部分否定"并非指否定民法典服务于国家现代化建设的制度功用，而是指否定传统资源的正向作用与现代资源的资本主义表达。1954—1956年与1962—1964年的两次民法典编纂尝试均是以摆脱封建传统礼俗与西方资本主义国家的民商事立法为目标，力图形成与社会主义公有制经济制度、高度集中的计划经济体制相匹配的民法新秩序，如1964年的民法典草案去除了侵权、继承等大量私法内容，增添了国家预算、税收等公法内容。此种不否定民法典制度功用但否定其立法资源选择倾向的做法是"否定的现代性"主导下的历史惯性的作用。实际上在新中国成立以后随着自主、独立的民族国家的建成，中国初步具备了"肯定的现代性"主导的历史条件，但囿于当时的国际政治形势和国内政治环境，"否定之否定"的历史转折被延缓至改革开放之后，但是新中国成立后—改革开放之前民法典编纂过程中立法者以"部分否定"的方式处理立法资源的结果最终也构成了一种传统资源，演化为一种强烈的立法主体意识，为之后的立法者所承继、吸收与转化。

最后，"合理沟通"主要体现在改革开放以来的民法典立法实践中，其中尤以正式启动民法典编纂为代表。既区别于通过单一的法律移植或继受传统法律资源后的生硬拼接，也不同于只通过资本主义国家的民法资源统合传统立法资源的部分融通，"合理沟通"指的是立法者在民法典立法实践过程中结合当下的社会发展需要，进而基于中国化的马克思主义意识形态在民法典立法实践中处理现代资源与传统资源的关系。换言之，立法主体在民法典立法实践中模糊法律移植、传统继受、立法创构的界限，最终将涉及社会生活特定形态之全部正义纳入一定数量的理性原则之中，立法者在并非严格演绎的意义上寻求法条之间的内在关联及其与外在物质世界的对应，所形成的民法典是"一种能够超出形式上的规则性和程序上的公平性而迈向实质正义的法律体系"。[1]以对"家庭"的规范为例，《唐律疏议》《大清律例》等中国古

---

[1] ［美］P. 诺内特、P. 塞尔兹尼克：《转变中的法律与社会：迈向回应型法》，张志铭译，中国政法大学出版社2004年版，第122页。

代法典中有着"户律"的专篇规定对家庭进行规范，传统家户制下家庭取代个人成为主要的承担义务与责任的法律主体，而个体尤其是女性个体的法律地位隐而不彰。近代的《中华民国民法》的亲属编通过赋予妻子以联合财产权、家事代理权等方式一定程度上贯彻了人格平等、个人本位等源自西方的民事立法理念。正如有学者指出，民国家制与传统家制的分殊在于个人的法律地位，传统家制强调家长的权威，个体从属于家族，强调个体的义务；民国家制强调人格平等，突出家长的义务。[1]我国现行的民法典则一方面承继传统家户制对家庭的整体性、互助性的强调，去除了专制主义与等级秩序的成分，例如《民法典》第一千零五十九条关于夫妻间相互扶养义务的规定；另一方面拓展了对于家庭的法律定位，而不单是对西方文明下家庭理念的复刻。近代《中华民国民法》试图以个人本位、人格平等的理念塑造新型家庭关系，其背景是当时的中国社会深受传统宗法伦理的桎梏。现行民法典则针对社会原子化危机，强调以婚姻家庭关系的纽带稳定社会秩序，从而平衡个人本位的思想潜在弊端，"从自然之家走向的不应是否定'家'的个人主义，而是否定之否定的自由之家"，[2]因此《民法典》婚姻家庭编在强调男女平等、婚姻自由等彰显个人本位价值的原则（《民法典》第一千零四十二条）的同时，也进一步主张通过夫妻互相忠实、家庭成员敬老爱幼维系家庭（《民法典》第一千零四十三条）。

改革开放以来民法典立法实践中立法者对传统资源与现代资源的合理沟通源于"肯定的现代性"主导的要求。国家承认在社会主义初级阶段需要发展市场经济，等于同时承认了民商事法律制度对于国家现代化建设的重要意义，即与中国特色社会主义市场经济体制相匹配的私法秩序亟待建立，这意味着现代资源与传统资源也可以为立法主体所用，而联结现代资源与转换后的传统资源的关键就在于立法主体基于经验理性对当下社会生活发展形态的归纳总结，以及立法主体由此再基于建构理性对社会未来发展趋势的综合判断。

从生硬拼接、部分融通到部分否定，再到合理沟通，清末以来民法典立

---

〔1〕 参见刘婷婷：《传统资源与移植资源的对话——以近代民事立法为视角》，载《云南社会科学》2007 年第 6 期。

〔2〕 张龑：《何为我们看重的生活意义——家作为法学的一个基本范畴》，载《清华法学》2016年第 1 期。

法实践中立法主体处理传统资源与现代资源的方式演变并未彻底终结。随着作为后发国家的中国自身逐渐缩小与早发国家的法制建设水平的差距，先前传统资源与现代资源的对立性、差异性已日趋稀释，生硬拼接引入的现代民法理念及内容为部分融通奠定了基础，部分融通则证明了以统一的立法理念、原则及精神整合民法典的可能性，部分否定表明了生硬拼接、部分融通的方向性的错误，即没有对传统资源、现代资源予以充分批判，合理沟通则是接续了"否定之否定"的历史逻辑的延伸。在渐进性的民法典立法历程中，随着中国社会现代化程度的不断提升，传统资源与现代资源之间的界限日益模糊。未来民法典的完善及其他部门法领域的法典化可能会更多以当下的立法需求为导向进行立法创构，立法创构本身是形成现代资源的重要方式，而立法创构的结果一旦凝结为正式的法律制度并正式实施，那么又会成为有待利用的传统资源，传统资源与现代资源的界限不是绝对的。

二、本土资源与域外资源

本土资源与域外资源的关系处理是世界范围内几乎所有国家的法制建设特别是民法典编纂都需要面对的议题。阿兰·沃森曾指出："法律的发展主要是通过法律规则的移植来解释的。"[1]其中立法者应用域外资源的主要方式是法律移植，因此，本土资源与域外资源的关系处理问题又转化为本土资源与法律移植的关系处理问题。对于以沃森为代表的法律移植乐观派而言，其支持法律移植可行性的论点主要包括以下几点：其一，不同国家或不同文明之间跨越法系或制度的法律规则的迁移现象层出不穷；其二，法律规则体系具有突出的自治性，独立于外部环境的影响；其三，历史上众多与社会实践需求关联较弱的法律也能在经典文献中被保留并被后世发掘转用于现实生活；其四，法律移植依赖的主要是包括法学家在内的少数法律精英群体的努力。[2]与之争锋相对的"镜子理论"则把法律视为社会的镜子而非自足的规范体系，法律的产生并不是偶然的，而是由自然环境、文化习俗、民族精神、

---

〔1〕 郑强：《法律移植与法制变迁——析阿兰·沃森法律社会理论》，载《外国法译评》1997年第3期。

〔2〕 See William Ewald, "Comparative Jurisprudence（II）: The Logic of Legal Transplants", *The American Journal of Comparative Law*, Vol. 43, NO. 4., 1995, pp. 497-502.

经济生产因素等塑造，典型如孟德斯鸠的地理环境决定论与萨维尼的民族精神决定论，持"镜子理论"观点的学者认为法律形成主要只能依赖本土资源，而非法律移植。[1]但是"镜子理论"与法律移植并非截然对立，某种"弱"意义上的"镜子理论"则不强调法律和社会情境的严格对应，这间接证成了法律移植的可行性。从弗德里曼的论述中，可以发现他认为法律受到政治、历史、文化等因素的影响，但并非完全自足的体系，只要各国面临着大致类似的问题及需要，彼此间的法律就存在相互借鉴、吸收的可能，[2]所以虽然弗德里曼与沃森对"镜子理论"的强弱判断不同，他们都从各自视角出发认为法律移植是可行的。

同样，国内也存在关于中国法治模式是利用域外资源与还是坚持本土资源的路径争议。有学者主张作为制度实践的现代法治无法通过法律移植来实现，而只能借助本土资源进行制度演化。[3]还有学者认为在现代社会条件下移植国与被移植国分享着共同的法律文化，因此移植国有充分的条件引入、吸收被移植国的法律特别是道德性、实用性的法律。[4]但是偏执一端的观点无法合理解释历史上那些立法实践中出现的本土资源与域外资源的互动关系，也不能为全球化背景下意图展现其法治道路独特性的民族国家特别是其中的后发国家提供有效处理本土资源与域外资源关系的适当路径。

要合理化解本土资源和域外资源关系处理中的矛盾与冲突，我们首先需要阐明本土资源和域外资源的关系处理在立法实践中何以成为一种问题，其次需要论证民法典立法实践何以成为展现此种问题的最佳场域，最后重点结合现代化模式的定位及其演变分析其对近代以来中国民法典立法实践的影响，提出未来的民法典完善及其他部门法领域法典化处理本土资源与域外资源的适当路径。

首先，域外资源与本土资源的关系处理在古代社会并不构成一个重要的问题，二者之间的界限也是相对模糊的，之所以它们的关系处理会成为问题，

---

[1] 参见郑强：《法律移植与法制变迁——析阿兰·沃森法律社会理论》，载《外国法译评》1997 年第 3 期。

[2] See Lawrence Friedman, "Some Comments on Cotterrell and Legal Transplants", in David Nelken & Johannes Feest, eds. , *Adapting Legal Cultures*, Hart Publishing, 2001, pp. 93-98.

[3] 参见苏力：《法治及其本土资源》，中国政法大学出版社 1996 年版，第 17 页。

[4] 参见高鸿钧：《法律文化与法律移植：中西古今之间》，载《比较法研究》2008 年第 5 期。

主要原因在于现代性和全球化的自身的演进逻辑。前现代社会状态下世界各地文明处于相对封闭但互有沟通的状态，本土资源自然构成立法活动的主要材料来源，也存在法律移植的现象。沃森曾以牛触伤人畜为例说明《埃什南纳法令》《汉谟拉比法典》等古代法典在内容及形式上的相似性，这证明古代法律并非孤立发展的，可能因共同的渊源产生法律的移植。[1]但古代社会因各文明体系内部并未形成明显的代差，即使因宗教传播、文化辐射、战争侵略、人口迁徙等原因在文明体系内部产生了法律移植的现象，一定程度上也是法律外因素间接作用的结果，并且移植国与被移植国往往处于同一文明体系之中，因而移植国通常对被移植的法律不会产生明显的"异质感"，域外资源往往与本土资源相互交融，难分彼此。例如，古代日本长期受到中华文明的辐射，自白村江之战失利后，日本更是"以唐为师"，曾数次派遣遣唐使前往中国全面学习唐文明，学习的内容就包括唐朝的律令制，但是由于古代日本长期处于中华文化圈并且其在学习律令制的同时也学习了文化艺术、生产技术、宗教习俗等领域，因此对其而言域外资源与本土资源的界限是较为模糊的。

　　域外资源逐步与本土资源分离以至于对移植国而言产生强大的"异质性"，最终导致域外资源与本土资源的关系处理成为重要问题，其根本原因在于现代性带来的"时间压力"及作为现代性结果的全球化引发的"秩序扩张"打破了不同文明体系相对隔阂的状态，并使得空间上分布于不同地区的文明产生了明显的代差，国与国之间在法律制度等方面具有跨越时空的比较标准。与现代性相伴随的线性时间观本是地域性时间观的一种，但随着近代西方文明的强势崛起与扩散，其他类型的时间观如循环论时间观、向后看的时间观纷纷退场，原本地域化的线性时间观转化为世界各国都普遍面临的"时间压力"。[2]作为现代性的内生结果，全球化被吉登斯定义为"世界范围内的社会关系的强化"，[3]而造成社会关系得以跨越时空进行横向延伸的深层次动因在于现代性的动力机制即时空分离与形式上的重新组合引致社会关系

---

　　〔1〕　参见［英］阿兰·沃森：《法律移植论》，贺卫方译，载《比较法研究》1989年第1辑。

　　〔2〕　参见魏治勋：《论法律移植的理念逻辑——建构全球化时代中国法制现代化的行动方略》，载《东方法学》2012年第1期。

　　〔3〕　［英］安东尼·吉登斯：《现代性的后果》，田禾译，译林出版社2011年版，第56页。

的脱域。〔1〕而在包括货币、专家系统在内的脱域机制的帮助下，这种社会关系的跨越时空的延伸实质上演变为资本主义生产方式及其政治法律制度摆脱特定的时空限制，而在世界范围内的扩展。〔2〕这种扩展的现实呈现就是十七世纪以来西方的社会生活与组织模式在世界范围内构成一种"秩序扩张"，具备全球性的力量。"时间压力"叠加"秩序扩张"意味着非西方文明的国家在法律制度的演进上必须抛弃单一依靠本土资源的自发秩序，非西方的文明体系内部的法律移植同样不足以推动法律制度的现代化，因此，非西方文明的国家必须探索出处理本土法律资源与"异质性"的域外法律资源的有效途径。特别是大多数非西方文明国家的现代化进程的开启是在外部刺激下被迫启动的，后发外生型现代化决定了这些国家在"时间压力"催迫下往往需要在较短的历史区间内进行主动且大规模的法律移植，移植的急促性相应地进一步增加了域外资源与本土资源之间的张力及关系处理的难度。

其次，民法典立法实践成为展现非西方文明的后发国家处理本土资源与域外资源关系的最佳场域的原因在于民法典自身的法律性质及起源的特殊性、对应经济基础与思维观念的扩张性：一方面，民法典具有私法的法律性质，是民商事法律规则成文化、体系化的表达。纵观非西方文明的世界各国的法律起源及发展，多是以偏向于刑事的法律或宗教性法律或不成文的习惯法为主，如中国古代诸法不分、以刑为主，宋朝仿照《唐律疏议》制定的法典直接被命名为《宋刑统》；古代伊斯兰国家创制出了以《古兰经》为基础的宗教法。真正构成近现代民法典历史起源的是古罗马的法律特别是法学家乌尔比安作出公私法的分类以后所形成的后续罗马私法体系。尽管罗马帝国的覆灭和中世纪的黑暗暂时中断罗马私法体系的延续与发展，但在罗马法复兴运动及其后的宗教改革、文艺复兴、启蒙运动的影响下，罗马法为欧陆各国所重视，并融入民法典编纂当中，包括私产神圣、诚实信用、契约自由等民法原则及其规则构造都可以追溯到罗马私法。与民法典相关的私法知识及其罗马法起源为欧洲各国特别是西欧国家所共同分享，但是对于非西方文明以外的国家或地区却是高度异质性的存在，因此，在跨文明的法律移植过程中作为舶来品的私法

---

〔1〕 参见［英］安东尼·吉登斯：《现代性的后果》，田禾译，译林出版社 2011 年版，第 14 页。

〔2〕 参见魏治勋：《论法律移植的理念逻辑——建构全球化时代中国法制现代化的行动方略》，载《东方法学》2012 年第 1 期。

知识与本土资源的整合难度可想而知，特别是非西方文明的后发国家普遍遭受西方文明国家的殖民侵略的历史情境进一步加大吸收相关私法知识的难度。另一方面，民法典与市场经济、商品交易有着天然的契合性，并且民法典的编纂一度在历史上承担着宣扬启蒙价值观的作用（如《法国民法典》承载的平等、自由等理念），随着近代以来西方资本主义国家海外市场的开拓、商品贸易活动的全球延伸以及殖民侵略活动的影响，非西方文明的后发国家先后不同程度上被嵌入西方资本主义国家主导的经贸体系之中并承担着相应的分工，同时客观上也受到了启蒙观念的影响。因而，民法典对应的经济基础及思维观念在世界范围内的扩张性要求所有的非西方文明的后发国家必须在立法层面予以回应，但此种回应又不能是对外来法的简单继受，因为这意味着丧失本民族的主体性、文明的独特性而屈从于西方资本主义文明的支配。[1]综上，相较于其他类别的现代立法，民法典以其突出的"异质性"与"扩张性"而成为展现非西方文明的后发国家处理本土资源与域外资源关系的最佳场域。

最后，后发外生型现代化模式的定位及演变深刻影响了近代以来中国立法主体对本土资源与域外资源关系的处理，并指引了未来民法典的完善及其他领域的法典化应如何选择立法资源。近代以来，法制现代化进程中对本土资源与域外资源的关系处理是所有立法主体必须回应的重要问题。在传统中华法系无法适应国际秩序与社会发展要求的情况下，作为后发国家的中国开启了主动而大规模的法律移植，即类似于阿兰·沃森所说"一个民族自愿地接受另外一个民族的大部分法律"。[2]之所以说是类似，其原因一者在于清末以来的立法主体从未将法律移植的对象局限于某一国或某一法系，而是博采众长、为我所用，具有对源自西方文明的民商事理念及规则予以通盘考量与选择移植的特点，典型如《中华民国民法》"采德国立法例者，十之六七，瑞士立法例者，十之三四，而法、日、苏俄成规，亦撷取一二"；[3]另一者在于

---

〔1〕　以日本为例，日本在近代明治维新时期开启的民法典编纂就曾面临着追随世界进步潮流与维护本民族文明独特性的矛盾，有学者指出日本在近代化初期的民法典编纂面临着一个悖论，新的法律对于修订不平等条约和维护国家统一是十分重要的，但是制定新的法律又可能侵蚀维持和创造国家统一的文化价值观。See Robert Epp, "The Challenge from Tradition: Attempts to Compile a Civil Code in Japan, 1866-78", *Monumenta Nipponica*, Vol. 22, No. 1-2., 1967, p. 47.

〔2〕　[英] 阿兰·沃森：《法律移植论》，贺卫方译，载《比较法研究》1989年第1辑。

〔3〕　董茂云：《比较法律文化：法典法与判例法》，中国人民公安大学出版社2000年版，第175页。

在一定时期内立法主体的"自愿接受"其实有着外部刺激与时间压力催迫下的被动色彩，其中尤以清末—民国的两次民律草案的仓促编纂为代表，这两次民律草案编纂的具体历史背景虽不完全相同，前者为挽救封建专制政权，后者更多是收回领事裁判权，但无疑宏观的历史背景都是近代中国面临民族生存危机。主动而大规模的法律移植并不是近现代中国以民法典编纂为代表的法制建设过程中所能长期坚持的路径，因为这建立在作为后发国家的中国严重缺乏民法典所需要知识体系及对应的经济社会基础、思维观念的基础上。也正是由于本国的现代化水平较低，与民法典相关的现代性因素发育不成熟，清末—民国时期的民法典编纂才需要通过主动且大规模法律移植的方式推进法制现代化，在此阶段中国的本土资源即传统法系的立法资源主要被当时的立法者视作需要加以批判、改造的对象从而减少其在法典内容中的占比。立法者在两次民律草案的编纂中基本将本土资源应用在人身法（亲属编、继承编）领域，而总则及财产法部分则大量撷取域外资源。至于《中华民国民法》的制定则在人身法领域进一步降低了本土资源的比例并引入符合时代潮流的域外立法资源，如人格平等的立法理念，其总则及财产法部分的内容更有十之八九是通过法律移植的方式形成的，仅有典权等极少经过改造的传统法律制度被纳入其中。总体看来，清末—民国时期的民法典立法实践中显性意义上主动而大规模的法律移植占据绝对优势，本土资源的利用相对处于弱势地位。

当然，后发外生型现代化模式并不是全然静态的，而是随着社会发展不断演变的，这种演变最终促使民法典立法实践中的法律移植由显性更多转向隐性，不再具有绝对优势，立法主体利用本土资源的比例逐步上升，并且域外资源与本土资源的界限也日趋模糊。作为后发国家的中国进行主动而大规模的移植外国法只是暂时现象，在"否定的现代性"主导下国人最终寻找到正确的意识形态指引并取得了新民主主义革命的胜利，建成了独立自主的现代民族国家。新中国成立后特别是改革开放以来的民法典立法实践历程中主动而大规模的显性法律移植相对是减少的，立法者更多是通过学说继受、司法实践、参与国际法律文本的制定等隐性方式间接引入域外立法资源。新中国成立以后法律移植趋于隐性且间接的表面原因是立法过程中主动而大规模的移植外国法不仅民族情感上难以接受，更有引致固有法律制度的排异与震荡的危险。[1]更深层次的原因是新中国成立后特别是改革开放以来随着民族国家共同体的形成与巩固、市场经济的发展、现代价值理念的传播、国家现代化水平不断提升，以民法典立法实践为代表的法制建设开始更多利用从国民生产生活实践与日常社会交往中衍生出的本土资源，如民事单行法时期《侵权责任法》关于医疗损害责任的专章规定、《物权法》关于住宅用地到期自动续期的规定都是自发秩序的产物，再如《民法典》总则编的"见义勇为"条款、物权编中有关农村土地三权分置的制度构造、合同编有关电子合同成立条件及时间的规定、人格权的单独成编等都是从社会生活的实际状况出发，满足人民群众的切实需求。纵观改革开放以来的民商事法律制度的演进历程，立法者基本摒弃了直接照搬外国法律条文的做法，而更多是合理借鉴意义上隐性且间接的移植并以对相关移植资源的批判为前提，更强调依托本土资源进行制度设计。

　　民法典立法实践中利用本土资源比重的上升并不意味着不再需要域外资源，因为全球化时代中国的法制建设难以脱离共通的法治理念或国际通行的规则秩序而只依靠本土资源，正如此前所述"镜子理论"在现代社会条件下并不成立，因为现代性的重要特性在于"断裂性"，即任何地方性、传统的、本地的知识都无法仅依靠自身证明其合法性，而只能在脱域之后再嵌入全球化法律秩序中彰显其价值。然而，法律秩序的全球化并不等同于西方资本主义国家主导的法律秩序，作为后发国家的中国在清末—民国时期的民法典编纂所依靠的主动而大规模的法律移植虽然帮助我们引入了现代民法的理念、原则、规则，但是缺乏批判的直接且显性的法律移植会使得自身的法制建设存在效仿资本主义现代化模式的局限性，因而只能是在本国现代化水平相对较低、缺乏与民法典编纂相适应的经济基础及思维观念情势下的暂时性的措施。一旦中国凭借其"后发优势"探索出符合我国国情的现代化道路并在现代化水平上"迎头赶上"乃至于"后来居上"，从而使得本土资源不再被视作落后的、过时的甚至于剔除的对象，而是包含有助于国家现代化建设的正向资源，此种情境下域外资源与本土资源不再是单向的压制与被压制的关系。在以人民需求为导向的法律制度形成过程中，域外法律资源、本土法律资源

　　　　───────────

　　〔1〕　参见魏治勋：《论法律移植的理念逻辑——建构全球化时代中国法制现代化的行动方略》，载《东方法学》2012 年第 1 期。

毋宁都是立法者进行立法创构的重要资源，而不存在高下优劣、先进落后之分。随着中国法制现代化水平的提升，域外资源、本土资源的界限不再是绝对的，在主动而大规模的法律移植成为历史之后，隐性且间接的法律移植有助于合理借鉴域外有益立法经验并将之内化为本土资源的一部分，而本土资源中"引领时代潮流"的部分经由本国政府参与国际法律规范的协商与创制也可转化为世界性的资源，因而未来中国民法典的完善及其他领域的法典化实践必然是以包括本土法律资源在内的世界性立法资源为取向。

三、民间规范与国家法律

民间规范、民间法、社会规范、习惯法虽然名称不一，但是它们的总体指向基本是一致的，其都指向与国家正式法律制度相对应的规范类别，即"在社会生活中自然演进、具有传统和现实的合理性和合法性基础、具有约束力、调整人们的权利义务关系、具有地域性的特征、依靠内心的自省或外在的权威保证实施、不以成文与否作为成立要件"。[1]笔者拣选"民间规范"这一名称用以概括这类规范的原因在于"法"的名称在现代社会趋于指向依托国家权力的实证法，而民间法、习惯法虽包含有"法"，但更多是一种名称的借用。作为法的上位概念的规范则能够同时囊括不属于国家法律的非正式规范，正如哈特所言，规范的存在要求人具有一种"愿从规则的角度来看待他们自己和他人的行为"[2]的态度，然而并不是国家法律需要"内在观点"的支撑，其他类型的规范也不同程度地需要"内在观点"的支撑。而笔者之所以采用"民间"而非"习惯""社会"与规范组合，一者在于这是学界的共识性概念，二者在于"习惯"已被正式纳入《民法典》（总则编第十条关于法源的规定），避免与之混淆，三者在于"社会"与"国家"的二分性并不完全适用于中国古代，为历史情境的描述的连续性着想（由古至今），故最终选用"民间规范"这一名称。

不同于时间维度的传统资源与现代资源的划分、空间向度的域外资源与

---

[1] 王启梁：《习惯法/民间法研究范式的批判性理解——兼论社会控制概念在法学研究中的运用可能》，载《现代法学》2006年第5期。

[2] [英] H. L. A. 哈特：《法律的概念》，许家馨、李冠宜译，法律出版社2006年版，第86页。

本土资源的区分，民间规范与国家法律是根据产生方式的不同对立法资源的作出的区分。对于民法典立法实践而言，传统资源与现代资源、域外资源与本土资源都不是最终成型的法典本身，都是待立法主体选择、加工及统合的立法素材。民间规范与国家法律则不同，民法典本身即是国家法律的重要表现形式，"国家法律"这一名称已经表明立法机关制定的法律文本本身已然形成并能够适用于相应的领域，而民间规范同样不需立法主体的处理便已事实上存在于现实社会的民众交往中。但是立法主体在民法典编纂中是否将民间规范纳入其中，是以直接还是间接的方式将之纳入仍是重要的立法议题，因此，民间规范与国家法律的关系处理实际上意味着只有民间规范是相对纯粹的立法素材。

民法典作为"调整平等主体之间人身关系及财产关系的法律规范总和"，[1] 它的适用领域涵盖了社会生活的各个领域。然而实际上不存在涵盖社会生活所有细分领域的法律，即使是体系完备、内容全面的民法典也无法达致这一目标，主张法律能够事无巨细地调整一切人事物的观点会陷入"法律万能论"或"法律中心主义"的窠臼。法律并非调整社会、控制行为的唯一手段，它的调整范围也是有限度的，以乡规民约、行业纪律、道德说教等形式呈现的民间规范的存在实际上填补了社会生活中法律调整范围的空白。民间规范与国家法律共同组成的"规范意义之网"让处于社群中的个体摆脱"在所有的领域都坚持自己的个体性——按照自己的快和不快而行动"[2] 的蒙昧状态，得以进入规范性相互理解的文明状态，即进入人格体的世界，这一点对于古今中外的文明社会都是适用的，因此民间规范并不是现代社会的产物。梁治平先生在论述中国古代的多元法律格局时曾以清代社会为例指出清代州县以下的村社、家族、宗教社团等以血缘或地缘为纽带建立的民间社群都有着非"国家授权"自己的组织、机构或制度。[3] 民间规范的处理之所以成为一个重要问题，其根本原因正在于现代社会条件下除了实证法以外的其他形式的

---

〔1〕　陈小君：《中国〈民法典〉编纂与国家治理现代化的关联逻辑》，载《探索与争鸣》2020年第5期。

〔2〕　［德］京特·雅科布斯：《规范·人格体·社会——法哲学前思》，冯军译，法律出版社2001年版，第133页。

〔3〕　参见梁治平：《中国法律史上的民间法——兼论中国古代法律的多元格局》，载《中国文化》1997年第十五、十六期。

规范被褫夺了在古代社会情境中无需证成的合法性地位，民间规范被降格为社会事实，虽然其具有事实意义上的规范效用，但并不一定具备规范效力，其法律地位的取得与否有赖于立法主体的认可或拒绝，而立法主体的认可或拒绝及其具体表征则与国家的现代化模式及阶段相关。

总体而言，不论何种现代化模式，国家法律之中与民间规范互动关系最为密切的主要是民商事法律规范组成的私法制度。刑法、刑事诉讼法、行政法等组成的公法制度则因其大量涉及强制性规范，渗透着公权力因素，其法律关系主体多半是地位不平等的，民间规范在公法制度中的直接呈现是极为罕见的，少部分应用也是通过司法机关或者执法主体的规范解释或具体适用后的间接呈现。与之相比，私法制度中的授权性规范占有很高比例，与社会生活的贴合度远高于公法制度体系，其调整对象是平等主体之间的财产、人身关系。以民法典为代表的私法制度或者将民间规范规定为补充性法源用以明确法律事实或者澄清法律模糊，或者直接根据社会习惯的变迁增设新的规则或修改旧的规则。[1]埃里希指出作为私法秩序源头的罗马法的法律语言初始并不存在私法概念，早期的罗马私法实际上就是习惯法意义上的市民法，是与公法相对的不来源于国家的法。[2]然而现代化模式的分殊却导致以民法典为代表的国家法律与民间规范形成了不同的互动关系。

早发国家以民法典为代表的国家法律与民间规范之间的关系大体呈现出由后者向前者自然过渡、演化、延伸的特点，以至于民间规范被国家法律充分吸纳，包括中国在内的后发国家以民法典为代表的国家法律与民间规范的关系则呈现出前者主动保留、转化或压制后者的特点，当然二者的界限并不是绝对的，只是在特定情势下某一种特点更为突出，随着时代发展二者可能产生互换。

早发国家中的西欧诸国，它们分享着共同的罗马法传统，罗马法因西罗马帝国的覆灭一度在欧洲湮没，中世纪在欧洲各地占统治地位的规范形式主要是庄园法、封建法、商法等习惯（重复性人类行为与尊奉者的确信）或习惯法（经私人记录修订或者官方陈述后的成文习惯），而随着十二世纪、十三世纪以

---

〔1〕 参见宋菲：《重视〈民法典〉中的习惯要素》，载 sscp. cssn. cn/xkpd/fx_20156/202011/t20201118_5218502. html，最后访问时间：2021 年 6 月 29 日。

〔2〕 参见［奥］欧根·埃利希：《法社会学原理》，舒国滢译，中国大百科全书出版社 2009 年版，第 480 页。

来"罗马法的复兴和正式法律职业的成长以及法律领域的大学教育开始"，[1]西欧地区人们对法律的关注焦点不再完全是既存的社会事实意义上的非正式法律传统，而是通过什么样的方式可以创制适应社会需要的法律，法律的实证性与权威性不断增强。随着启蒙运动的兴起，西欧地区的民间规范与国家法律呈现出分别演进但最终合为一体的特性，民法典便是典型代表：一方面，随着民族国家的陆续建立和文艺复兴、宗教改革运动的兴起，建构理性在立法中的作用日益凸显，创制性立法逐渐增多，如《普鲁士普通邦法》；另一方面，立法主体对建构理性的运用不是纯粹凭借主观演绎创制法律规范，而是应用罗马法知识体系所提供的立法方法与源自"希腊哲学、（中世纪的）教父神学以及，欧洲中世纪的伦理神学与哲学"[2]的法观念对本地化的法律素材进行的理性表达，呈现为非正式法律，经历了从不成文的纯粹习惯到私人记录、修订、编纂乃至官方收集、汇编的演进，典型如十六世纪法国的《巴黎习惯汇编》的编纂、出版及评注。这一系列习惯的法典化进程中也夹杂着民间规范对现代立法的"抵抗"（如英国普通法中陪审团对本地法律传统的应用），但是抵抗终究是微弱的和局部的，随着启蒙时代理性法的来临，习惯—习惯法—法律的演进终究以习惯被现代立法特别是民法典全面"俘获"为结果。有学者在分析法国的习惯法典化进程时指出，法国习惯的法典化改变了私法的正式渊源，它萃取了习惯制度中的合理成分，为后续的立法者提供了便于处理的素材，从而为《法国民法典》的诞生奠定了基础。[3]尤其是土地产权、遗嘱继承、夫妻财产等领域的习惯法更是对《法国民法典》的相关制度设计有着直接影响。

　　总体而言，包括德国、法国、荷兰等在内的西欧诸国的民间规范有着向以民法典为代表的国家法律自然演进的特性。虽然法典的编纂体现了立法主体积极运用建构理性的主动性，但是这种主动是基于时代需要设计规则、构建体系的主动，在民间规范逐步被成文化、实证化以后，它与国家法律的关系不再成为一个重要问题，因此立法者总体上对习惯采取否定的态度。这在十九

---

〔1〕　［美］帕特里克·格伦：《对"习惯"的俘获、重构和排斥》，魏治勋译，载《民间法》第十二卷，第411页。

〔2〕　［德］弗朗茨·维亚克尔：《近代私法史——以德意志的发展为观察重点》，陈爱娥、黄建辉译，上海三联书店2006年版，第128页。

〔3〕　参见［英］约翰·P.道森：《法国习惯的法典化》，杜蘅译，载《清华法学》2006年第2期。

世纪初的《法国民法典》中体现得尤为明显，《法国民法典》通过严格的排他性条款直接剥夺了习惯或习惯法的法源地位（《法国民法典》序题第五条）。[1]尽管《德国民法典》《瑞士民法典》通过引入"善良风俗"或将习惯纳为补充法源等方式一定程度上为民间规范的适用预留了空间，此种处理实际上是对"法律万能论"或"法律中心主义"的反思，产生这种反思并不妨碍以西欧诸国为代表的早发国家已然经历了从民间规范到国家法律的自然过渡。换言之，民间规范在其漫长的现代化历程中随着社会发展逐步内化为正式法律制度的组成部分，罗马法、习惯法、启蒙理念等法典知识来源有效地融为一体，以至于近代西欧诸国正式启动民法典编纂时立法主体不再将民间规范视作需要处理的对象，这也符合早发的西方资本主义国家自然演进的现代性道路。

与早发国家不同的是，以中国为代表的后发国家几乎没有经历从民间规范向国家法律自然演进的过程，民间规范反而一开始被立法者视作需要主动在国家法律中予以特殊处理的异质性存在。例如近代日本的民法典制定、清末民初时期中国的两次民律草案编纂的过程中立法者在移植域外民法知识体系的同时，都大量保留了本国的固有法，特别是在亲属、家庭、继承等体现本民族历史传统与文化风俗的人身法制度领域，这其中就包含有原先非官方发布的民间规范，特别是《大清民律草案》与《日本民法典》（1898年）都将习惯纳为法律以外的补充性法源。这是因为后发国家基本都是在遭受外部刺激的情形下被迫启动现代化进程，其最初建立以民法典为代表的国家法律体系主要是立法主体迫于比较压力在较短时间内进行法律移植的结果。后发国家原本的自发秩序演进则被强行中止，民间规范突然脱离了原先无需证成其合法性的历史情境，需要重新被整合进主要经由法律移植形成的承载着现代价值的法典体系之中。因此基于事实上的效用，在现代化转型初期，后发国家的民间规范有必要被纳入以民法典为代表的国家法律之中，但是脱胎于传统社会的民间规范存在着大量不适应现代社会发展趋势的部分，乃至于与国家法律产生冲突，因此在现代化转型初期，后发国家虽然对民间规范总体持肯定态度，但是这种肯定并不一定与社会发展的方向相吻合，很可能是相

〔1〕 参见［荷］皮特·范登伯格：《日本民法典编纂的政治学（1868—1912）——比较法视野下习惯法在法典中的地位》，黄晓玲译，载《现代法治研究》2020年第3期。

背离的。

中世纪以来的西方社会曾形成包括教会法与包括庄园法、封建法、城市法、商法等各种类型的世俗法民间规范在横向层面争夺管辖权的局面，这些规范的来源、实施乃至适用的群体都有着差别。与之相比较，中国古代社会也具有形式上的多元法律秩序，但是源自民间自生自发的法律秩序并未与官方主导的法律秩序产生竞争尤其是横向层面管辖权的竞争，二者毋宁是结合与合作的关系，并且"官府之法"的地位高于民间规范。[1]古代中国的官府之法与民间规范虽然等级有高下，但在分工协作的逻辑下二者治理原则却是统一的，即按照专制宗法观念、封建礼教思想维护家国同构模式下的规范秩序。因而，古代中国根植于自然经济形态与等级特权社会的民间规范可以与处于同样历史语境中的官府之法默契配合，却与具备私权至上、契约自由、过错原则的近现代民法思想产生存在着潜在的冲突，因为近代以民法典为代表的国家法律植根于商品经济发展与讲求平等的社会秩序结构。

清末民初近代中国的两次民律草案编纂就是立法主体意图在国家法律之中容纳民间规范，而实际上容纳的方式不同程度地与现代化趋势相悖。立法者在《大清民律草案》与《民国民律草案》编纂前先后组织了民事习惯调查，形成828册的考查资料（清末）与《中国民事习惯大全》、《民商事习惯调查报告录》（民初北洋政府时期），但是实际上对两次民律草案的编纂影响有限。[2]然而两次编纂成型的民律草案还是融入了不少民间规范的要素。《大清民律草案》不仅直接将习惯作为补充性法源，在物权编永佃权一章中更是有十余条规定直接包含"习惯"的适用。《民国民律草案》尽管在总则编删除了习惯作为补充性法源的一般规定，却在各分编中不仅承继了《大清民律草案》涉及习惯的规定，还创新性地将典权制度纳入物权编中，并在各分编中增加诸多条文，规定了可以适用或者优先适用习惯，如总则编第九十九条关于主从物的确定、物权编第八百零二条至第八百零四条有关相邻权的规定、亲属编第一千零六十八条有关编订家谱的规定、继承编第一千四百九十三条

---

〔1〕　参见梁治平：《中国法律史上的民间法——兼论中国古代法律的多元格局》，载《中国文化》1997年第十五、十六期。

〔2〕　参见苗鸣宇：《民法典的活力之源——习惯在民法法典化中的作用》，中国政法大学2004年博士学位论文。

有关遗产特留份的规定等。[1]尽管清末民初两次民律草案对当时中国民商事习惯的汲取特别是亲属、继承领域习惯的吸纳一定程度上适应了当时的社会现状，但诸如永佃权之类财产法领域反映自然经济形态下生产关系的规定及亲属、继承领域强化家长权威、维护男性特权的涉及习惯适用的规定，无疑是与现代化趋势相悖的。

《中华民国民法》的立法主体无疑在一定程度上意识到了本土的民事规范不全然适应社会发展所需，涉及强化家长权威、维护男性特权的民间规范不仅与当时南京国民政府秉持的三民主义意识形态相冲突，也不合于进步的法律社会化的理念。南京国民政府时期的立法院院长胡汉民就指出法作为目的性趋向的工具，是用来规范社会生活，使之趋向于建设三民主义的国家。因此《中华民国民法》一方面在总则编恢复了对习惯法源地位的规定，另一方面又专门规定习惯的适用不得违背公共秩序与善良风俗，反映出当时的立法者认识到必须对民间规范的适用加以限制，限制的理由在于当时中国的民间规范"适合国情者固多，而不合党义违背潮流者亦复不少，若不严其取舍，则偏颇窳败，不独阻碍新事业之发展，亦将摧残新社会之生机，殊失国民革命之本旨"[2]。此外，《中华民国民法》的各分编也多有对民间规范的吸纳，如债编对民间利息习惯、保证习惯、居间习惯的吸收，再如物权编中永佃权、典权、先买权的制度设置都体现着对民间规范的转化。不同于前两次民律草案的编纂对民间规范不加批判的承继，与总则编相类似，《中华民国民法》的各分编对民间规范的吸收、借鉴或转化是在有所批判、改造的基础上进行的，例如亲属编的第九百七十二至九百七十九条关于婚约制度的规定就改变了传统中国民间家长对子女婚姻的主导权。

总体而言，清末—民国时期的两次民律草案编纂虽在立法技术与制度设计上容纳了民间规范，但囿于立法理念与当时中国社会发展现状的落后性，两次民律草案编纂对民间规范的吸收很大程度上与现代化趋势相悖。而《中华民国民法》在三民主义意识形态与法律社会化理念的指引下对民间规范进行批判与改造，加之社会现状相较于前两次民律草案编纂时期有所进步，因

---

〔1〕　参见苗鸣宇：《民法典的活力之源——习惯在民法法典化中的作用》，中国政法大学2004年博士学位论文。

〔2〕　谢振民编著：《中华民国立法史》（下册），中国政法大学出版社2000年版，第755页。

此,《中华民国民法》对民间规范的容纳具备一定程度的革命性、进步性的趋向。整体上看,清末—民国时期的民法典立法实践对民间规范的处理始终具有非常有限的进步性,其根本原因在于"否定的现代性"主导下当时中国最为重要的历史任务是改变半殖民半封建的社会境况,建立独立自主的拥有完整主权的民族国家,因此需要兼顾反帝反封建要求的意识形态指引当时中国的社会革命与现代化建设。但无论是本身就缺乏先进意识形态指引的清末政府或民初北洋政府,还是以三民主义作为纲领的南京国民政府都无法完全符合"否定的现代性"主导的要求。这种局限性反映在国家法律与民间规范的关系处理上或者表现为立法主体对作为立法素材的民间规范没有进行充分的批判、改造就加以承继(两次民律草案编纂),或者呈现为容纳民间规范的国家法律内在蕴含的法治理想图景未能实现对西方法治理想图景的超越(《中华民国民法典》)。清末—民国时期的社会境况及意识形态的双重局限共同决定了这一时期的民法典立法实践对民间规范的处理的制度建设意义的有限,但是立法主体在国家法律中主动容纳民间规范的这种"主动性"则成为重要的制度资源。

新中国成立后—改革开放前,立法者依然延续了在国家法律之中"主动"处理民间规范的特性,所不同之处在于立法者对民间规范的处理不再是主动地保留或转化,而是暂时呈现为国家法律压制民间规范的状态。出于维护国家政权的需要,1954—1956年与1962—1964年的两次民法典草案的编纂是服务于社会主义改造或者计划经济体制,因而,民法典草案承载的主要是政策性要素,民间规范的作用则不断式微。此种"压制"表面上看是国内外政治经济环境影响的结果,究其根源则是"否定的现代性"的主导下历史惯性的作用。特殊的历史际遇导致"否定的现代性"在新中国成立后继续延续其主导地位,而"否定的现代性"并不是彻底否定现代性,其重点在于突出社会主义道路的独特性、超越性及对封建主义社会、资本主义社会的批判,法制建设也是如此。因此反映在国家法律与民间规范关系处理上就表现为以下两点:第一,私法性质的民商事法律制度被视为资本主义性质的而需加以批判,这与反帝相对应;第二,旧中国时期民间规范的遗存及传统中国的习惯被立法主体看作封建主义性质而需予以克服,这与反封建相对应。此外,新中国成立后—改革开放前主要的社会生活领域与人们的日常交往被纳入政策调整的国家统制中,国家法律对民间规范的暂时性压制也与私法秩序阙如的情形下民间规范不具备发挥作用的空间有关。

改革开放后在"肯定的现代性"指引下我国逐步确立了中国式法治理想图景的优位性，即社会主义新中国的法治道路既不能是对西方法治道路的简单复刻，也不可回归到传统中国的自发秩序演进，而是基于中国的实际国情对古今中外立法资源进行择取、加工及改造。这对于后发国家而言是十分重要的。后发国家在现代化进程中最常陷入的困境是要么决绝地抛弃自身传统，完全接纳西方资本主义国家抛出的所谓普遍主义的"现代化范式"，以至于沦为附庸，要么固步自封似地对源出西方的现代化因素进行抵制，从而被排除于世界进步潮流之外。以容器和水作比喻的话，将以民法典为代表的国家法律比作容器，把民间规范视为水，正如容器的型态决定着水的样态，国家法律自身的特性也决定着民间规范被处理的具体方式及表现。而中国式法治理想图景便如同柏拉图哲学意义上容器的理念或形式，它是法治现代化进程中难以被彻底实现但又必须设置的先验性的立法理念，高于一般层面的立法目的，因为它与意识形态的关联更为紧密。制作容器的匠人不能对形式有正确的把握，那么最终成品肯定是存在瑕疵，无法作为盛水的容器，同样一旦立法目标未能合理设置，即使立法主体试图从立法技术、制度设计层面去在国家法律之中容纳民间规范（如清末—民国时期的民法典立法实践），恐也难以有效实现国家法律与民间规范的合理沟通。

改革开放以来我国的民法典立法实践逐步实现了国家法律与民间规范的合理沟通，其关键就在于以下两点：一方面，内置于国家法律之中的中国式法治理想图景使得立法主体有了可以有效容纳民间规范的制度框架；另一方面，改革开放后在"肯定的现代性"主导的历史阶段由市场经济发展、商业文化兴起、社会生活多样化催生出了私法秩序的生长空间，使得与私法秩序相关的民间规范有了发展的空间，留待国家法律处理的"立法素材"得以不断生成。

中国式法治理想图景的确立使得立法主体在制定与私法秩序相关的法律时尽管也会汲取域外立法经验特别是西方国家的法律概念、立法技术、体系构造等知识因素，但不再是旧中国时期的缺乏批判的模仿，而是批判性的重释：一方面，在中国化的马克思主义的意识形态指引下，我国的民法典立法实践中立法主体对发源于西方的民法原则进行批判性地重释，其主要方式有以下三点：第一，基本上与私法秩序相关的法律的立法目的条款都包含有彰显国家性质或宣扬意识形态的内容，如"适应社会主义现代化建设"（《民法通则》第一条）、"适应中国特色社会主义发展要求，弘扬社会主义核心价值观"（《民法典》第一条）。第二，立法主体通过增设全新的基本原则诠释既有的民法原则或对既有原则构成某种程度的限制，进而实现新旧原则及其相应规则适用的平衡。如《民法典》第九条宣示的"绿色原则"就以节约资源、保护生态环境为要求对民事活动施加相应限制，从而使得意思自治原则、平等自愿原则的理解及适用同时要兼顾"绿色原则"的要求。第三，立法主体通过创设或修改具体的规则重释既有的基本原则。《民法典》第三条所宣示的民事权益受法律保护原则也出现在先前的《民法通则》中。另一方面，民法典在权利规则的设置上进行了诸多创新，例如用益权是一项传统物权，但土地承包经营权、宅基地使用权等具体用益物权的设立颇具中国特色。此外《民法典》还首开先河地设置了人格权编，以成体系的规则详细规定了人格权的内涵、外延及保护方式。因而私权神圣原则虽发源于西方文明，在近现代欧陆的民法典编纂中呈现为支撑资本主义市场经济、商业文明、市民生活的立法原则及规则体系，但经由当代中国立法者结合本国国情与意识形态的批判与改造，已转变为基本能够适应社会主义市场经济发展所需、规范人民社会生活交往的民事权益受法律保护原则。

在确立了正确的意识形态指引的前提下，根据社会发展境况的阶段性差异，当代中国民法典立法实践中国家法律与民间规范的关系处理就同时具备如下两种面向，并且后一种面向随着时间推移愈加显著：其一，改革开放之初立法者对民间规范的处理仍然是以改造民间规范为目标并且国家法律居于强势地位。后发国家的定位决定着中国仍在一定历史时期内处于本国现代化因素相对匮乏、现代化水平相对较低的境况，民法典立法实践不仅要适应社会变迁，某种程度上更需要引领社会变革，与私法秩序相关的民间规范的生长也缺乏足够的社会基础。因此反映在改革开放初期的民商事立法实践就表现为民间规范的缺位，如《民法通则》并没有在基本原则一章直接规定习惯的法源地位，也未在具体的规则设计中体现习惯要素，仅以"公序良俗"条款（第七条）与国际惯例的适用（第一百四十二条）间接承认了习惯的补充作用，此外二十世纪八十年代我国的《中华人民共和国技术合同法》《经济合同法》《婚姻法》《继承法》基本未将民间规范纳入其中。

其二，随着市场经济的发展、思想观念的革新、社会生活与个体交往需要的多样性等现代性因素的积累，民间规范之中有助于中国的现代化建设的内容逐渐增多，而与现代化趋势相抵触的部分则逐步减少，一定程度上民法典立法实践逐渐具有了民间规范与国家法律合理沟通的社会基础。自党的十四大提出建立社会主义市场经济体制，我国与私法秩序相关的民间规范越来越多地被纳入国家法律，如 1999 年颁行的《合同法》中的不少条款就规定了适用"交易习惯"以澄清法律事实、弥补法律漏洞；2007 年颁行的《物权法》规定了处理相邻关系时"当地习惯"的补充适用（第八十五条），还规定了补充适用"交易习惯"作为取得法定孳息的依据（第一百一十六条）。总体来看，虽然《合同法》《物权法》中民间规范融入国家法律的方式已不再是《民法通则》中不聚焦于特定规则的泛化处理，立法主体通过聚焦于相邻关系、法定孳息、承诺与要约的成立等具体制度，将某一领域的民间规范引入相关民商事法律规则，只是没有去除"习惯"的字眼并且民间规范多起到的是补充适用的作用。

现行《民法典》则不仅在具体规则中以"习惯"字样容纳民间规范的做法（如第四百八十条有关承诺方式的规定，第六百八十条有关借贷利息的规定），更进一步在总则编中直接肯定了民间规范的法源地位，此外立法者还采取了将社会事实意义上的民间规范融入《民法典》的具体规定而不出现"习惯"字眼的做法（如第一千一百二十九条有关丧偶儿媳、女婿继承权的规定）。部分民间规范得以隐形融入民法典有助于实现法律与民族的一般存在（政治要素）间的联系和法律独特的科学性存在（技术性要素）融汇和贯通，[1]这进一步证明了后发国家一旦凭借其"后发优势"积累了足够多的现代性因素并且现代化水平得以提升，其也可能经历类似于早发国家那种由民间规范向国家法律自然过渡的历程，这也表示立法建构性与渐进性并非相互排斥的，毋宁是彼此桥接的。

正如萨维尼所指出的："法律首先产生于习俗和人民的信仰……而非法律制定者的专断意志所孕就的。"[2]民间规范与国家法律的合理沟通并不是指静态层面某一部民商事法律将民间规范纳入其中之后就完结，而指的是民间规

---

〔1〕 参见 ［德］弗里德尼希·卡尔·冯·萨维尼：《论立法与法学的当代使命》，许章润译，中国法制出版社 2001 年版，第 9 页。

〔2〕 ［德］弗里德尼希·卡尔·冯·萨维尼：《论立法与法学的当代使命》，许章润译，中国法制出版社 2001 年版，第 11 页。

范与国家法律在一个较长的历史时期内呈现出动态层面互联互通的局面，即国家法律作为容纳民间规范的制度框架能够自我更新，而作为被国家法律处理的素材的民间规范愈发具备制度建设意义从而值得被国家法律吸纳。

第四节　当代中国民法典立法方向设计处理的范畴

当代中国民法典立法方向设计是对立法形成机制、立法资源选择的概括与综合，它既反映为立法者处理立法客体时的思维倾向，也可同时呈现为立法者处理立法客体后的静态结果。换言之，立法方向设计最能体现民法典立法实践整体性特征，它是对立法理论与实践交互推进、立法者和立法客体互相型塑的动态过程的统合与抽象。当代中国立法实践要服务于现代化要素的运用，这需要公法、私法、社会法的立法方向的设计。在政府调控与市场调节的共同作用下，私法领域的立法对于现代化各项要素的作用发挥都具备重要作用。民法典归属于私法领域，因此，民法典立法方向的设计与民族性与全球化、地方性与普适性、实质理性与形式理性的关系处理，立法者在处理立法方向设计中各组范畴时要致力于发挥各项现代化要素具有重要关联的作用，在"肯定的现代性"主导的情境下通过制度现代化进一步推进国家现代化。

我们对当代中国民法典立法方向设计处理的关系进行的反思不能简单等同于对立法形成机制或立法资源选择的反思，那样会让我们忽略掉立法者与立法客体、立法理论与立法实践之间复杂的互动关系。因此，我们分析与处理民族性与全球化、地方性与普适性、实质理性与形式理性这些范畴时，就必须在充分考量立法形成机制、立法资源选择的同时而又不能变成对相关范畴的重复表述。例如民族性与全球化和本土资源与域外资源的关系比较密切，但是在立法实践中处理民族性与全球化的关系，还需要考虑诸如精英立法与民众参与、传统资源与现代资源的影响。

一、民族性与全球化

民法典立法实践所涉及的民族性与全球化的关系处理问题是伴随着民族国家的形成以及全球化的推进过程而产生的：一方面，民法典作为现代法律文本不同于古代法典文本之处就在于它是由民族认同与国家认同合一的民族国家的立法机关制定的。构成民族国家基础的现代民族不再单纯是血缘、宗教、习俗、地域意义上的古代民族，而是更多附加了政治意涵、主权概念。[1]现代民族国家脱胎于中世纪解体后的近代西欧社会，但其国家组织形式很快伴随着西方文明的对外殖民扩张及贸易活动逐步向非西方文明的地区扩散，相应地民法典立法实践也随之扩展到世界各地，"制定民法典是近代以来民族国家的政治现象和法律现象……民族性是民法典保持其独特性、唯一性的重要标志"。[2]另一方面，尽管全球化的典型特征及相关研究要到二十世纪九十年代以后才逐步显现并兴起，其中尤以经济领域全球化现象最为突出，以至于哈贝马斯"明确地把全球化界定为'世界经济体系的结构转变'"，[3]然而事实上全球化进程的开启要远早于世界统一市场的形成，早在民族国家普遍确立前的大航海时期世界各地区的人员、货物往来就加深了不同文明的联系。自十九世纪以来兴起的一系列民法典编纂活动一定程度上是由嵌入全球化进程中的各民族国家在改变传统生产方式的基础上为参与国际分工、商业贸易而对上层建筑进行变革。

马克思、恩格斯指出："资产阶级，由于开拓了世界市场，使一切国家的生产和消费都成为世界性的了。……它迫使一切民族——如果它们不想灭亡的话——采用资产阶级的生产方式；它迫使它们在自己那里推行所谓的文明，即变成资产者。"[4]后发的民族国家一开始在面对早发的民族国家主导的全球化进程时，将本民族区别于其他民族的属性、特征在一开始往往是处于被遮蔽的状态。这反映在近代中国的民法典立法实践中表现为在政府主导的法典编纂活动中立法精英主要借助大规模的法律移植建构本国现代民商事法律制度，而中国的本土资源、民间规范、传统资源则因现代性因素的欠缺面临着被改造或受压制的境地，经验理性、民众参与、社会推进无法充分发挥其推动制度创新的效用。例如《大清民律草案》《民国民律草案》大量继受了西方立法资源，这在财产法领域尤为明显，人身法领域所保留的传统的、本土的、民间的资源虽适应了当时的社会现状，却被后世视为过多保留封建礼教

---

〔1〕 参见徐迅：《民族主义》，中国社会科学出版社 2005 年版，第 57—59 页。

〔2〕 吴治繁：《论民法典的民族性》，载《法制与社会发展》2013 年第 5 期。

〔3〕 张世鹏：《什么是全球化？》，载《欧洲》2000 年第 1 期。

〔4〕 ［德］马克思、恩格斯：《共产党宣言》，中共中央马克思恩格斯列宁斯大林著作编译局编译，人民出版社 2014 年版，第 31—32 页。

的内容而悖于时代潮流。

换言之，对于早发国家而言，其由自然演进的现代化历程生发出的民族性在一定历史时期具有了世界性的意义，从而成为后发国家展现其民族性的"背景板"，但是"欧洲的强制性输出或示范性影响"〔1〕往往是通过殖民掠夺或侵略扩张的途径渗透到非西方文明的后发国家，这与英、法、德等早发国家在西方文明内部的秩序扩展是不同的。例如在欧洲各国传播的《法国民法典》也随着法国对外的殖民扩张、贸易活动、文化宗教的输出而为非西方文明的后发国家所学习、借鉴，但鉴于欧洲各国特别是欧陆诸国多属于分享共同文明传统的早发国家，其他国家在民法典立法实践中彰显的民族性与法国的民族性相似多于相异。〔2〕这些国家在全球化早期同时往往也处于国际分工的产业链上游而对外输出工业制成品，它们本身作为早期全球化的主导群体并不曾面临着后发国家曾面对的异质性文明的严峻挑战与冲击。尽管这些早发国家内部也会因利益分配产生矛盾乃至于引起战争，但是由于它们彼此民族性的相似且自视为现代文明的发源地，因此面临的全球化与民族性冲突远小于非西方文明的后发国家。

如中国这样的非西方文明的后发国家在适应全球化的过程中一开始呈现为被动地承受由早发国家的民族性扩展而来的经济生产方式、政治法律制度、思想价值观念，但以压制本国的民族性为代价的现代化终究不能长久。近代中国的民法典立法实践最终未能帮助本国摆脱半殖民地半封建的境况，其重要原因就在于其时的民法典立法实践未能充分彰显其民族性，而具有附随西方文明主导的世界体系的趋向。由西方文明"溢出"到非西方文明的现代民族国家的国家组织形式使得民族认同与国家认同相统一，所有民族国家要维系自身的生存与发展，而维系国族认同的关键就是培育个体形成对民族独特性的高度认同感。韦伯认为民族性与该民族共存共生，它作为一种统一的东西存在于由共同的语言习俗、文化宗教、政治法律制度等因素型塑的人的群

---

〔1〕　黄文艺：《全球化与世界法律发展》，载《学习与探索》2006年第1期。

〔2〕　以意大利为例，在意大利，从1805年到1814年，法国的民法典被引入法国的附属国，如皮德蒙特、热那亚、教皇国、托斯卡纳，以及组成意大利新王国的国家，如伦巴第、威尼斯和那不勒斯王国。See Léon Julliot de La Morandière, "The Reform of the French Civil Code", *University of Pennsylvania Law Review*, Vol. 97, No. 1, 1948, p. 2.

体里。[1]因此，面对一开始由早发的西方国家主导的全球化进程，近代中国面临的一个艰巨使命就是在接受现代文明的同时又要彰显自身的民族性，近代中国民法典立法实践或者因维护封建皇权、宗法伦理而无法做到对现代文明的充分吸收（如《大清民律草案》），或者因缺乏对早发国家带来的现代文明的批判从而部分遮蔽了自身的民族性（如《中华民国民法》）。

新中国成立后特别是改革开放以来的现代中国在全球化的进程中较好地实现了彰显民族性与全球化的平衡，这也反映在民法典立法实践当中：其一，新中国成立后至改革开放前囿于冷战格局和当时国内国际的政治环境及高度集中的计划经济体制的实施，这一时期的国际政治经济格局也更多呈现为冷战背景下不同意识形态阵营的集团对抗，而全球范围的人员、资本、货物的自由流动并没有充分实现。这一时期中国的民法典编纂的尝试虽然并未转化为正式运行的民商事法律制度，但在初步建立民族国家共同体的情形下，我国坚持独立自主的外交路线，以维护主权完整为追求，民法典立法实践中也以彰显民族性为目标，而不是简单附随苏联或美国所主导的秩序，彰显民族性的坚持也延续到了改革开放后。我国在改革开放后正式开启了融入全球化的进程，彰显民族性的坚持对相关的民法典立法实践产生了积极影响。其二，改革开放后的中国开始转向社会主义市场经济，这一时期的中国开始正视自身生产力暂时落后于西方发达资本主义国家的现实，积极融入全球产业链分工，充分吸收早发国家的技术、资本、信息。全球化趋势在冷战结束之后更为突出，反映在立法层面就表现为中国、俄罗斯、东欧各国不但加入了关贸总协定（GATT）、世贸组织（WTO）等旨在规范国际贸易与全球市场的国际组织并遵守保障市场准入的规定，例如消除关税壁垒等，更以保障跨国资本流动与自由贸易为目标改革民法、商法、知识产权法、诉讼法、刑法等各领域的国内法制度。在全球人员、资本、货物逐步实现自由流动的情境下，全球化的进程把一切国家都卷入其中，似乎立法者依照国际通行准则设计相关制度是顺势而为的结果，尤其是在私法领域更是如此。中国自二十世纪八十年代就开始陆续制定了《民法通则》《合同法》《侵权责任法》等一系列民商事单行法，并最终创制出一部体系完备、内容全面、引领时代潮流的民法典。

---

〔1〕 参见［德］马克斯·韦伯：《经济与社会》（上卷），林荣远译，商务印书馆1997年版，第452页。

可以说，当代中国已基本建立可供国际投资者预测计算的有保障的法律系统并在与国际通行做法接轨，这表明当代中国已深度嵌入全球化之中并充分吸收了早发国家带来的现代文明。

然而与部分第三世界国家不同之处在于当代中国在全球化进程中从未放弃对自身民族性的彰显，这与诸多在国际分工中提供初级产品及原料并成为早发国家高附加值商品倾销地的后发国家形成了鲜明对比。部分后发国家以市场为导向的法律制度改革固然是适应了跨国资本流动、人员往来、商品流通的需要，然而这些国家在全球化进程中往往或主动或被动地基本认可了早发的西方资本主义国家构建的经济体系及相关意识形态，最终成为依附性的外围国家，承受处于中心地位的西方资本主义国家的变相剥削。[1]居于优势地位的霸权国家依靠其各领域的综合优势特别是文化领域的控制权将其意识形态强加于全世界，从而进一步巩固其在国际生产分工中的优势地位及其国际政治中的霸权地位，并为这种地位的取得披上合法性的外衣。[2]资本围绕着商品的增值配置生产工具、劳动力、原材料的过程被称作商品的生产过程，而串联起商品不同阶段增值过程的主轴就叫做商品链。沃勒斯坦曾提出，虽然商品链上与空间性分工相关的各国资本都能参与分享商品链创造的剩余价值，但是这种空间性分工在西方资本主义国家主导的世界体系中并不是平等的，而是有着"中心""边缘""半边缘"的区分。[3]

"边缘"国家在全球化进程中通过依附于所谓的"中心国家"在一定程度上提升了其发展水平，包括通过法律移植建立了现代民商事法律制度，但由于它们自身文明传统的薄弱或未确立超越资本主义的意识形态，往往在全球化进程中难以彰显自身的民族性，最终成为西方资本主义国家构建的经济

---

[1]　世界体系理论是沃勒斯坦应用剩余价值理论的重要尝试之一，他承继了"剥削者/被剥削者"的二分法，剥削是马克思批判资本主义社会的核心概念，沃勒斯坦认为剥削者集中处于富裕的西方国家，这些国家的工人没有起来反对他们的压迫者，客观上他们已经成为"资本家"，因为富裕西方国家的工人因为他们得到了全球盈余产品的一部分，而整个边缘地带则主要由被剥削的大众居住，后者产生的剩余价值被前者征用和消费。See Andrew Savchenko，"Constructing a World Fit for Marxism U-topia and Utopistics of Professor Wallerstein"，*The American Journal of Economics and Sociology*，Vol. 66，No. 5，2007，pp. 1035-1036.

[2]　See Immanuel Wallerstein，*The Politics of the World-Economy：the States，the Movements and the Civilizations*，Cambridge University Press，1984，p. 17.

[3]　See Immanuel Wallerstein，"The Modern World-System and Evolution"，*Journal of World-Systems Research*，Vol. 1，No. 19.，1995，p. 150.

体系的附庸。特别是自二十世纪九十年代以来新自由主义盛行的情境下，早发国家对后发国家的经济掠夺经过新自由主义的"包装"，被解释为全球化带来的规则秩序所自然引发的结果并且是有利于后发国家的，因此，后发国家对自身法律制度特别是民商事法律制度的变革即便是变相有利于早发国家对后发国家的剥削及压制，部分后发国家反而还对之抱以欢迎的态度。而来自西方发达国家的跨国公司、巨型企业、新闻媒体、社会组织则能够以自身的组织架构、管理规章、国际协定在一定程度上绕开主权国家政府的干预，以自由贸易的名义变相加重第三世界国家对于西方国家的依赖。[1]

改革开放以来的中国在全球化的进程中同样根据国际贸易与跨国资本流动的需要变革了国内的法律制度特别是民商事法律制度，例如在合同领域大量借鉴了《联合国国际货物销售合同公约》的规定，但是中国在此过程中从未放弃对自身民族性的彰显，例如《民法典》第一条有关"弘扬社会主义核心价值观"的规定、第九条有关"绿色原则"的规定、第一百八十三条有关见义勇为免责的规定等相关条款都是根据我国国情设定的，体现着中华民族共同体特有的道德准则、文化传统。之所以当代中国民法典立法实践中能够在吸收源自早发国家的现代文明与彰显自身民族性之间保持一定的平衡，原因恰在于新中国自成立伊始就确立了高于资本主义意识形态的马克思主义的指引，并且中国同时是有着深厚历史传统的文明古国，所以我们能够破除西方国家抛出的新自由主义的普适"陷阱"，在引进、学习、借鉴西方的技术、资本以及法律制度的过程中通过"脱域再嵌入"的方式注入本地的语言、风俗、文化、伦理价值，从而避免沦为资本主义世界体系的附庸。随着发展水平的提高与国际影响力的不断增强，未来中国民法典在指导我国民众社会生活实践与司法裁判方面不断显现其效用，甚至于辐射周边国家并产生国际影响，但是这种影响并不是自身民族性的扩展从而压制他国的民族性，而是各国相互取长补短，共同参与到国际通行的民商事法律制度的构建当中。

二、地方性与普适性

民法典立法方向设计的地方性与普适性的权衡问题主要是在现代社会才

〔1〕 See Roberto Mangabeira Unger, *Law in Modern Society: Toward a Criticism of Social Theory*, Free Press, 1976, pp. 192-223.

产生的，古代社会在某种程度上并不存在地方性与普适性的权衡问题，因为古代社会的法律基本是地方性的。不论文明形态的差异，世界各地古代文明的法律都有着相似的起源与相近的特征。个体所遵守的规则"首先来自他所出生的场所，其次来自他作为其中成员的户主所给他的强行命令"。[1]在特征上呈现为个体始终被视为特定地域下某一团体的成员，个体的权利、义务不能自行设定，财产权和与身份、血缘、地域相关的亲族权利纠葛在一起，因犯罪或违反道德需要承担责任或义务的主体也不限于个体，往往波及个体所属的血亲团体，因此古代法典中通常包含"血亲复仇""株连"等规定。[2]古代法的地方性并不是一成不变的，在漫长的发展历程中也产生了诸如古罗马公法制度对私法制度的地方性的部分程度的克服。古代法也并非完全排斥普适性因素，但相应的普适性因素多来源于宗教、道德，并且也与身份、地域、血缘、行业相关，从而呈现为地方性的"普适性"。例如古印度的《摩奴法典》就深受印度教教义的影响，其在宗教观念的引导下在法典中引入了大量种姓、家户、地域、行业的因素。古印度法律中种姓制度与行业分工还相互对应，高、低种姓的人群互相不得从事对方的职业，宗教人员、武士、农民、商人、刽子手等职业人群都有着与其"业力"相对应的衣食住行准则以及解决纠纷的规则。[3]

　　地方性压制普适性或吸纳普适性因素的古代法的立法方向无疑是与现代法律特别是民法典所主张人格平等、意思自治、私权神圣的立法原则及制度构造相冲突的。现代社会的个体不再从属于任何以血缘、地域、行业为划分依据的地方性团体，而是被视为民族国家内部有着平等的权利能力与行为能力的独立个体。1804年《法国民法典》的第八条规定了"所有法国人都享有民事权利"，它实际构成了整部法典的逻辑起点，这条规定意味着所有法国境内的人首先从属于民族国家，其次才是特定行省、村社、家族等地方性团体中的一员，1804年《法国民法典》中一系列的权利及义务规则普遍适用于全体法国人，现代社会立法的普适性初步具有了吸纳地方性的可能。因此，以

---

　　[1]　[英]梅因：《古代法》，沈景一译，商务印书馆1959年版，第176页。

　　[2]　参见梁治平：《"从身份到契约"：社会关系的革命——读梅因〈古代法〉随想》，载《读书》1986年第6期。

　　[3]　See Robert Lingat, *The Classical Law of India*, translated by M. Derrett, Munshiram Manoharlal Publishers Pvt Ltd, 1993, p. 246.

民法典为代表的现代法律的普适性的首要表征是在立法理念与法律原则上承认个体的独立价值,将个体抽离血缘、地域、行业等因素维系的地方性团体。换言之,现代法律要实现其普适性必须在身份上破除个体对地方性团体的依附,无视个体的血缘、地域、行业、性别等具体身份差别,将个体视为普遍拥有抽象的平等人格的主体,重新凝聚为围绕着民族国家的"想象的共同体",正如昂格尔所说,现代社会的"整个人被看作或被当作是一系列在任何集团生活中都不相联系的抽象的能力"。[1]自《法国民法典》颁行后,将个体视为普遍拥有抽象的平等人格的主体的立法理念普遍存在于近代以来各国的民法典立法实践中:《德国民法典》第一条规定了人的权利能力自出生完成即获得,并且从其他规定看,这种权利能力为所有自然人所普遍拥有。我国《民法典》总则编的第二条也规定了民法典调整所有平等民事主体之间的财产关系与人身关系,第四条规定了民事活动中所有民事主体的平等法律地位。

近现代各国的民法典赋予行为主体普遍抽象的平等人格为国家法确立的一般性规则提供了适用空间,却也可能进一步导致其与作为"地方性知识"的调整特定人群的规范产生直接冲突,立法的普适性与地方性之间的张力并未被消解,反而有矛盾加剧的可能。立法的普适性与地方性之间的矛盾加剧乃至于产生剧烈冲突主要是现代化进程开启之后的产物,这种矛盾、冲突在中国、日本、韩国、土耳其等后发国家的民法典立法历程中体现得尤为明显,而在法国、德国、英国、美国等早发国家的民法典立法历程中则体现得不那么明显。

早发国家的民法典立法历程具有从地方性向普适性发展过渡与自然延伸的特点。中世纪的西欧社会的主导法律形式主要是习惯法,而与近代法典化紧密相关的罗马法有关的法学知识、立法技术以及古希腊的哲学思维则蛰伏于中世纪的"黑暗"与"蒙昧"中,有待受文艺复兴、宗教改革、启蒙运动影响的个体再次攫取相关知识、技术及思维并应用于对习俗或习惯法的转化上。早发国家中法国、德国等大陆法系国家的民法典立法实践大抵经历了由不成文的地方性的习俗—成文的习惯法—习惯法的汇编与编纂—民法典中普适性规则的发展历程。以德国私法的演进为例,德国私法一开始呈现为德意

---

〔1〕 [美]R. M. 昂格尔:《现代社会中的法律》,吴玉章、周汉华译,译林出版社2001年版,第140页。

志封建早期的"德意志王国零散的习惯法进行的理性化加工",〔1〕如《萨克森明镜》,后来德国私法逐步发展出以近代自然法思想为指导的《普鲁士普通邦法》(1794年),《普鲁士普通邦法》对普鲁士习惯法、城市法进行了合理的鉴取并尽可能消除了其中的矛盾、冲突之处。尽管十九世纪末制定颁行的《德国民法典》在立法技术层面摒弃了"决疑法"的编纂技术,在立法理念层面放弃了那种希冀于借助大而全的立法体系、实质性的具体概念对现实社会问题作出无遗漏的全面规定的自然法思想,转而采用"总则+分则"的潘德克顿式的立法体系,通过体系建构、概念涵摄的方法致力于实现对复杂社会现实的简单化约。但是《德国民法典》仍然大量吸收了《普鲁士普通邦法》的制度设计与规则内容,尤其是在民事合同领域,只是适用更为抽象与概念化的语言,从而使得源自《普鲁士普通邦法》中的制度设计与规则内容去除地方性的残余,更加具有普适性的特征。〔2〕

近代中国的民法典立法实践首要面临的问题不是普适性与地方性的冲突,而是在现代化初期本国的固有法面临西方引入的民法知识的冲击,这使得我们必须在批判本国固有法与重释西方民法知识的基础上重构本土的法律知识或曰法律文明,不能简单地追求复古或西化,否则难以在民法典立法实践中以普适性吸纳地方性和以地方性重释普适性。

一方面,因为中华法系主要建立在按照血缘关系或者拟制血缘关系构建起来的宗法伦理秩序的基础上,缺乏讲求意思自治、主体平等的现代民法理念及相关制度构造,具有普适性价值取向的现代民法知识传入中国实际是源于西方文明在近代的突然崛起及其对非西方文明的强势输出。尽管正如斯宾格勒所言,虽然每个高级文明都有着与众不同的生长、繁荣、衰落的发展历程,〔3〕但能够把不同的高级文明整合进一体化的世界文明是西方文明在近代崛起后的结果,统一的、线性的世界观与历史观是西方文明的特有产物。因此在遭遇植基于西方文明世界观与历史观的普适性民法知识时,传统中国的

〔1〕 刘璧君、顾盈颖:《古老的德国习惯法:〈萨克森明镜〉》,载《检察风云》2015年第6期。
〔2〕 参见林洹民:《不该被忽视的〈普鲁士普通邦法〉——兼评我国民法典的制定》,载《外国法制史研究》2016年第00期。
〔3〕 参见齐世荣:《德意志中心论是比较文化形态学的比较结果——评斯宾格勒著:〈西方的没落〉》,载〔德〕奥斯瓦尔德·斯宾格勒:《西方的没落》(下册),齐世荣等译,群言出版社2016年版,第3页。

法律突然面临着被批判、筛选及改造的境地。《大清民律草案》整体的编纂体例、概念运用特别是财产法领域的立法原则及规则主要还是应用源于西方的普适性的民法知识，本国讲求宗法伦理、家长权威、封建等级秩序的固有法虽然在人身法领域有所保留，但是与草案整体的立法风格相比显得格格不入。在救亡图存的历史语境下传统中国的法律如不经批判、筛选及改造已难以适应现代化的需要，实质上本国的固有法已经被褫夺了遭遇现代文明之前无需证成的合法性，而整体上被降格为一种亟待处理与改造的立法素材。

另一方面，中国曲折的现代性道路使得我们必须批判地接受由外部引入的民法知识，否则意味着对自身文明的否定与自我矮化。近现代中国的民法典立法实践的一个重要任务就在于扭转一开始被整体上降格为立法素材的本土法律文明，使之能与外部性的民法知识相融通，进而重新在本国范围内具有普适性向度。在《民国民律草案》与《中华民国民法》的制定过程中，立法者都试图融合本土化的民间习惯、传统文化、民商事社会实践中形成的规则与外部引入的现代民法理念及相应规则。但北洋政府脱胎于封建军阀的特性导致立法主体缺乏对固有法的批判、筛选及改造，从而使得《民国民律草案》仍然呈现出固有法拼接继受法的特性。而《中华民国民法》以三民主义作为指导立法的意识形态，一定程度上革除了固有法中强调宗法伦理、男尊女卑、家长权威的封建残留，使得财产法与人身法能够统一于普适性的立法理念之下并呈现为具体的民法原则及规范。但由于三民主义意识形态具有天然缺陷即未能对西方资本主义文明进行深度批判，因此，《中华民国民法》用以吸纳本土法律文明的民法知识仍然主要是西方民法知识的复刻。

要真正重构本土的法律知识体系或曰法律文明，使之在本国范围内具有普适性价值，需要国人找到一种维度高于资本主义的意识形态，这样一种意识形态能够同时指引立法主体筛选、批判与改造本土法律文明和重释源自西方的民法知识。马克思主义或者说中国化的马克思主义满足这一要求，因为"马克思把对启蒙理性及现代性的批判转化为对资本逻辑、资本主义生产方式的批判性重构"，[1]能够在民法典立法实践中促进地方性与普适性的有机融合：

---

〔1〕 刘同舫：《启蒙理性及现代性：马克思的批判性重构》，载《中国社会科学》2015 年第 2 期。

其一，新中国成立后的立法者不仅批判本国的固有法中的落后成分，也重释源自西方的民法知识，而非清末—民国时期的立法主体直接或者间接以西方的民法知识吸纳本土的固有法，即使新中国成立初期囿于历史惯性及政治形势立法主体部分否定了源自西方的民法知识，但是客观上避免了我国不加批判地直接继受外部引入的西方民法知识。

其二，改革开放后虽然我国为适应社会主义市场经济的发展也引入了西方的民法知识，但是相关民法知识得到重新诠释并与本土立法实践相结合，逐步确立起了本土法律文明的普适性向度，在此基础上才能实现普适性对地方性的吸纳：例如《民法通则》第一条中有"适应社会主义现代化建设事业发展的需要"的内容，这一定程度上扭转了本土法律文明只能整体上作为地方性存在的境地，在民族国家范围内重新确立起了本土法律文明的普适性价值。当立法者在民法典立法实践中进一步以此为依据筛选、批判及改造地方性的立法资源时，地方性被限定为民族国家范围内适用于特定区域、特定时间、特定情境、特定人群的社会规范。如《合同法》规定了承诺的方式、承诺的生效、合同终止后的后合同义务、补充协议的确定、合同解释的判断可以依据交易习惯（第二十二条、第二十六条、第九十二条、第六十一条、第一百二十五条）；再如《物权法》第八十五条对依据当地习惯处理相邻关系的规定、第一百一十六条对特定条件下法定孳息的获得可以依据交易习惯的规定。现行《民法典》在物权编、合同编不仅大体延续了通过"交易习惯""当地习惯"容纳地方性的立法资源的做法，更在总则编明确规定了习惯的补充性法源的地位，从而全面确立了以普适性的本土法律文明吸纳地方性的立法资源的私法制度框架。

其三，在确立本土法律文明在本国范围内的普适性价值的基础上，当代中国民法典立法实践才能继而以地方性重释普适性。以普适性吸纳地方性与以地方性重释普适性展现在民法典立法实践中是不同的，其中前者是直接在民法典的条文中规定可以适用习惯的情形，后者则是根据事实意义上社会习惯的内容变迁修订、删改或增加法律条文。因此，以普适性吸纳地方性要求私法制度框架为容纳地方性的立法资源提供相应的制度空间，但以地方性重释普适性则要求用地方性的立法资源改造既有的私法制度框架，从而将一定数量具备相似性的地方性的社会规范整合为普适性的法律规则。

在"法治中国"的语境下，在民族国家内部融注了普适性向度的本土法律知识或法律文明不能固步自封乃至于陷入僵化，我们必须要明确当代中国民法典立法实践中的普适性与地方性的关系处理不能仅仅是"自我确证"，我们必须向世界展示本土法律文明的独特价值并与其他法律文明沟通，并向广大的第三世界国家证明本土法律文明在本国范围内重新确立起普适性向度的可能性。

三、实质理性与形式理性

实质理性与形式理性是马克斯·韦伯应用理想类型的研究方法在分析经济现象、法律现象、政治现象中广泛应用的重要范畴。有别于单纯从"概念法学"或"纯粹法学"的内部视角寻找人类社会客观规则的研究路径，在韦伯看来，社会生活中实际发生作用的规范虽然体现着包括情感、价值、伦理等在内的主观意义，但规范及社会秩序的客观性的产生并不是单独个体的行动简单相加的结果，而是社会成员集体行动的结果。[1]韦伯依据形式性与理性[2]相结合的标准划分了法律的四种类型，按照是否满足上述标准可以划分出形式非理性的法、实质非理性的法、实质理性的法、形式理性的法。（1）形式非理性的法意指在法律制度中处理法发现或者法创制的问题使用的是神谕、巫术、魔法及类似的理智所能控制之外的方法，具有强烈的形式性特征；（2）实质非理性的法意指法创制与法发现的基准不在于一般性的规范，裁判不按照确定的一般规则的一种非理性的法，案件审判全然依赖于包含着伦理、情感、价值等要素的个案评价结果，不具有任何可预测的形式性规则，典型如古希腊时期公民审判大会；（3）实质理性的法则意指法律制度之外的伦理、宗教、政治或其他目的取向的规范能够透过逻辑性的通则化或体系化对法创制、法发现产生决定性的影响，法律规则与其他类型的规范尤其是道德规范之间界限十分模糊，法律规范与道德规范不分；（4）形式理性的法是具有高度预测性和可计算性的法律规范体系，它是以罗马法为基础，经由概念法学的推动，伴随着资本主义兴起的法律类型，是法理型统治的基础，在近代欧陆的法典

---

〔1〕 参见郑戈：《韦伯论西方法律的独特性》，载李猛编：《韦伯：法律与价值》，上海人民出版社 2001 年版，第 27 页。

〔2〕 参见［德］马克斯·韦伯：《法律社会学：非正当性的支配》，康乐、简惠美译，广西师范大学出版社 2011 年版，第 29-30 页。

化运动中，特别是在《德国民法典》的编纂中得到了充分彰显，它以概念涵摄与逻辑手段统合法律规则中法律命题的方式保证了裁判的稳定与统一。[1]

　　近现代中国的民法典立法历程并不能直接套用韦伯"形式非理性—实质非理性—实质理性—形式理性"[2]的法律进化的观点，因为韦伯基于世界范围内大多数个案归纳得出的理想类型必然是存在例外的，其中最为典型的例外当属英国法的"非理性"问题，即理性化程度较低的英国法同样促进了英国资本主义经济的发展并维系了较为良好的民主法治状态。严格来说，韦伯按照理性化程度高低提出的法律进化观点主要适用于欧陆各国特别是西欧诸国中的大陆法系国家，其中以法国、德国的民法典立法实践为代表，这些国家同时也基本都是早发国家，而英国法问题的"例外性"证明了法律的理性与其他领域的现代化发展及民主、法治的发展水平并不具有必然联系。因此，对于包括中国在内的后发国家而言，韦伯有关法律的理想类型及其进化序列的观点不可机械地适用于本国的民法典立法实践，更不能将形式理性的价值推至极致进而贬低实质理性，极端的形式理性法往往会带来实质非理性的结果。虽然韦伯本人并未预见到极端的形式理性法会出现危及人权、民主、平等等法治基本价值的现实后果，但是他也在其著作中提到近代法律的发展已经呈现出形式主义弱化的倾向，例如商法从民法中的分离以及诸多特别法庭、特别诉讼程序以及特别立法的兴起都显示法律制度开始注重利益衡量，再如在阶级问题与意识形态问题加剧的背景下，包括法的利害关系者（如无产阶级）、法的意识形态者（如自由主义者）都对法律提出了实质性的要求。[3]因此，作为后发国家的中国要在审慎考量本国民法典立法实践的特点及文明传统的基础上，了解韦伯对中国传统法律文明及近代立法实践的认识局限，考量实质理性与形式理性对于近现代中国的民法典立法历程分别发挥了什么样的作用，最后针对当代中国的民法典立法实践提出恰当的处理实质理性与

---

　　[1]　参见［德］马克斯·韦伯：《论经济与社会中的法律》，张乃根译，中国大百科全书出版社1998年版，第62页。

　　[2]　在韦伯看来，按照理性程度的高低，法律发展大体经历从原始的源于巫术的形式主义到神权政治体系下讲究实质理性的转折阶段再到强调演绎与逻辑的专门化法学与强调法律体系的阶段，合理化的程度是不断提高的。［德］马克斯·韦伯：《法律社会学：非正当性的支配》，康乐、简惠美译，广西师范大学出版社2011年版，第320-321页。

　　[3]　参见［德］马克斯·韦伯：《法律社会学：非正当性的支配》，康乐、简惠美译，广西师范大学出版社2011年版，第319-320页，第326页。

形式理性关系的方案。

其一，在韦伯看来，中国古代的家产制支配形式与资本主义的发展不具备亲和性，中国法应被定位为实质非理性的法。韦伯在其著作中并没有专门论述中国法问题的篇章，"他关于中国法的论述散见于法律社会学、宗教社会学等分支领域"。[1]韦伯在其著作《法律社会学》中的探究的重点是为什么只有西欧的部分地区产生了连续性地向"形式合理性的法"过渡的法律现象。因此，韦伯在应用理想类型分析法律现象时所关注的中国法更多是传统中国的法律，近代中国现代化转型中清末修律运动及民国建立初期的立法成果他并未关注到，民刑不分和以伦理为导向的特点使得中国传统法律难以满足资本主义发展所需要的"程序正义"或"经济性期待"，"以伦理为取向的家产制，所寻求的总是实质的公道，而不是形式法律"，[2]实质非理性的法的定位在一定程度上揭示中国传统法的特性，但是这种定位也存在着天然的局限性：第一，韦伯仍是以"西方中心主义"的立场认识中国法，他对中国法的研究是从西方文明的视角出发将中国法作为"他者"，用以论证西方法律的发展脉络与特殊性时所使用的理想类型不是内置于中国文明之中，本质上仍未摆脱"西方中心主义"立场的影响，难以真正实现跨文化的比较研究中的"主体间性"。[3]第二，囿于其所生活的年代和学术著作的写作时间以及他采用的中国法资料，韦伯并未关注现代化转型过程中晚清及民国时期的立法成果，这些立法成果反映了传统中国法仍具有向实质理性的法或形式理性的法的过渡或兼容的可能性。第三，实质非理性的法的定位也并不尽然符合中国传统法律的全貌。有学者指出中国传统的法律固然存在韦伯说的存在裁判任意性的情况，但是不可以偏概全，因为中华法系自成体系，不能简单应用西方的语言和思维予以理解。[4]实际上，中国传统的法律虽然受到家产制支配形式与血缘伦理秩序的影响存在着司法专断的现象，但是在绝大部分情况下都具有制度化、合理化的特点。美国学者布迪和莫里斯从清代的《刑案汇览》中择取

---

〔1〕 白中林：《韦伯社会理论中的"中国法"问题》，载《政法论坛》2007 年第 3 期。

〔2〕 ［德］马克斯·韦伯：《中国的宗教：儒教与道教》，康乐、简惠美译，广西师范大学出版社 2010 年版，第 153 页。

〔3〕 参见张辉：《论中国传统法律的理性——从韦伯的"中国法"问题说起》，载《学术交流》2017 年第 12 期。

〔4〕 参见张伟仁：《中国传统的司法和法学》，载《现代法学》2006 年第 5 期。

了 190 个经典案例，他们经过整理、调查及分析后发现清代的刑事审判基本是遵循着罚当其罪、严格按照法律条款依法判案的原则，即席判决式的任意断案只是少数情况下才发生的现象。[1]因此古代中国的法律不是绝对的实质非理性的，而是潜藏着部分类似于形式理性或实质理性的因子，能在一定程度上满足可预测性与可计算性的要求，具有实质理性混合形式理性的特征。限于其研究立场与有限的分析材料，韦伯将中国传统法律定位为实质非理性的法的观点在不少学者看来是存在一定偏颇的。黄宗智认为以清代法律为代表的中国传统的法律制度既不是大陆法系国家的"形式理性的法"，也不是"实质非理性的法"，而是中国古代特有的大一统的中央集权官僚体制下的理性实践。[2]如果我们不将理性限定为满足可预期与可计算的要求的理性，那么与英国法注重经验理性的情形相类似，传统中国法在某种意义上也具有理性的特征，尽管这种理性更多受到身份、伦理、血缘的影响。

其二，近现代中国的民法典立法历程虽然以形式理性的法为重要目标，但是每一阶段的民法典立法实践在追求形式理性的同时又会受到实质理性的制约或主动寻求实质理性的导引。实际上，实质理性与形式理性对于民法典立法实践而言都是不可或缺的，即便是作为形式理性法代表的欧陆民法典中也体现了实质理性的影响，十九世纪末颁行的《德国民法典》也内含着自由法治国的理念，而十九世纪初颁行的《法国民法典》在形式条件与实质条件上被视为是对自然法的正当化。

一方面，由于中国古代未产生古罗马和近代欧洲历史上的法学精英阶层，缺乏独立的法学教育、法律知识的传承者与法律职业的担纲者，因此，韦伯语境中满足"程序正义"与"经济性期待"要求的形式理性在古代中国的法律中是较为缺乏的，近现代中国民法典立法实践中立法主体对形式理性的追求是必然的。形式理性[3]是法律追求的最高层次的合理性，它首要表现在成

---

〔1〕　参见［美］德克·布迪、克拉伦斯·莫里斯：《中华帝国的法律》，朱勇译，江苏人民出版社 2008 年版，第 431-432 页。

〔2〕　参见张辉：《韦伯法律社会学中的理想类型及其困境》，载《学术交流》2016 年第 1 期。

〔3〕　形式理性思维的运用在历史法学派大家萨维尼的学术思想中有着深刻体现，他在其著作《当代罗马法体系》中将民法体系中的法律关系界定为由法律规制的人和人的关系，其中按照个人意思可支配对象的差别萨维尼将法律关系分为三类：当意思支配对象为本人时的人格权利；当意思支配对象为无自由意思的物时的对物的所有权；当意思支配对象为他人时的债权关系。参见何勤华：《西方法学史》，中国政法大学出版社 1996 年版，第 248-249 页。

文法当中，即在立法技术层面呈现为用抽象概念的逻辑必然关系替代对现实中法律现象的分别描述，通过具有逻辑形式合理性的规范为人们提供普遍且可预期的行为准则，为司法裁判提供统一的裁判标准，民法典是对这种形式理性法的重要体现。近现代中国的民法典立法实践对形式理性的追求体现在各个阶段：以编纂体例为例，潘德克顿式的法典编纂体例内含着的从抽象到具体的演绎性思维深刻反映了民法典的形式理性，但是中国本土的法典编纂却缺乏这种思维模式，清末—民国时期的民法典立法实践中立法主体基本都是通过法律移植的方式继受了"总分结构"潘德克顿式的法典编纂体例，《大清民律草案》与《民国民律草案》采用了总则、债权、物权、亲属、继承的五编制；《中华民国民法》则采用了法例、人、物、法律行为、期日及期间、消灭时效、权利之行使的七编制。新中国成立后至改革开放前的民法典编纂同样继承了潘德克顿式的法典编纂体例，只是在篇章编排上有大幅度的更新，如 1956 年的民法典草案采取了总则、所有权、债法总则、债法分则与继承的体例，将物权改为所有权，并且将亲属编内容排除在外。当下我国现行民法典同样继承了类似的编纂体例，设有总则、物权、合同、人格权、婚姻家庭、继承、侵权七篇，其中相对于传统的大陆法系的民法典体例，我国的民法典的编纂体例有着诸多创新，如先列举权利后设置侵权责任编，实现"确权—救济"的平衡，再如"人格权独立成编、侵权责任独立成编以及合同编通则发挥债法总则的功能"。[1]可以看出，近现代中国各阶段的民法典立法实践尽管在编纂体例设置上有所差异，但形式理性始终是立法实践的重要目标，并且形式理性的程度随着我国民法典立法实践的自主性与创新性的增强而渐进式地提高。再以债的概念为例，中国古代法典并无现代私法意义上的债的概念，债这一法律概念是来源于罗马私法，它被应用于近现代民法典当中，根据相类似的法律效果（一方可以请求另一方作为或不作为）归纳社会生活中不同的事实，从而将包括合同、无因管理、侵权等法律关系都收束到债的概念下，这也是形式理性的重要体现。清末—民国的民法典立法实践在法律移植的过程中引入了债的概念并以之为统一民法典中相关债法制度的上位概念，我国当下的民法典以合同替换了债，但是债的关系依然普遍存在于民法典之

---

〔1〕 王利明：《民法典令人瞩目的体系创新》，载 https://article.xuexi.cn/articles/index.html？art_id=15383940528060264324，最后访问时间：2024 年 9 月 1 日。

中，事实上合同编总则发挥了传统大陆法系民法典中债法总则统合债法规则的作用，继续保持了民法典在债法规则上的逻辑统一。

另一方面，近现代中国民法典立法历程中立法者对形式理性的追求并不妨碍实质理性在事实上塑造着我国的民法典立法实践，并且这种塑造也是必要的。《大清民律草案》的制定固然客观上适应商品经济发展的要求，但是由于其根本目标是维护清王朝的封建统治，因此深受封建皇权专制思想与宗法等级秩序下的伦理观的影响；北洋政府时期《民国民律草案》的制定因其意识形态领域的进步有限与封建守旧思想的影响，法典中人身法与财产法依然呈现出分裂的情形；南京国民政府时期的《中华民国民法》的制定明确以三民主义的意识形态为指导，同时吸纳了当时中国社会要求男女平等、废除封建家长权威的进步思潮。新中国成立后至改革开放前的民法典草案编纂更有着突出的政治化色彩，而改革开放以来的民法典立法实践在保持法律体系相对独立的基础上以社会主义核心价值观为主导（如《民法典》第一条），积极引入传统文化中的良性资源规范（如《民法典》第一千零四十三条有关家风建设的规定）、社会主义市场经济实践中形成的道德资源（如《民法典》第六条、第七条关于公平原则、诚信原则的规定）。

其三，现代意义上的法治必定是良法之治，民法典作为规范社会生活、保障市场经济运行、协助国家治理、维护主体权益的基础性法律，必定要在形式与实质两个层面都满足合理性的要求。民法典的形式理性与实质理性是互为依托、彼此促进的，而不是割裂的：形式理性不仅有助于消除规范之间的矛盾并促进法律适用的统一，更能够实现对主流道德观与政治意识形态的法律化表达；而实质理性层面的主流道德观与政治意识形态能够避免形式层面的法律体系的创制与适用偏离法治的基本价值。

但是当代中国民法典立法实践中的形式理性与实质理性的有机结合不能只是纯然静态的，而必须适应法典动态发展的要求。韦伯在其著作中注意到了众多弱化法典形式性的要素，其中包括特别立法以及商法分离。虽然我国目前尚未制定商法典，但是解法典化的趋势与再法典化的使命也预示着未来中国的民法典立法实践必须有效应对层出不穷的民商事领域的特别法的冲击。在传统的大陆法系国家纷纷出现特别法冲击一般法的解法典化情势下，当代中国民法典立法实践也会继续面临着因应社会发展需要制定的特别法的挑战（如《中华人民共和国个人信息保护法》），其中不少特别法的内容兼具公法、私法的性质，必须要及时调整一般法与特别法的关系，这种调整不太可能是在未来制定新的民法典，而是对既有的民法典进行更新、修改或补充，从而在维持形式理性层面法典体系完整的前提下不断整合体现着全新的实质理性要素的特别法，完成再法典化的使命，在动态层面实现实质理性与形式理性有机结合。

第五节　小结

当代中国民法典立法实践所要处理的重要范畴受到后发外生型现代化模式定位的影响，但这种影响并不是说在立法资源选择、立法形成机制、立法方向设计的各组范畴中立法者要进行二取一的选择，因为塑造一个国家的现代化模式的要素是多样的，包括经济生产方式、政治法律制度、文化意识形态等，后发外生型现代化只是从外在特征层面对该国现代化模式的概括与总结。之所以当代中国民法典立法实践的重要关系处理不能简单地进行在各组范畴中二选一，其根本原因在于以下两点：

第一，与立法资源选择、立法形成机制、立法方向设计相关的范畴如经验理性与建构理性、政府主导与民众参与、民族性与全球化等都与"肯定的现代性"主导下民商事法律制度的建构或完善相关，立法者需要根据现实情境的差异与社会发展的实际状况处理不同范畴之间的关系，在处理各组范畴的关系时不能简单地二选一，例如在立法资源选择方面不能只采用现代资源并完全摒弃传统资源。

第二，作为后发国家的中国是先经历"否定的现代性"再经历"肯定的现代性"。因此，早发国家在民法典立法实践方面的经验、教训可以为后发国家提供重要参考，但后发国家特别是像中国这样曾遭受殖民侵略的后发国家又经历了不同于早发国家的现代性道路，所以中国在经济生产方式、政治法律制度、文化意识形态等领域不能简单地复刻西方，最终还是需要探索符合自身国情的模式，近现代中国民法典的立法历程也侧面印证了这一点：清末—民国时期的现代化道路未能充分摆脱对于西方现代化道路的依赖，这一时期的民法典立法实践最终也难以通过制度现代化促进现代民族国家的建成，而改革开放以来正是由于我国确立了有别于西方的中国特色社会主义现代化道路，因此，在渐进式建构的民法典发展历程中立法者才能较好地处理立法资源选择、立法形成机制、立法方向设计中的各组范畴的关系。

综上，在当代中国民法典立法实践重要关系的处理上立法主体不会在范畴之间做出非此即彼的选择，立法者对各组范畴的关系处理会汲取早发国家的立法经验，但是这种汲取建立在适应自身国情的基础上，不能是效仿西方或者复古倒退。"现代性内在地是指向未来的，它以如此方式去指向'未来'，以至于'未来'的形象本身成了反事实性的模型。"[1]不论是近现代中国民法典立法历程，还是域外其他国家的民法典立法成果，在"反事实性"的意义上仅能构成立法者的参考材料，当代中国民法典立法实践必须根据不断更新又保持同一性的中国式法治理想图景，结合社会发展的动态，在指向未来的现代性思维的引导下，按照社会发展的总体趋势继续完善既有的民商事法律制度。

---

[1]　［英］安东尼·吉登斯：《现代性的后果》，田禾译，译林出版社 2000 年版，第 155 页。

当代中国立法实践的未来面向：以对民法典的检视为视角

法律作为一种规范性[1]的存在难以对社会生活的各方面作出毫无遗漏的规定，现代社会的复杂性与动态性区别于古代社会的相对单一化与静态性。在"肯定的现代性"主导下，当代中国立法实践要应对不断持续的现代化进程，前沿科技的发展、新兴权利诉求的涌现、社会经济的快速转型使得现代社会生活具有高度复杂性与动态演变的特点。换言之，立法实践必须具备未来面向而不能止步于既有的静态的立法成果，而民法典立法实践作为当代中国立法实践的典型范例，其涉及现代社会生活的不同领域，因此必然也要具备未来面向。

第一节 法典化作为一种不断持续的法律现象

对当代中国民法典立法实践未来面向的关注在民法典颁行前主要是以立法论为导向，但是这并不意味着民法典颁行后就不需注意民法典立法实践的未来面向，而只能转向解释论层面的制度分析。实际上，法典化并不因立法文本的出台就宣告终结，最广义的法典化还包含着正式的法典文本颁行后出现的解法典化、再法典化，因此我们应将法典化理解为一种面向未来不断持

---

[1] 在卢曼看来，法律最为关键的功能既不是制裁犯罪分子，也不是对社会中的个体直接实施行为控制，而是防止社会规范期望的落空。参见余成峰：《法律的"死亡"：人工智能时代的法律功能危机》，载《华东政法大学学报》2018年第2期。规范性与反事实性相联系，规范性意味着不考量规范遵守或不被遵守的动机的一种被稳定下来的关于行为的期望，它是一种先在的决定。参见［德］尼可拉斯·鲁曼：《社会中的法》（上册），李君韬译，五南图书出版股份有限公司2009年版，第159页。

续的法律现象。立法论层面对当代中国民法典立法实践的分析由此突破了单纯的文本、规范视角的局限，研究者在一定程度上可以结合社会发展的动向，对未来民商事法律制度的发展作出预判。当然，立法论与解释论并非互相排斥的关系，因为我们通过对既有的民法典文本的分析能够发掘出其中与社会发展趋势相符合或相龃龉的部分，从而有助于未来民事特别法与一般法（民法典）的关系协调，也有助于在时机成熟时对民事特别法与一般法再度进行整合，从而进一步完善民商事法律制度的法典价值、财产关系、人身关系、权利体系。

当代中国民法典立法实践化约与整序高度复杂性方式之一是摒除社会生活中无关紧要的大量细节，并通过类型化、体系化的法律思维俘获社会生活中那些具有法律意义的事实，最终呈现在由立法文本承载的法律规范上，这是单纯由法律专家与立法官员的协作在立法技术层面可以解决的问题。但是现代社会的高度复杂性并不是始终处于固定不变的状态，而是会随着社会进步与生活世界的变化不断叠加与进一步分化，因此认为民法典立法实践随着民法典文本的颁行就告终的观点是错误的，我们需要提出合理应对这种动态复杂性的实践路径，确保民法典立法实践具有未来面向：一方面我们需明确民法典立法实践要应对哪些领域的动态复杂性及相应目标，大体包括有效回应现代科学技术的挑战、充分适应社会经济的快速转型、及时跟进文化价值观念的变迁、容纳多元主体构建法律秩序的要求，这归属于国家现代化层面；另一方面需要根据应对上述动态复杂性的要求，主要提出在法典价值、财产关系、人身关系、权利体系这四个方面完善民商事法律制度的路径，这归属于制度现代化层面。制度现代化满足国家现代化正体现在通过私法系统诸结构要素的完善及结合、私法系统与公法系统的互动、立法实践参与者的系统整合满足民法典立法实践的未来面向。

当代中国民法典立法实践会遭遇社会生活变迁带来的各项挑战，"现代性的后果比从前任何一个时期都更加剧烈化更加普遍化了"。[1]立法者必须找到切实可行的应对挑战的路径，要在自由、平等、人权、民主、法治等传统法典价值中融入社会主义核心价值观，要在保护私有产权的基础上兼顾社会公益，要在形式平等的民事主体关系中融入对实质公平的追求，要在既有的民

---

〔1〕　［英］安东尼·吉登斯：《现代性的后果》，田禾译，译林出版社 2011 年版，第 3 页。

事权利体系中合理兼容新兴权利诉求。具有未来面向的当代中国民法典立法实践不能重蹈西方资本主义国家的覆辙，西方资本主义国家因在近代编纂的民法典中过度张扬私产神圣，高度强调意思自治，过于追求形式平等以及民事权利体系的稳定性，曾一度助长贫富差距加大、弱势群体利益受损，导致资本对社会生活的过度控制与劳动者受剥削的不良现象。

具有未来面向的当代中国民法典立法实践同样也受到后发国家定位的影响。虽然我国利用"后发优势"在部分领域赶上乃至超越了部分早发国家，我国现行的民法典刚刚实施不久，相比于德国、法国、瑞士等早发国家的历经百年以上社会变迁的民法典，我国民法典能否有效应对社会进步和生活世界的变化引发的动态复杂性还有待进一步观察。然而，民法典实施的时间有限性并不妨碍我们根据社会已经展现出的发展趋势、本国既有的民法典立法历程中的经验及教训、域外国家民商事立法实践应对未来面向的方法与策略就当代中国民法典立法实践需具备未来面向的主要领域及目标作出预判，并提出民商事法律制度满足未来面向的路径。

第二节　民法典立法实践具备未来面向的领域及目标

当代中国立法实践应具备未来面向的领域及目标，包括直接与间接两个层面，直接具备未来面向的主要是科学技术、社会经济、文化价值、主体自治等领域，其目标主要是社会治理的现代化；间接具备未来面向的主要是担负起整合社会秩序、推动制度转型的政治领域，其目标主要是政府治理、国家治理的现代化，直接目标的实现能够导向间接目标的完成，二者是彼此关联的。民法典作为私法秩序领域的系统化表达对公法领域调整的事项并不直接予以规制，"其本身具有扩张效应，构成对公权的合理规范，为公权行使划定了基本的边界"。[1]因此，尽管民法典也是国家治理特别是政府治理的重要规范依据，但是当代中国民法典立法实践对政治领域变迁的应对不是直接性的，而是间接性的，即通过营造能够长久应对现代科学技术挑战、社会经济快速转型、文化价值观念变迁、多元主体秩序构建的私法制度框架，在社会治理层面改变公权力主体单向度地借助权力支配与控制来维持社会秩序的状

---

[1]　石佳友、刘忠炫：《民法典：治理现代化的私法表达》，载《社会治理》2020 年第 7 期。

态，从而在国家与非国家的行动者（不一定指向具体的人或组织）、社会现象彼此型塑的过程中，使得私法制度框架能够在因应社会变迁的过程中起到规范公权力行使的作用并促进交互性的多中心的治理格局的形成，实现从社会治理到政府治理、国家治理的目标跃升。

一、民法典立法实践对现代科学技术挑战的回应

在可预见的未来根据现代科学技术特别是尖端或前沿科技的发展、推广及应用趋势，民法典所确立的私法制度框架可能会受到一定冲击，同时作为法律代表的民法典可能面临着丧失维护社会规范性期望的独特功能的危机。现代科学技术特别是以人工智能、互联网、大数据、区块链、基因编辑为代表的尖端或前沿科技给民法典带来的主要是"挑战"，民法典的重要目标便是合理回应这种"挑战"。

首先，现代科学技术带给当代中国民法典的整体性挑战主要源于智能信息文明。人类文明的进步阶段可以划分为农业文明、工业文明、智能信息文明，十九世纪初的《法国民法典》可以说是农业文明的产物，十九世纪末的《德国民法典》、二十世纪初的《瑞士民法典》可以说是工业文明的产物，而我国民法典则是由工业文明向信息文明过渡的产物。但是我国民法典编纂很大程度上是对既有的民事单行法的汇总、整合，民事单行法大量采用的仍是与工业文明社会生活密切相关的法律规则，这些法律规则的产生从知识谱系上看是受到近现代西方工业文明的民法知识的影响，同时也有苏联民法知识的残余，并且这些民法知识的借鉴及转化与改革开放以来中国所处的高速工业化阶段相契合。我国民法典即便在整合各民事单行法的过程中对个别条款进行了增改删补，但仍无法从根本上克服民法典的知识体系主要脱胎于工业文明的局限性。虽然人类文明尚未完全进入智能信息文明，但是包括中国在内的诸多国家及地区已经处于由工业文明向智能信息文明过渡或称二者并存的阶段，尤其是诸如中国在内的少部分后发国家更是合理利用"后发优势"在互联网、人工智能等领域达到了堪比乃至超过部分早发国家的发展水平。智能信息时代以人工智能、互联网、大数据为代表的新兴科技的实验研发、市场推广与生活场景的应用会对我国现行民法典带来挑战：一方面，从私法体系上看，民法典的法典价值、财产关系、人身关系、权利体系会受到一定

的冲击；另一方面，"智能合约、模拟仿真等技术应用正在持续改变法律的功能形态，催生出'小法律''实验法'等新型学习性法律"，[1]这些"小法律"或"实验法"可能会侵夺本属于民法典的维护社会规范性期望的独特功能。

其次，源于智能信息文明的现代科学技术对民法典的挑战具体体现在以下两个方面：

一方面，就对民法典确立的私法体系的冲击而言，主要存在以下几方面挑战：

第一，传统以私法自治为基石的法典价值面临着被削弱的危机。私法自治的法典价值是营造私法秩序的基础，在民法典中被直接表述为意思自治原则，它们脱胎于近代启蒙思想家有关自由、平等的理念，康德提出："人最适合于服从他给自己规定的法律——或者是给他单独规定的，或者是给他与别人共同规定的法律。"[2]意思自治的观念在近代民法典中有着直接体现，例如1804年的《法国民法典》第一千一百三十四条规定："依法成立的契约，在缔约当事人之间有相当于法律的效力。"[3]我国《民法典》更是在总则编第五条确立了民事主体从事民事活动应遵循的自愿原则。私法自治的价值理念与市场经济中的经济理性人相关，它意味着在市场中会计算、有理性的主体能够根据趋利避害原则合理根据交易机会及手段恰当地实现利益最大化的方案。但是以互联网、大数据为代表的前沿科技的兴起及应用使得部分掌握分析工具与数据源的组织或个体在市场交易中占据较为突出的优势地位，相对于无法熟练使用各种技术手段和合理控制自身数据信息的"数字弱势群体"，这种优势地位更为突出，从而使得私法自治原则背后所蕴含的不同主体有着脱离具体交易情境的同等理性能力这一前提在智能信息文明时代存在着被削弱的可能。如某些互联网巨头利用自身掌握的庞大数据库以及对智能应用软件后台程序的操控可以精准获得个别用户或特定用户群的消费习惯及能力信

---

〔1〕 余成峰：《法律的"死亡"：人工智能时代的法律功能危机》，载《华东政法大学学报》2018年第2期。

〔2〕 〔德〕康德：《法的形而上学原理——权利的科学》，沈叔平译，商务印书馆1991年版，第26页。

〔3〕 1804年的《法国民法典》虽然表达了自由主义的个人主义思想，但是所有的规则都是为个人拥有的财产而设计的，没有提及甚至没有暗示缔约方的绝对自由。See Léon Julliot de La Morandière, "The Reform of the French Civil Code", *University of Pennsylvania Law Review*, Vol. 97, No. 1., 1948, p. 8.

息，从而为其"量身定制"相应的高价或者低价，借助"大数据杀熟"实现自身利益的最大化。

第二，财产关系领域中的物权规则及合同规则可能会受到不断涌现的数据、虚拟财产与智能合约广泛应用的冲击。数据、虚拟财产与智能合约不同于传统财产和合同之处在于它们是在网络虚拟空间以"比特"形式表达的，代码与算法不仅成为支撑这些新型财产及合同的技术基础，更以"代码化法律"的形式发挥着秩序供给的功能。民法典无法以固定不变的详细规则框定数据、虚拟财产与智能合约的具体形态、权利义务分配与权利救济模式，只能作出较为原则性、笼统性的规定或者对适用于现实空间的私法规则稍加改造：以虚拟财产的继承问题为例，民法典没有对虚拟财产能否继承的问题作出明确规定，《民法典》第一百二十四条规定"自然人合法的私有财产，可以依法继承。"《民法典》第一百二十七条规定："法律对数据、网络虚拟财产的保护有规定的，依照其规定。"这意味着我国的民商事法律制度以原则性的规定和准用性规范为虚拟财产的保护问题预留了相应的技术进步空间。再以智能合约为例，《民法典》合同编并未针对区块链技术衍生出的智能合约的技术操作问题如合约自动触发执行后不可撤回、合约成立与合约执行的时间点难以区分等作出规范，而是就电子合同的交付时间（第五百一十二条）、电子合同的成立时间（第四百九十一条）等智能合约的常规问题借鉴现实的合同法规则加以规定，从而部分为"代码化法律"的秩序供给及运作留出了相应的空间，例如有关智能合约交付时间的认定就有赖于分布式账本技术中对交易时间节点的认定。

第三，人身关系领域中现有民事主体范围可能无法有效应对未来强人工智能的挑战。我国民法典中所规定的民事主体包括自然人、法人和非法人组织，此种分类尚可适用于产品意义上的弱人工智能，弱人工智能主要从属于符号主义人工智能研究流派。在符号主义的人工智能研究流派看来，具有类似于人类理性的"加减运算"特征的物理符号模型在一定规模与结构形式下就可以被认为是智能的。[1]而联结主义和行为主义的人工智能研究流派则致力于突破符号主义人工智能研究的局限，探索强人工智能发展的可能性及现实途径。虽然有学者认为所谓的强人工智能也即全能型人工智能因自身内涵

---

[1]　See John Haugeland, *Artificial Intelligence*, *The Very Idea*, The MIT Press, 1985, p.41.

的矛盾性难以被彻底实现。[1]亦有学者认为机器"在人类认知主体的引导下开始并逐渐加深与外界的交互"[2]中能够逐步从视觉领域切入并最终获得统摄性的自我意识,进而成为有别于产品意义的强人工智能体。如果具有主观意识的强人工智能体出现,显然既有的自然人、法人、非法人组织民事主体分类方式无法适用于强人工智能体,因为在当下的民事主体分类中即使是法人或者非法人组织也是包含自然人成员的。在缺乏对强人工智能体的民事主体地位的准确界定的情况下,配置强人工智能体与现有的民事主体的权利义务关系以及产生民事纠纷如何化解矛盾、分配责任都成为亟待解决的难题。

第四,传统按照民事权利内容的标准分类并建构出的民事权利体系可能无法充分适应现代科技催生的新兴权利的保障要求,需要结合特别法以及《民法典》侵权责任编中将民事权益作为保护客体的规定满足相关新兴权利的保障要求。学者们有多种民事权利体系的观点,如谢怀栻为防止混合权利的出现模糊权利属性,把民事权利划分为财产权、亲属权、人格权、知识产权、社员权。[3]再如王利明从大类上将民事权利划分为财产权、人身权、综合性权利,后又继续细分为物权、债权、身份权、人格权、知识产权、继承权及股权这七种类型。[4]然而智能信息文明时代催生出的新兴权利的保障要求可能无法继续沿用现有的民事权利体系,这一点也反映在我国《民法典》中,例如第一千零三十四条有关个人信息保护的规定,再如一千零八条有关人体基因、人体胚胎的医学和科研活动的规定,民法典针对这些新兴科技催生出的权利保障要求均没有采取规定"基因权""信息权"的定义、内涵及外延的方式,而是进行了模糊化与概括性的处理,使之在上升为正式的民事权利之前能够作为广义的民事权益成为侵权责任编的保护客体。虽然有关个人信息保护、规制人体基因及胚胎医学与科学科研活动的条款规定在《民法典》的人格权编,但实际上与基因、个人信息有关的个人利益需求并不局限在人

---

〔1〕 有学者指出,强人工智能或者全能型人工智能的矛盾点在于是否要赋予强人工智能体以"学习能力",如果不需要,那么能够一劳永逸地解决宇宙间的所有问题的人工智能体显然是逻辑上不成立的;如果需要,那么证明这样一个人工智能体总是存在提高的空间,无法应对现实中的不确定性。参见陈小平:《人工智能的历史进步、目标定位和思维演化》,载《开放时代》2018年第6期。

〔2〕 蔡恒进:《行为主义、联结主义和符号主义的贯通》,载《上海师范大学学报(哲学社会科学版)》2020年第4期。

〔3〕 参见谢怀栻:《论民事权利体系》,载《法学研究》1996年第2期。

〔4〕 参见王利明:《民法总则研究》,中国人民大学出版社2012年版,第422页、425页。

格权领域，可能还与知识产权、物权等权利类型相关，只是由于基因、个人信息与人格权关系相对而言更为紧密，因此相关条款被定位于人格权编。体系化的民事权利构建模式与历史上的概念法学关联密切，概念法学强调通过将特定的概念附属于内涵特征较少、适用范围较广的上位概念，从而形成一个抽象的法学概念体系，能够以概念在体系中的具体位置整序纷繁复杂的案件事实。[1]体系化的民事权利构建固然可以在一定程度上实现对复杂社会生活事实的化约，仍有着难以克服的缺陷。体系化的思维方法立基于部分逻辑上相容且不可进一步向上追溯的"基础概念"，这些"基础概念"不可由任何别的概念再次推导出，但事实上任何一个由"基础概念"导出的概念都不是全然封闭完结的，总是会无法完满地涵摄实际社会生活中的情况。与基因、个人信息相关的民事权益的保护问题恰好证明了现实生活中出现的新兴权利保障要求往往无法被精确地安置于非此即彼的民事权利体系中，社会发展的动态性要求民事权利体系不能是纯然静态的、僵化的、终结的，必须保持一定的开放性，随着社会发展可以不断调整，从而具有未来面向。

　　另一方面，就以民法典为代表的法律可能面临着丧失维护社会规范性期望的独特功能而言，现代科学技术带来的挑战可能是"釜底抽薪"式的：有学者指出法律的最根本特征在于法律的"深度不学习"，即法律要对那些不可决定的事情作出终局决定，因为当事人无法通过暴力、经济或情感等手段化解矛盾，而必须由居中的裁判者严格依据法律规定作出决断，在这一过程中裁判者不能考虑当事人双方的意志或情感要求，也不能考量双方的财富多寡、经济状况，更不能采用自然实验的方式去模拟推测法律后果，换言之，法律要求的是在裁判过程中不再根据外部的信息、数据、地位等法律外的因素做出反馈式调整。[2]民法典可以被称作"深度不学习"的制度设置与反认知性规范技艺的集大成者。由于对社会生活各领域覆盖的全面性以及相较于刑法、行政法等公法类法律在解决纠纷中的优先适用的特性，民法典成为降低共识成本、满足社会沟通要求、化约社会复杂性的最为重要的法律制度之一。例如民法中的所有权制度就免除了所有权人与其他人通过逐一谈判的方式取得

---

〔1〕 参见［德］拉伦茨：《法学方法论》，陈爱娥译，商务印书馆2003年版，第42—43页。

〔2〕 参见余成峰：《法律的"死亡"：人工智能时代的法律功能危机》，载《华东政法大学学报》2018年第2期。

对财产占有的所有权共识的负担，直接斩断了取得这种共识的必要性。[1]然而，具有机器学习[2]能力的人工智能及其相关的大数据的应用正以其独有的学习能力逐步接管法律维护社会规范性期望的独特功能。相比于以民法典为代表的法律借助"深度不学习"的规范装置与反认知性技艺化约世界的复杂性，机器学习则是通过统计学意义上的"学习"在数学方法的帮助下化约世界的复杂性，"智能化的机器学习则开始从海量的'大数据'中根据特定的场景、语境和实用的需要，随机提取特定的'小法律'来形成对行为的反馈机制"[3]。"学习性"的"小法律"能够在数据分析中不断提取并更新规则，在一定程度上可以化约传统法律以"不学习"的方式无法化约的复杂性，打破规范与事实的界分，以兼具认知性与规范性的规则替代单一的规范性的法律规则。再以所有权为例，以区块链为代表的分布式账本技术的应用在产权交易网络中能够以去中心化的方式实现财产占有的共识达成，即每一笔交易的达成都即时性地通知到交易主体以外处于交易网络中的其他个体。因此，以民法典为代表的法律维护规范性预期的独特功能实际上在可预见的将来也面临着由现代科技带来的挑战。

最后，民法典立法实践应对现代科技带来的挑战的目标主要是合理回应。因为相比于现代科学技术的日新月异，民法典的修改与完善是相对缓慢的，并且民法典对于技术操作的规制始终是外部性的，原因在于法律规范不能过度深入到人工智能、大数据、区块链、基因编辑等前沿科技的技术细节与操作步骤，只能根据现代科学技术的短期发展趋势，就科技可能引发的侵犯个体或集体的正当权益的风险预先作出规制。这种预先规制难以起到长期引导现代科学技术发展的作用，生产力的提升与生产关系的调整要求包括法律制

---

〔1〕 参见［德］贡塔·托依布纳：《宪法的碎片：全球社会宪治》，陆宇峰译，中央编译出版社2016年版，第131页。

〔2〕 机器学习有别于规范性方法，它是描述性思维与规范性方法的综合。机器学习指的是基于一套初始的学习模型在动态提取随机数据的过程中将原有的学习记忆与新摄取的信息不断加以综合，从而不断更新既有的学习模型，在一种自我完善的经验性的反馈机制中根据实际的状态做出当下的判断并形成能够适应未来数据分析的全新模型。其简单定义可以指某任务 T 随着经验 E 的不断累积、增加而在以 P 衡量的性能上不断完善。参见［美］米歇尔（Mitchell, T. M.）：《机器学习》，曾华军等译，机械工业出版社 2008 年版，第 1—14 页。

〔3〕 余成峰：《法律的"死亡"：人工智能时代的法律功能危机》，载《华东政法大学学报》2018 年第 2 期。

度在内的上层建筑合理回应这种变迁。因此，立法者在民法典立法实践中不能希冀于通过一次法典编纂活动"毕其功于一役"地回应现代科技带来的挑战，民法典对现代科技挑战的回应必须是动态性与开放性的：动态性回应要求民法典立法实践在借助转介条款引入特别立法防范科技带来的社会风险的同时，也以概括性、原则性的条款为技术发展预留空间，法典价值则要在保持基础性的民法价值的形式稳定的同时渐进性地吸纳那些与防范科技风险、促进科技进步相适应的实质价值因素；开放性表现为民法典立法实践不应过多干涉现代科技的技术操作，为由代码/算法生成的认知性的"小法律"的运作提供适当的运作空间，实现以民法典为代表的规范性的"大法律"与认知性的"小法律"的协作。

二、民法典立法实践对社会经济快速转型的适应

民法典是保障市场经济正常运作的基本法律规则，但是民法典对中国现代化的影响并不限于市场经济领域，还同时会影响我国的社会运行状态。换言之，市场经济与社会运行的高度关联性决定了民法典对前者的规范与调整必然会波及后者，而当社会经济面临快速转型时则需要民法典为之提供相适应的私法规则体系。现代文明本质上"是由资本为其奠定基础、并为其制订方向的"，[1]马克思在批判资本主义时曾指出资本是一种"普照的光"，在现代社会，其影响溢出了经济领域，它成为支配一切的经济权力。[2]在"肯定的现代性"主导的历史情境下，立法者在改革开放以来的中国社会经济的转型过程中部分利用了与资本运作相适应的民商事制度促进了市场经济的发育，使得社会总体发展水平与人民生活状况有了较大幅度的提升与改善，但是这一过程中也出现了诸如贫富分化、恶性竞争、垄断经营、生态环境受损、弱势群体权益得不到充分保障、产业升级遭遇瓶颈等问题。早发的西方国家先前由于未能合理节制资本无序扩张带来的负面效应，所实施的民法典也无力阻止其至于某种意义上导致了社会动荡，在付出一定代价之后才进行社会经济的转型并相应地改革以民法典为代表的法律制度。当代中国在社会经济发展水平达到一定高度之后不能重蹈早发国家的覆辙，当代中国的社会经济的

---

〔1〕　吴晓明：《论马克思对现代性的双重批判》，载《学术月刊》2006年第2期。

〔2〕　参见《马克思恩格斯选集》（第二卷），人民出版社1995年版，第24-25页。

转型实际上是在"肯定的现代性"主导下对我国现代化道路在社会经济领域进行调整，民法典立法实践需要适应社会经济的转型趋势。

我国于 2021 年初颁布的《中华人民共和国国民经济和社会发展第十四个五年规划和 2035 年远景目标纲要》（以下简称《纲要》）可以在一定程度上反映当代中国社会经济快速转型的趋势，《纲要》的颁布与民法典的实施几乎是同时性的，因此可以考察我国民法典是否适应了我国社会经济转型的趋势并对民法典立法实践提出相应的建议。

一方面，《纲要》详细指出了我国当下的社会经济转型方向，其中主要包括通过科技创新驱动发展、以实体经济为根基健全产业体系、构建国内国外双循环的共享市场、借助数字社会与数字政府的建设打造数字中国、构建高水平的社会主义市场经济体制等。我国民法典立法实践适应科技创新和数字中国建设的要求主要体现在针对信息产业、基因编辑技术的发展设定了权益保护的基本框架，在有效规制科技创新引发的社会风险的同时为技术进步预留了足够的制度空间。民法典促进实体经济与国内国外双循环、完善市场经济体制的作用主要体现在以下三个方面：

一是在确认自然人、法人、非法人组织三类市场交易主体的基础上，进一步细分出营利法人、非营利法人、特别法人三个类别，市场交易主体的扩充有助于促进市场主体的多元化，并且机关法人、农村集体经济组织在一定条件下也可以成为特别法人参与市场交易，这在很大程度上可以避免机关法人在市场交易中滥用特权，便于农村集体经济组织维护农村集体土地及其相关财产的所有权并保障村民的经济权益，有利于繁荣市场交易，形成公平合理的竞争格局。

二是规定了多样化的财产权并强化对财产权的保护，《民法典》不仅规定了包括所有权、用益物权、担保物权在内的物权，还进一步规定了知识产权的客体内容（第一百二十三条）与数据、网络虚拟财产的权益保护（第一百二十七条）；包括居住权在内的新型用益物权的设立（第三百六十六条到第三百七十一条）与担保物权中抵押物范围的扩大化（第三百九十五条）则最大程度地体现了"物尽其用"的原则，有助于各项生产要素的合理配置，并且在产权保护上规定了平等保护不同主体的物权（第二百零七条），并设置了多样化的保护财产权的规范。

三是构建起了覆盖各类市场交易的基础规则，《民法典》合同编不仅在通则部分规定了合同的订立、履行、变更、效力、违约责任等基础性合同关系，还规定了包括买卖、租赁、保证、借款等在内的十九种典型合同，为市场交易主体提供了行使经营自主权、贯彻私法自治原则的基础规则。[1]

　　另一方面，我国的社会经济转型也体现了鲜明的中国特色，更加注重社会总体发展水平的提升与人民生活状况的改善，避免重蹈早发的西方国家的错误，这一点也反映在《纲要》之中。《纲要》指出要在坚持优先发展农业农村并推动乡村振兴、通过推动绿色发展实现人与自然的和谐、增加民生福祉的同时着重保障弱势群体的权益。《纲要》所指出的上述我国社会经济领域正在调整并在未来将持续转型的发展方向，实际上是要避免资本的过度扩张的不良后果，如出于保护生态环境的需要在总则编中引入了"绿色原则"，又如《民法典》物权编落实了"三权分置"的顶层设计，对农村土地权利不同权能之间的关系进行了相应的制度设计，土地经营权的设立有助于农村集体土地的集约化利用，避免土地资源的闲置，增加农民的财产性收益，推进乡村振兴。再如民法典还体现出了对于未成年人、妇女、残疾人等各类弱势群体的权益保护：《民法典》规定了维护无民事行为能力人或者限制民事行为能力人的权益的法定代理制度和追认、同意制度（第二十一条到第二十二条），并设立了针对无民事行为能力人或限制民事行为能力人的监护制度，对于妇女权益的保护则体现在倾斜保护的规定上（如第一千零八十八条规定在离婚财产分配上给予对家庭付出较多的一方以适当的照顾和补偿）。

　　总体来看，当代中国民法典立法实践应对社会经济快速转型主要是渐进式适应。当代中国社会经济转型的方向确立虽然率先呈现为政策的调整，但是政策调整针对的也是当下正在发生的转型趋势，社会经济的转型要适应基本的经济运行规律与社会发展的惯性，因此这一转型过程必然要克服诸多问题，是长期的与艰难的，一次法典编纂也无法一劳永逸地解决所有社会经济转型过程中出现的问题，只能是通过民法典的完善不断适应社会经济转型需要，立法者根据社会经济运行的实际效果及经验反馈，及时制定与民法典相关联的特别法或者修订既有的法典体系，并等到特别法中有关经济转型的规范逐步成熟并积累到一定数量时，再整合编入法典体系之中，缓解特别法对

---

　　[1]　参见谢鸿飞：《〈民法典〉是市场经济的基本法》，载《经济参考报》2020年5月19日，第8版。

一般法的冲击，有效实现再法典化。

三、民法典立法实践对文化价值观念变迁的引导

当代中国文化价值观念的变迁大体与社会经济的转型是相同步的，遵循社会意识与社会存在的辩证关系的基本原理：社会存在决定社会意识，在"肯定的现代性"继续主导的历史情境下，我国继续沿着深化市场经济体制改革、推动社会主义市场经济持续发展的道路前进，因此，文化价值观念的变迁基本也是顺应这一转型趋势，民法典立法实践对文化价值观念的引导也要顺应这一趋势，避免文化价值观念变迁的无序与混乱；同时，民法典立法实践对当代中国文化价值观念变迁的引导不能偏离中国特色社会主义发展要求。此外，社会意识的相对独立性意味着当代中国文化价值观念的变迁不一定全然由社会经济转型决定，也与历史传承、文化积淀、习俗延续等因素所型构的民族精神相关，民法典立法实践引导文化价值理念变迁要通过提取本国优秀历史文化传统中的良性因子并根据当下现代化建设的需要进行创造性的转化；而社会意识的反作用则指示民法典立法实践引导的当代中国文化价值观念变迁要以推动包括社会经济转型在内的当代中国现代化进程为目标。

首先，民法典立法实践对当代中国文化价值理念变迁的引导要符合促进市场经济发展的要求。民法典作为市场经济的基本法自然反映了市场化改革对文化价值观念变迁的影响，但是民法典不只是单纯地反映这种影响，更以其规范功能整序市场经济发展中涌现的文化价值观念要求，使之直接体现在民法典所确立的基本原则中并间接渗透进与之相关联的具体民事规则中。以平等为例，改革开放以来市场经济的快速发展逐步破除了高度集中的计划经济体制下对经济主体身份的过度强调，各类经济主体要求在市场竞争中拥有相对平等的地位，并在权利义务分配上能够大致相当，避免少数主体滥用权利或垄断地位。《民法典》不仅直接规定了民事主体在民事活动中的地位一律平等（第四条），更在具体规则中体现平等的要求并致力于以实质平等弥补形式平等的不足，如《民法典》侵权责任编有关产品责任的规则设计考虑到了消费者的弱势地位，更倾向于保护消费者的权益。除了平等之外，我国民法典确立的自愿、公序良俗、诚实信用等原则及相关规则也反映并指导着与市场经济发展相适应的文化价值观念变迁，这种变迁也广泛体现在世界其他国

家的民法典的总则规定中及相关的物权制度、债权制度、婚姻家庭制度等具体的民事法律规则中。"肯定的现代性"占据主导地位的情境是当代中国与世界其他各国所共有的，在此意义上，当代中国民法典与世界其他各国的民法典在文化价值观念上具有互联互通的特性，共同构建起了全球范围内市场经济有效运行、跨国贸易顺利展开的基础制度框架。

其次，民法典立法实践对当代中国文化价值观念变迁的引导要符合中国特色社会主义的发展要求，避免西方式的自由主义、利己主义的不良影响。"从政经体制上说，无论是组织体制、经济体制还是其他方面，都存在基于中国特色社会主义的独特内涵要求。"[1]我国现代化进程中的社会经济转型不会照搬西方国家的现代化道路，而是要顺应中国特色社会主义的发展要求，符合社会主义核心价值观，这一点也反映在文化价值理念的变迁上，民法典对此有着鲜明的呈现。如《民法典》第一条旗帜鲜明地提出"适应中国特色社会主义发展要求，弘扬社会主义核心价值观"，再如民法典在民事主体制度中将基层群众性自治组织法人、农村集体经济组织法人纳入特别法人的类型之中，在财产制度上通过用益物权、担保物权的设置使得包括土地、重要自然资源在内的公有财产的利用能够满足民事主体的权益要求。

再其次，民法典立法实践对当代中国文化价值理念的引导要以继承传统文化中的优秀因子与吸纳时代精神中的精华为要旨，助力于形成与维系民族共同体意识。黑格尔认为一个民族的法制与其宗教、伦理、科学、艺术是相似且相关的，都是民族精神的重要标记。[2]萨维尼也认为塑造法律的决定性力量乃是深植于本民族历史之中的信念、习俗及共同意识，即一个民族的法律首要的塑造者是民族精神。[3]民法典立法实践扎根本民族的文化土壤，适应本国国情与实际需要，一方面继承了传统文化中可为当代中国现代化建设借鉴的有益因素，如《民法典》在婚姻家庭编与继承编中体现了对中国传统的家文化的继承与弘扬，例如家风建设的规定（第一千零四十三条）、离婚冷静期的规定（第一千零七十七条）、有负担能力的兄与姐的抚养弟和妹的义务的规定（第一千零七十五条）、尽主要赡养义务的丧偶儿媳或女婿继承权的规

---

〔1〕 龙卫球：《中国〈民法典〉的立法价值》，载《探索与争鸣》2020 年第 5 期。

〔2〕 参见 ［德］黑格尔：《历史哲学》，王造时译，上海书店出版社 2006 年版，第 68 页。

〔3〕 参见 ［美］E. 博登海默：《法理学：法律哲学与法律方法》，邓正来译，中国政法大学出版社 2004 版，第 88-89 页。

定（第一千一百二十九条）。另一方面也吸纳了当下与民众生活、社会发展息息相关的时代精神中的精华，如《民法典》第一百八十四条规定了民事主体实施救助活动给被救助主体造成损害的免于承担民事责任，体现了对见义勇为精神的鼓励，再如《民法典》第一百八十五条规定了侵害英雄烈士的人格权益的民事主体需要承担民事责任，体现了对崇尚英雄理念的倡导。当代中国民法典立法实践对本民族优秀文化传统与时代精神的汲取与整合，有利于各类民事主体在承载着"中国性"的民商事法律制度下合理安排自身生活、进行社会交往并参与市场经济活动，形成并维系民族共同体意识。

最后，民法典立法实践引导文化价值观念变迁的目标是推动包括社会经济转型在内的当代中国的现代化进程。有学者指出，以文化价值观念形式呈现的现代性概念虽然一般被认为是对现代生活的折射，但在很大程度上集中反映的是西方国家的物质生产活动及相关社会生活形态。[1]一个国家的物质生产活动及其相关的社会生活形态根本上受制于物质生活的生产方式，而资本主义国家的物质生活生产方式以雇佣关系为根基，并且根本上从属于资本。但是资本主义国家的现代生活并不是现代生活的唯一展现形式，当代中国民法典立法实践引导文化价值观念变迁的目标正是要借助社会意识的相对独立性，发挥与市场经济活动相适应、符合中国特色社会主义要求、体现民族精神的文化价值观念的引领社会发展的作用，促进包括社会经济转型在内的各领域的现代化，实现对资本主义的物质生产活动及相关社会生活形态的"扬弃"，建构富有中国特色的社会主义现代化道路。

四、民法典立法实践对多元主体构建秩序的容纳

当代中国民法典立法实践要适应社会秩序的建构由"统治"范式向以善治为理想状态的"治理"[2]范式的转变。在"统治"范式下，国家作为秩序建构或曰"统治"的唯一主体对作为"客体"的社会予以规则化调整，而"构成社会之原子的个人与法人则必须遵从国家单向的调整并按照其内在的逻

---

〔1〕 参见张明：《中国现代性问题历史语境的哲学审思》，载《人文杂志》2018 年第 6 期。

〔2〕 俞可平将善治定义为结果意义上的良好治理，他认为相对于统治而言，治理不是公共权力主体简单地应用权力去压制或支配社会中的个人或法人，而是采取引导、协商的方式有效规范社会主体的各项活动，换言之，公共权力的行使是有边界的，从而有助于增进公共利益。参见俞可平：《治理和善治：一种新的政治分析框架》，载《南京社会科学》2001 年第 9 期。

辑获得行为自由的保障和救济"，[1]而在以善治为理想状态的"治理"范式下，国家层面的公权力主体与社会层面的私权利主体之间已不再是主客二分意义上治理主体与治理客体的关系，而是双向互动的交互关系下的多元共治，具有"主体间性"的特征。当代中国民法典立法实践要适应向以善治为理想状态的"治理"范式的转变，这不仅体现在静态的私法规范秩序的初始确立上，也体现在动态的私法规则体系的适用及调整上，二者共同统一于民法典对多元主体构建秩序的容纳。

一方面，在静态的私法规范秩序的初始确立上，民法典本身就是多元主体建构法律秩序的结果。民法典本身是对私法领域民事单行法的体系整合的结果，法典化通过明确私法领域不同板块的逻辑关系与融贯其中的基本原则能够为民事主体提供较为明确的行为指引并为裁判者提供融贯性的法律解决方案，加之民法典特有的私法属性，其本身就为公权力的行使划定边界。这一静态私法规范秩序的初始确立不仅依靠法律学者、立法工作者的理性筹划，还依赖公权力主体与私权利主体的协商、沟通。民法典各分编草案经过专家学者与立法工作者的反复打磨之后，由立法机关向社会公布，面向社会广泛征集意见。社会各方主体针对与切身利益相关的现实问题积极建言献策，行使公权力的立法机关也通过座谈会、听证会、研讨会、网上征询意见等方式与各方主体进行协商、沟通。此外，在民法典表决通过之前，全国人大代表不仅依法审议民法典草案，还积极通过线上线下途径倾听人民群众的利益诉求，将民众的意见整合、加工为正式的立法提议。因此，在静态私法规范秩序的初始确立上，民法典的出台本身就是公权力主体与私权利主体交互影响、双向互动的结果，法律秩序的确立不是公权力主体对包括个人、法人在内的私权利主体的单方面支配。

另一方面，在动态的私法规则体系的适用及调整上，民法典充分体现了多元主体参与的特点。

从私法规则体系适用上看，民法典最为根本的原则是私法自治原则，尽管民法典中也包含一定数量的体现国家对社会生活干预的效力性强制性规定或者管理性强制性规定，但民法典更多地是通过一系列的授权性规范赋予民事主体自主设置权利义务进而在民事主体之间形成"私法秩序"的制度空间，

---

〔1〕　魏治勋：《"善治"视野中的国家治理能力及其现代化》，载《法学论坛》2014年第2期。

能够形成这种"私法秩序"的民事主体并不限于社会层面的私权利主体,也包括部分国家层面的公权力主体,因为公权力主体在为履行职能从事相关的民事活动时也具有特别法人的地位,具备平等的民事主体资格。当公权力主体与私权利主体都能够在私法规则体系下依据自身的需要确定权利义务关系时,动态适用过程中的私法规则体系在相当程度上具有"回应型法"的特征,体现为"一种能够超出形式上的规则性和程序上的公平性而迈向实质正义的法律体系",〔1〕公权力主体与私权利主体、不同的公权力主体或不同的私权利主体皆可以平等的民事主体资格参与到民事活动中,多元主体的秩序构建在此种情境下一定程度上突破了国家与社会的界分,形成具有"主体间性"的自主性网络。

从私法规则体系调整上看,"社会的动态演进,必然会超越静态的法律规范",〔2〕这要求包括立法主体在内的多元主体及时调整私法规则体系。囿于人类理性的局限性与立法用语天然的模糊性,静态的私法规范秩序无法彻底涵盖未来在执法或司法实践中出现的新问题,也难以针对社会生活中的所有细节作出详细规定从而为民事主体提供毫无遗漏的行为指引。因为社会生活的改变以及治理形态的更迭要求当代中国的民法典不能是封闭、僵化的,民法典要对社会的动态演变保持开放的姿态,具备不断更新的能力,在出现新问题、新情况时能够有效解决,合理应对"出现单行法规以及法律变迁、解法典化、法典重构等命题",〔3〕这需要包括人大代表、立法工作者、专家学者、普通民众在内的多元主体对私法规则体系进行调整,他们在合理分工的基础上互相配合,共同推动私法规则体系的动态调整以适应社会发展变迁的要求。

民法典对多元主体构建秩序之所以要以容纳为目标,其原因在于当代中国国家治理体系与治理能力的现代化本质上是所有社会成员都具有自我治理与共同治理的现代意识。因此,具有现代意识的社会成员不能只是被动地承受国家自上而下的权力支配与规则化约束,而要形成强烈的权利意识,同时以主体性的姿态主动参与到法律秩序的构建当中,从而在社会治理与国家治理中打破主客二分的"统治"范式的思维定势,实现治理主体"再造"后的

---

〔1〕 参见〔美〕P. 诺内特、P. 塞尔兹尼克:《转变中的法律与社会:迈向回应型法》,张志铭译,中国政法大学出版社 2004 年版,第 122 页。

〔2〕 陈金钊:《法典化语用及其意义》,载《政治与法律》2021 年第 11 期。

〔3〕 陈金钊:《法典化语用及其意义》,载《政治与法律》2021 年第 11 期。

自我统治，进一步实现公权力主体与私权利主体的协同共治。民法典对多元主体构建秩序的容纳根本上符合的是从统治到治理的转换趋势，这种容纳体现在文本、规范、制度三个层面：文本层面要求民法典吸收多元主体的智识贡献，包括专家学者、立法工作者、立法代表、普通民众在内的各方主体都要利用其擅长的知识领域参与到民法典文本的形成与未来完善过程中并进行实质性的磋商；规范层面要求正式颁行的民法典能够在为公权力划定边界的同时便于包括公权力主体在内的多方主体参与到民商事社会实践中，自主建构私法秩序；制度层面要求由民法典确立的民商事法律制度在立法者、阐释者、行为者的共同协作下顺应社会的动态演变，能够进行动态调整。上述三个层面环环相扣，共同助力于民法典立法实践对多元主体秩序构建的容纳。

第三节　当代中国立法实践实现未来面向的路径：以私法系统为代表

　　领域分割式或问题导向式的路径设计不具有充分面向未来的能力。固然立法实践对社会各领域中出现的现实问题与国家发展目标的回应都依赖于包括民法典编纂在内的特定立法活动，然而，立法活动中人类认知能力的有限性与社会的急速变迁使得任何以解决特定领域的问题为目标的立法活动都无法一劳永逸地解决该问题。有学者指出，立法实践本身具有两方面的特性，一方面，它是对既定社会现实与实践经验的高度抽象与规范化表达，另一方面，它也有着面向未来的特性，立法者通过确定法律基本原则与制定具体规范设计社会生活的理想模式并表达法的应然价值理念。[1]立法实践所具有的回顾过去与面向未来的双重特性意味着特定立法活动不能涵盖所有的立法实践，尤其是不能与立法实践的概念相对应，因为立法实践的概念蕴含着时间上的延展性与持续性，具有从过去指向未来的特点，而不单是多次特定的立法活动的集合。当代中国民法典立法实践尽管需要在回应现代科学技术挑战、适应社会经济快速变迁、引导文化价值观念变迁、容纳多元主体秩序建构上具有未来面向，但是不能按照领域及目标的差异进行领域分割式或问题导向

---

〔1〕 参见齐建辉：《我国民法典编纂的现代性及其限度》，载《行政管理改革》2020 年第 2 期。

式的路径设计，而要基于系统论或结构论的思维方式设计相应的路径。

基于面向未来的需要，系统论或结构论的思维模式相对于领域分割式或问题导向式的思维方式的优势在于注意到法律与社会环境之间存在着持续性的交互影响、彼此互动的关系。华尔兹将系统定义为一组互相作用的单元，单元之间的关系与组织能够影响单元之间的行为与相互作用，而系统内部不同单元相互作用的结果并不是各个单元的简单累积或叠加，其特殊之处在于能够形成独特的系统效果。[1] 系统论[2] 与结构论并非互斥的，这取决于系统的复杂程度，系统之下既可以是结构要素，也可以是子系统。结构论意义上的系统需要我们运用分析性的解释方法，将整体拆解为更小的结构要素，关注系统中各单元的属性、目标及互相作用；而系统性的解释方法则要求我们跳脱出对结构要素的单一关注，理解"系统效果"。我们应该将由民法典统率的民商事法律制度视为法律系统内部一个重要的子系统（可以称之为私法系统），这个子系统具有相对的独立性，即私法系统一方面可以被嵌入现代国家的大环境与技术、文化、社会经济、政治等领域产生互动。民法典立法实践需要在结构论意义上推动民商事法律制度内部各项结构要素的完善，直接满足民法典立法实践的未来面向。另一方面，私法系统作为法律系统的单元与法律系统中其他单元（公法系统）有着互动关系，因此，私法系统的"系统效果"实现还进一步包括了私法系统对法律系统其他组成部分的影响，私法系统可以通过与法律系统中其他单元（公法系统）的相互作用，助力于法律系统的整体"系统效果"的实现。

一、私法系统诸结构要素的完善

在我国民商合一的现实语境中，民法典是统率民商事法律制度最为重要的法律文本，它所承载的私法规范构建起了整个私法系统的基础制度框架。

---

〔1〕 参见［美］肯尼思·华尔兹：《国际政治理论》，信强译，上海人民出版社 2017 年版，第41-42 页。

〔2〕 "系统"一词的使用可以追溯到希腊思想史，这个概念从一开始就包含了两个不同的可能内容：一方面，这个系统是由一些元素组成的，这些元素彼此"从内部"相互依存，在系统的内部秩序中，联系是由事物本身引导的；另一方面，系统被认为是一种"外部"的集合，联系不在事物的内部，而是由一个外部的观察者建立的。See András Karácsomy, "Systemtheorie Und Phänomenologie", *Annales U. Sci. Budapestinensis Rolando Eotvos Nominatae*, Vol. 45, 2004, pp. 122-123.

作为私法系统结构要素的价值取向、财产关系、人身关系、权利体系的发展方向及组合作用虽然也受到民事特别立法或者商事特别立法的影响，但主要是由民法典框定的，因而当代中国民法典立法实践必须以完善私法系统的结构要素为目标设计相应的发展方向及结合方式。当代中国民法典立法实践满足未来面向的最为直接的路径是在结构论意义上设计私法系统的诸结构要素的发展方向及结合方式，并使它们在相互结合的情境下满足民法典立法实践的未来面向。

（一）价值取向：在普遍性的私法理念中注入"中国性"的特殊表达

民法典价值取向是对整个私法系统价值取向的集中表达，为各项民商事法律制度的发展确立了基本的方向，对民法典价值取向的设计决定了民商事法律制度的整体走向。然而，民法典立法实践要满足未来面向的话就不能对其价值取向予以绝对的框定，而只能相对地确定，相对的确定性来源于价值方向设计路径上的确定性，即在普遍性的私法理念中注入"中国性"的特殊表达。

私法系统的价值取向中既有着普遍性的私法理念，也有着"中国性"的特殊表达，对二者关系的处理决定着民商事法律制度的走向。包含自由、公平、平等、诚信等要素的普遍性的私法理念不为当代中国的民法典立法实践所独有，也呈现在大陆法系国家的民法典立法实践以及英美法系国家的民商事法律制度演进中。随着西方国家的对外扩张与海外贸易，包括中国在内的绝大部分非西方文明的后发国家在现代化进程中不同程度地都受到了资本主义物质生产活动及相关社会生活形态的影响，私法理念逐步传播到广大的非西方文明的国家及地区。民法典正是市场经济的基本法，在世界各国普遍采取市场经济模式及相关生产实践的情形下，立法者必然要将普遍性的私法理念纳入民法典，否则，不仅本国人民难以开展社会交往与生活安排，也不利于跨国贸易的开展与国际人员往来。但是当代中国的民法典在价值取向上需给源出西方的普遍性的私法理念注入"中国性"的特殊表达，使其符合本国人民的社会生活需求。直接照搬西方的私法理念将导致民法典立法实践无法适应本国国情，例如清末—民国时期的《中华民国民法》在继受源出西方普遍性的私法理念的同时却缺乏相应的批判及改造，这使得其无法充分适应其时反帝反封建的历史任务。

　　私法系统价值取向的确定性程度是存在差别的，其中总则编有关民法基本原则的规定中呈现的价值取向的确定性程度最高，各分编的一般规定次之，具体和特定的法律规则再次之。社会生活的动态变迁和演变趋势必然会引发民法典价值取向的变化，比较而言，总则编中有关民法基本原则的规定受到社会生活的影响相对较小，这是私法系统的价值取向中普遍性因素较多的部分；具体和特定的法律规则受到社会生活的影响相对较大，这是私法系统的价值取向中特殊性因素较多的部分；各分编的一般规定中的价值取向的普遍性因素与特殊性因素则相对更为均衡。

　　其一，《民法典》总则编中对自愿原则、平等原则、诚实信用原则、保护合法权益原则、公序良俗原则等的规定（第二条到第八条）体现的是一般性的世界潮流，符合自由、平等、公平、诚信等普遍性的私法理念，在世界各国的民商事立法实践中均有着普遍性。立法者对其注入"中国性"的特殊表达主要有以下两种方式：一种是在总则编中设置立法目的条款或增设全新基本原则，《民法典》第一条所包含的"适应中国特色社会主义发展要求，弘扬社会主义核心价值观"的内容对于第二条至第八条有关普遍性的私法理念的规定具有统率作用，使之有别于西方资本主义国家的私法理念表达。此外，我国《民法典》还首开先河地增添了"绿色原则"（第九条），正视人类社会发展给生态环境带来的破坏风险；另一种是各分则编中的具体、特定的法律规则为普遍性的私法理念注入"中国性"的特殊表达，因为普遍性私法理念虽然源于西方文明，但是因其可以在被抽离西方语境后结合本土化的立法资源予以阐释，从而在实质内涵上富有"中国性"。

　　其二，《民法典》各分编中的一般规定是对总则编中有关民法基本原则的规定的落实与细化，体现出普遍性的私法理念，但由于《民法典》分编的内容相对于总则编更加贴近现实社会生活，因此在价值取向上，"中国性"的特殊表达更为丰富且比例更高。例如婚姻家庭编既确立了男女平等、婚姻自由等体现普遍性的私法理念的基本原则（第一千零四十一条），也确立了树立优良家风的倡导性规定，体现中国传统文化中对家的重视的价值理念（第一千零四十三条）。再如《民法典》物权编在以物权法定、一物一权等原则为代表的普遍性私法理念中融注了符合中国特色社会主义发展要求的价值因素（第二百零六条）。此外，我国《民法典》在传统民法典体系外新增的人格权编、侵权责任编更是改变了传统民法典中"重物轻人"的倾向，"突出了人的主体地位，凸显了民法典的人文关怀，真正体现了'一切权利均因人而设立'，有效防止人的客体化，使'大写的人'在立法中得以体现"。[1]

其三，民法典中大量具体而特定的法律规则直接针对的是当前中国社会发展中的现实问题，这些规定在充分彰显时代精神的同时体现了对普遍性私法理念的"中国性"特殊表达。如《民法典》第五百零九条规定当事人履行合同需要避免环境破坏与资源浪费，这一条规定是总则编中"绿色原则"的直接体现，能够对私法自治的传统民法理念形成限制，间接防止民事主体滥用契约自由。人类对生态环境的破坏并不是由于其天生的贪婪或侵略性，更非遗传因素或原罪导致的后果，而是制度所塑造的。[2]同时我国《民法典》中也存在着用普遍性的私法理念辅助"中国性"的特殊表达的现象，如第三百二十四条规定了公有性质的自然资源，个人或组织可以依法占有、使用或收益，立法主体借助私法中的用益物权制度使得包括自然资源、土地在内的各项生产要素在市场经济的配置与调节下可以得到充分利用，实现资源的最大化利用。

私法系统在价值取向上的相对确定性是为了适应社会生活的动态演变，民法典立法实践维持此种相对确定性的重要路径就是不断给普遍性的私法理念注入"中国性"的特殊表达，使得我国的民商事法律制度不仅能够与国际接轨，符合全球私法发展的一般趋势，同时也能植根于本国的社会土壤，回应与处理本国现代化进程中的实际问题，形成能够面向未来、不断更新的私法系统。

（二）财产关系：在保护财产权与尊重契约自由的同时兼顾社会公益

私法系统旨在于社会层面在排除一切等级、特权的基础上安排主体之间的权利义务关系；在个体与家庭层面要求赋予个体人格自在发展的广阔空间，助益实现多元的人生追求，促进家庭关系的和谐融洽；在国家层面要求改变公权力主体对个体、组织的自上而下的权力支配，提升社会的自我治理能力，形成公私合作、协商治理的格局。财产关系则奠定了私法系统的根基，原因在于它以静态的财产支配关系和动态的财产流转关系为纽带，能够形成衡量权利义务的统一尺度，破除社会层面的等级、特权因素的干扰，隔绝家庭层

---

〔1〕 王利明：《彰显时代性：中国民法典的鲜明特色》，载《东方法学》2020 年第 4 期。

〔2〕 See David Pepper, *Eco - Socialism: From Deep Ecology to Social Justice*, Routledge, 1993, pp. 232-233.

面的情感因素的影响，抵御国家层面公权力的干预，把个体和组织理解为"一系列在任何集团生活中都不相联系的抽象的能力"，[1]如民法典中有关民事权利能力或者民事行为能力的规定。换言之，私法系统中的财产关系的确立与现代性是紧密联系的，因为现代性意味着一种重要的世俗视野，它不偏爱特定的生活方式，而是赋予所有可能的符合个人特征的生活方式以同等价值，与财产关系相关的民商事法律制度的存在并不是为了团结所有个体追求单一的共同事业，而是为了制定和维持一套标准，使个人能够从事自己的活动，并尽可能使这些活动与其他人的冲突行动相协调。由传统社会过渡到现代社会离不开产权保护、契约自由的理念的确立及物权制度、债权制度、知识产权制度等具体财产法律制度的实施，它有助于社会总体形态的进步，即将传统的或非正式的交往方式转化为一种权利和义务体系，这种体系在很大程度上是从社会实践的具体现实中抽象出来的，并且是相对独立的。

以财产关系为根基的私法系统在早发国家的现代化进程中发挥了巨大作用，特别是在自由资本主义和垄断资本主义时期，保障财产所有权及市场交易安全有利于提高社会生产力、促进生产方式的革新、积累物质财富，客观上有利于全体民众的生存条件的改善与生活水准的提高。早发的西方资本主义国家在历史上曾强调私有财产的神圣不可侵犯与契约交易的高度自由，追求财产关系处理的绝对自由，这导致资本力量无法受到约束，普通劳动者受到的剥削日益严重，贫富差距不断加大，进一步引发了阶级对立与社会动荡。当代中国已然经历了"否定的现代性"主导的历史阶段，因此在现阶段"肯定的现代性"主导下，我国构建财产法律制度时必然不能重蹈西方国家由于放任资本力量产生的恶果，必须在借助资本助益我国现代化建设的同时合理节制资本力量，必须在保护财产权与尊重契约自由的同时兼顾社会公益，这是当代中国民法典立法实践在财产关系领域满足未来面向的重要路径。

保护财产权与尊重契约自由的同时兼顾社会公益的财产关系发展方向在中外民法典立法历程中均有所体现。西方国家晚近时期民法典发展的趋势是将诸多实质处于不平等地位的民事主体纳入调整范围并给予弱势一方以特殊的保护，例如经营者实质上相对于消费者是处于优势地位的，因此，现代民

---

〔1〕［美］R. M. 昂格尔：《现代社会中的法律》，吴玉章、周汉华译，译林出版社 2001 年版，第 140 页。

法发展的普遍趋势都是平衡经营者的利益维护与消费者的权益保护，从而实现公共福利的最大化。[1]德国在 2002 年 1 月 1 日正式实施的《债法现代化法》对《德国民法典》的债法部分，新增了消费者与经营者的概念（《德国民法典》第十三条、第十四条），考虑到消费者相对于经营者的弱势地位，立法者出于社会公益的需要，针对经营者规定了特别的限制措施，并对消费者采取了倾斜性的保护，使得适用于消费者—经营者的规则有别于适用于一般民事主体之间的规则。[2]近代中国的《中华民国民法》也在财产关系部分体现了对社会公益的追求，如引入无过失责任，酌情减免义务人的责任等。当代中国民法典立法实践在继续强调保护财产权与尊重契约的同时兼顾社会公益，并不是简单借鉴西方或者仿照中国近代民事立法，这有着对立法方向与历史语境是否匹配的考量。因为西方资本主义国家在民法典立法实践中注重社会公益的历史语境是它们已然在历史上先经历过所有权绝对或契约自由不受限制的不良后果，晚近时期的立法者对之进行了深刻的反思，而当代中国的民法典立法实践则是在当下"肯定的现代性"主导的语境下需要预先避免所有权绝对或契约自由不受限制带来的不良后果。

当代中国民法典立法实践在财产关系上具有朝着保护财产权与尊重契约自由的同时兼顾社会公益的方向发展的趋势，但这一进程是并不是一次建构完成的，而是具有"渐进式建构"的特征。囿于特别的时代背景，改革开放之初颁行的《民法通则》为满足市场经济发展的要求，将等价有偿规定为基本原则，其后，包括《担保法》《合同法》在内的民事单行法立法进程中呈现出由效率为主、兼顾公平向兼重效率与公平发展的趋势，最终现行民法典在保护财产权与尊重契约自由的同时体现了对社会公益的兼顾。有学者指出当代中国民法典立法实践出于兼顾公益的目标具有以下三个发展趋势：第一是在维护财产所有权的同时，引入诚实信用原则和禁止权利滥用原则，据此设置相应的法律规则从而限制财产所有权行使的绝对自由，彰显财产权的社会性；第二是在私法自治的理念下保障契约自由的同时引入诚实信用原则和禁止权利滥用原则，从而避免不良法律行为的实施；第三是在坚持过错责任

---

〔1〕 See Reinhard Zimmermann, *The New German Law of Obligations*：*Historical and Comparative Perspectives*, Oxford University Press, 2006, pp. 160–161.

〔2〕 参见杨立新、刘召成：《德国民法典规定一体化消费者概念的意义及借鉴》，载《法学杂志》2013 年第 1 期。

的基本原则的前提下出于对社会责任的强调引入无过错责任或严格责任原则。[1]这些趋势在我国民法典中皆有所体现：就第一个趋势而言，《民法典》第八十三条规定了禁止营利法人的出资人滥用法人的独立地位或出资人有限责任损害债权人利益，《民法典》第二百四十三条与第二百四十五条关于征收或征用的规定体现了维护集体或个人财产权与实现公共利益的平衡；就第二个趋势而言，《民法典》第四百九十四条有关强制缔约的规定实际上是出于公共利益的需要对民事主体的缔约自由进行了相应的限制，再如《民法典》第四百九十六条事实上要求居于优势地位的格式条款提供方在合同签订过程中落实诚实信用原则；就第三个趋势举例，《民法典》侵权责任编出于维护处于弱势地位的被侵权方权益的考量，不仅在一般规定中设置了无过错原则，更详细列举了无民事行为能力人致人损害、提供劳务一方致人损害、产品缺陷致人损害等八种适用无过错责任原则的情形。

当代中国与世界绝大多数国家特别是西方国家一样都要借助市场经济提高社会生产力，满足人民对幸福生活的追求，因此，在财产关系上通过民法典立法实践确立起保护财产权与尊重契约自由的基本规则是符合普遍趋势的。然而，民法典不仅仅是市场经济的基本法，更是塑造国民公共精神的重要行动规则，我们要避免近代西方民法典在财产关系领域由于过度张扬私权引发的不良后果。当代中国民法典立法实践既要继续秉持私法自治的立法理念，释放曾一度被公权压制的私权，为私法秩序的生长提供适当的空间；同时也不能在立法实践中过度张扬私权，避免"私权所蕴含的社会公共品性严重缺失"。[2]

（三）人身关系：在形式平等的民事主体关系中融入对实质公平的追求

人身关系包括人格关系与身份关系两种：前者是基于生命、姓名、名誉、人身自由等人格利益产生的社会关系，具体表现为人格权关系；后者是基于亲属、监护等身份性内容产生的社会关系。不同于由于财产归属或流转引发的社会关系，虽然人身关系与财产关系有着密切关联，但是人身关系并不直接体现财产利益，它主要体现的是民事主体的精神利益，具有与人身不可分

---

〔1〕 参见马俊驹：《中国民法的现代化与中西法律文化的整合》，载《中国法学》2020 年第 1 期。

〔2〕 吴飞飞：《论中国民法典的公共精神向度》，载《法商研究》2018 年第 4 期。

离的特质。〔1〕人身关系在私法系统中的相对独立性使得以民法典为代表的私法系统不仅规范市场经济，还能为民事主体的日常生活与社会交往提供基本的行为准则，从而使得民法典能够真正成为社会生活的百科全书，并对民族精神塑造发挥重要作用。当代中国民法典立法实践在人身关系领域要在形式平等的民事主体关系中融入对实质公平的追求。

现代性具有一元性与多元性的辩证关系：一元性指的是在现代社会的历史条件下，有着不同文明传统的国家都经历了或正在经历包括由自然经济向市场经济过渡在内的向特定社会发展阶段的转型趋势；而多元性指的是现代性在具有不同文明传统的国家之间存在着多样化的实现形式。〔2〕以民法典为代表的私法系统在人身关系领域同样也具有一元性与多元性的辩证关系，这决定了我国的民法典立法实践在人身关系领域为满足未来面向的路径走向。

一方面，人身关系领域的一元性体现的正是"以'权力'为主导的社会结构转向以'物'和'个人独立'为主导的社会结构"。〔3〕以"物"为主导的社会结构主要涉及的是财产关系，在市场经济环境中个体之间必须基于平等的地位并借助普遍性的财产归属、移转的法律规则展开社会交往；"个人独立"的社会结构则主要涉及的是人身关系，法律必须不依赖财富多寡、阶级差异、宗教信仰承认个体的价值，对个体价值的承认在法律上表现为赋予个体普遍平等的抽象人格。现代社会发展过程中，"物"与"人格独立"在一定程度上是相互促进的关系，"物"在重要性与量上的增长能够促进"人格独立"的实现，"人格独立"的现实呈现能够反过来进一步促进"物"的发育。正如马尔库塞所说，客观世界或者说客体经过人的劳动就不再是绝对意义上的客体，主体与客体之间产生了交互性的关系，经由劳动塑造的客体因为可以满足人的自我需要而成为其自我实现的中介或桥梁。〔4〕包括中国在内的世界各国的民法典立法实践普遍将私法自治纳为基本原则，并设置了与"物"相关的债权、物权、知识产权等财产关系领域的法律制度，确立了与财产关系相适应的人身关系领域的法律制度，赋予民事主体以平等的民事权利能力。

〔1〕　参见江平、张佩霖编著：《民法教程》，中国政法大学出版社1986年版，第6页。
〔2〕　参见韩庆祥：《现代性的本质、矛盾及其时空分析》，载《中国社会科学》2016年第2期。
〔3〕　参见韩庆祥：《现代性的本质、矛盾及其时空分析》，载《中国社会科学》2016年第2期。
〔4〕　See Herbert Marcuse, *Reason and Revolution*: *Hegel and the Rise of Social Theory*, Beacon Press, 1960, p.77.

十九世纪初《法国民法典》以平等保护个体的民事权利的方式落实已经入宪的公民权利，再如十九世纪末《德国民法典》在继受罗马法中"法律人格"概念的基础上，结合时代需要创造性地赋予民事主体以平等的民事权利能力，我国《民法典》不仅在总则编规定了自然人、法人享有民事权利能力，更以人格权单独成编的方式规定了一般人格权并列举了生命权、健康权、肖像权、名誉权等具体人格权。从适应以"人格独立"为主导的现代社会结构而言，包括中国在内的世界各国的民法典立法实践具有一元性的特征，即共同致力于确立形式上平等的民事主体关系，尽管方式有所不同，有的是强调民事主体权利的平等保护，有的是赋予民事主体民事权利能力，有的则附加了人格权的专项规定。

另一方面，多元性体现为各个国家特别是非西方文明的国家能够将自身的文明传统与当下的社会实践相结合，在民法典立法实践中克服私法系统中人身关系发展路径单一化的弊端。有学者指出西方语境中的现代性把人对权力的追逐转为对物的追求，这有利于冲破传统社会的人身依附关系并且促成独立人格的形成。[1]由近代民法典确立的形式平等的民事主体关系与现代物质文明成果的积累是息息相关的，但是现代社会中"物"的发育和"个人独立"的伸张之间也是存在一定张力的，"物"的过度发育在某种程度上会反噬"人格独立"，即形式平等意义上"人格独立"的过度伸张会导致"物"的分配不公，这要求各国在民法典立法实践中对形式平等的民事主体关系进行补足或纠偏，而补足或纠偏的方式则因受到各国的既有的文明传统、当下的社会实践的影响而具有多元性。

"物"的过度发育对"人格独立"的反噬重点表现为近代欧陆诸国民法典中"重物轻人"的倾向，即侧重于调整财产关系，而忽略对人身关系的强调，如十九世纪初《法国民法典》基本将人身关系视为财产关系的附属，它主要将人身关系等同于身份关系而忽视人格关系，规定人格关系或人格权的内容及其有限。以《德国民法典》为代表的传统民法典将大部分条款专门用于财产保护，从而导致法律制度中长期存在的严重缺陷——财产价值被高估，

---

〔1〕 参见韩庆祥：《现代性的本质、矛盾及其时空分析》，载《中国社会科学》2016 年第 2 期。

而人的价值被低估。[1]晚近时期，西方国家在民法典立法实践中也开始逐步尝试克服"重物轻人"的倾向，如1912年《瑞士民法典》借助法律人格的概念规定了自然人享有人格权，一定程度上改变了传统欧陆民法典对财产关系调整的过度强调。我国民法典一改传统欧陆民法典"重物轻人"的倾向，并相较于之前的民事单行法时期更加注重保护人格关系，我国《民法典》在增设的人格权编不仅规定了生命权、健康权、名誉权、姓名权等具体人格权，还规定了一般人格权，并通过兜底条款将基于人身自由、人格尊严产生的其他人格利益也纳入保护范围。

形式平等意义上"人格独立"的过度伸张会导致"物"的分配不公，因此，需要根据身份关系的不同、民事主体地位的差异以及技术进步的潜在后果在形式平等的民事主体关系中融入对实质公平的追求。不受限制的私法自治可能呈现为因民事主体盲目追求个人利益损害正常的市场竞争秩序，特别是在市场交易关系中实质上居于强势地位的一方可能会侵害弱势一方的正当权益。[2]

民事主体之间的客观差异不会因为赋予他们普遍、平等的抽象人格就完全消弭，如果一味强调形式平等意义上的"人格独立"，那么容易遮蔽实质上的不公平，默认不同主体在社会交往中采取符合丛林法则的博弈方式，使得居于优势地位的民事主体能够攫取超额利益，损害弱势群体的权益。民法典立法实践还要关注"现实的人"，需要在形式平等的民事主体关系中融入对实质公平的追求，主要体现为以下三点：其一，根据民事主体身份关系的不同合理安排相关主体的权利义务，身份关系与人格关系的不同之处在于身份关系中的主体是有着特定身份的，具备特定身份的主体往往享有或承担异于一般民事主体的权利或义务，如《民法典》第一千零七十四条规定的祖父母、外祖父母与孙子女、外孙子女之间的抚养或赡养义务；其二，根据民事主体所处地位的优势或弱势合理安排双方的权利义务，如《民法典》第一千零八十八条对家务劳动补偿制度的规定；其三，根据科技发展对后代人权益的影响为科技发展设置合理的限制，促进代际正义的实现。仅局限在当代人内部

---

〔1〕 See Li Shaohua, Xiao Peng, "The Civil Code of People's Republic of China: Major Features and Contributions to the World", *US-China Law Review*, Vol. 17, No. 8. , 2020 , p. 319.

〔2〕 See Friedrich Kessler, "Contracts of Adhesion——Some Thoughts about Freedom of Contract", *Columbia Law Review*, Vol. 43, 1943, pp. 629–640.

的法律治理不能有效防止包括基因编辑、人工智能在内的新兴科技对后代人权益的影响，因此，需将代际之间的公平纳入对新兴科技的法律规制中，如《民法典》第一千零九条有关人体基因、人体胚胎的医学与科研活动的规定有助于保护后代人的生命权、健康权，促进代际正义的实现。

当代中国民法典立法实践在形式平等的民事主体关系中融入对实质公平的追求，并不是要单方面否定"物"影响下"人格独立"的现代社会结构，而是要在承认"物"与"人格独立"有关联的前提下克服对"物"的依赖，从而在私法系统的人身关系领域凸显人的主体价值，致力于"把人的世界与人的关系还给人自己"。[1]

（四）权利体系：在民事权利体系中合理兼容新兴权利诉求

民事权利体系是相互关联的各类民事权利的统一体。有学者指出依据效力所及的范围、作用、权利的内容等不同标准，可以将民事权利进行不同的分类，如相对权与绝对权、财产权与非财产权等，其中最为重要的分类标准是权利的内容。[2]依照权利的分类对法典内容作出编排从而有效整合财产关系、人身关系并在具体的权利条款中落实私法系统的价值理念是近代以来各国民法典立法实践的主线。尽管诸多学者依据不同的权利内容标准对民事权利进行了诸多分类，如谢怀栻教授为避免混合权利的出现导致权利属性的模糊，将民事权利划分为财产权、亲属权、人格权、知识产权、社员权。[3]再如王利明教授从大类上将民事权利划分为财产权、人身权、综合性权利，后又继续细分为物权、债权、身份权、人格权、知识产权、继承权及股权这七种类型。[4]不论是何种分类，总体而言，绝对的、静态的、高度精确的民事权利体系是难以适应社会发展需要的，因为随着社会的动态演变，现实世界不断涌现的复杂性和多样性会带来新兴权利诉求，绝对的、静态的、高度精确的民事权利体系无法列明所有的权利，民事权利体系必须在一定程度上是相对的、动态的、灵活的，如此才能够合理兼容新兴权利诉求，特别是那些在权利属性上兼具财产性与人身性的新兴权利诉求，从而方能以合乎规范的方

---

〔1〕 《马克思恩格斯选集》（第一卷），人民出版社 1995 年版，第 443 页。

〔2〕 参见谢怀栻：《论民事权利体系》，载《法学研究》1996 年第 2 期。

〔3〕 参见谢怀栻：《论民事权利体系》，载《法学研究》1996 年第 2 期。

〔4〕 参见王利明：《民法总则研究》，中国人民大学出版社 2012 年版，第 422 页、第 425 页。

式化解"不断变动的社会利益与相对稳定的法律规范体系之间存在结构性张力"。[1]当代中国以民法典为代表的私法系统需在民事权利体系中合理兼容新兴权利诉求才能够充分实现其未来面向。

　　囿于民商合一及民商分立的不同以及解法典化对既有民法典的冲击，不同国家的民法典中所列明的民事权利可能无法完全涵盖私法系统中全部的权利类型，但是近代以来各国的民法典立法实践总体上能够反映出由绝对的、静态的、高度精确的权利体系向相对的、动态的、灵活的权利体系演变的普遍趋势。作为早发国家的西方资本主义国家的民法典立法实践适应这一普遍趋势经历了相对漫长的历程：近代欧陆的法典化运动肇始于法国，十九世纪初的《法国民法典》尽管没有形成债权与物权二分的民事权利体系，但是其以体系化的思维方式区分了民事权利主体、民事权利客体及民事权利客体在主体之间的移转，为民事权利体系的形成奠定了初步的基础；十九世纪末的《德国民法典》正式确立了债权与物权二分的民事权利体系，立法主体借助概念法学的理论知识在财产关系领域实现了对民事权利的体系化安排，但是《德国民法典》的精确性的立法技术、概念法学的思维导向以及"重物轻人"的法典倾向使得其难以将与人格利益相关或者兼具财产性、人身性的新兴权利诉求明确纳入保护范围，虽然《德国民法典》第八百二十三条继受了罗马法，以兜底条款的形式规定了包括生命、健康在内的人格利益的保护问题，但仍是通过反向为其他个体课以义务的方式；1912 年《瑞士民法典》则不仅专门规定了一般人格权，同时也规定了对侵犯人格权的救济措施。绝对的、静态的、高度精确的民事权利体系背后所反映的是立法者对人的理性认知能力的高度自信，而相对的、动态的、灵活的民事权利体系则反映的是立法者认识到人依照理性对现实世界的把握有不完整之处。

　　现代中国民事权利体系的演变受到中国曲折的现代性道路的影响：清末—民国时期的立法者从西方移植的绝对的、静态的、高度精确的民事权利体系，这并不完全契合当时"否定的现代性"主导的历史情势；而新中国成立后至改革开放前的民法典立法实践则是由于对"否定的现代性"的过度张扬而基本没有构建起私法意义上的民事权利体系；改革开放以来在"肯定的

---

　　〔1〕　陈肇新：《基于法律形式性悖论的新兴权利证立机制》，载《苏州大学学报（哲学社会科学版）》2020 年第 6 期。

现代性"主导下，从民事单行法立法过渡到民法典编纂，我国的民事权利体系也具有朝着相对的、动态的、灵活的权利体系演变的趋势。但与西方不同，改革开放以来的民事权利体系的演变具有渐进式发展的特征，立法者意识到了人类认识能力的有限与社会生活的复杂多样，并未试图打造彻底封闭的权利体系，而是力图保持民事权利体系的开放性，以回应新经济、新科技、新理念的冲击。这使得与新兴权利诉求相关的权利客体能够不断被吸纳进民事权利体系中。尽管我国民法典也是以内容为标准建构了相应的民事权利体系，并且《民法典》各分则编也是以"总则编所确认的物权、合同债权、人格权、婚姻家庭中的权利、继承权的确认和保护"[1]为内容构建具体的法律规则，但是我国民法典确立的民事权利体系并不是全然绝对的、静态的、高度精确的，而是通过多种方法保持了开放性，使之在一定程度上具有相对性、动态性、灵活性，能够合理兼容新兴权利诉求。

有学者指出新兴权利诉求入法的方式包括直接入法与间接入法两种，其中直接入法指的是直接赋予新兴权利诉求以名号并规定具体的权利内容，间接入法包括法律义务的反射间接入法、国家职权的映射间接入法、一般条款的涵摄间接入法三类。[2]其中除了国家职权的映射间接入法主要指向国家机关的职权行使，具有公法性质，无法被应用于私法系统，其余几种方法基本都可适用于私法系统中用以保持权利体系的开放性，这广泛呈现在现行民法典中。

其一，权利属性清晰且明确的新兴权利诉求可以适用直接入法的方法，但是直接入法的新兴权利需要避免与现已列明的具体权利产生冲突或者影响到其他权利的行使，因为新兴权利的直接增设会要求对民事权利体系的调整，这一方法适用于普遍存在的、较为成熟的、社会公众所急需的新兴权利。《民法典》第三百六十六条至第三百七十一条所设置的居住权并不是全新的概念，在罗马法的婚姻家庭制度中已有为解决家庭成员间供养关系而设置居住权的立法表达，然而，民法典编纂之前我国的民商事立法中并未明确设置居住权，受制于物权法定的原则，在民法典颁行之前我国司法实践中有关居住权的权益表述多为"享有居住的权利"或"有权居住"并出现在裁判文书中。现实

---

[1] 王利明：《民法典开启权利保护的新时代》，载 https://www.spp.gov.cn/spp/llyj/202005/t20200520_461412.shtml，最后访问时间：2021 年 11 月 17 日。

[2] 参见王庆廷：《新兴权利间接入法方式的类型化分析》，载《法商研究》2020 年第 5 期。

中广泛存在的居住权的需求以及居住权较为明确的用益物权属性促使立法机关直接在《民法典》物权编中规定居住权，阐明居住权的概念、权利主体、权利客体及行使方式。

其二，权利属性具有部分公法性或社会性而不限于私法系统的新兴权利诉求可以适用法律义务的反射间接入法，从而被民事权利体系合理兼容。现行民法典所确立的民事权利体系主要是调整私权关系的权利体系，涉及公法权利或社会权利的新兴权利诉求不宜直接规定在民法典之中，但事实上不同属性的权利之间是彼此关联的，民事主体之间的私权关系如果处理不当也会影响到社会关系中其他主体的公法权利或社会权利的实现与保障。以环境权为例，环境权因其公益性更多被纳入社会权利的范畴，同时环境权一定程度上依附于环境行政权，因此环境权也部分具有公法性。我国《民法典》总则编中虽然确立了"绿色原则"（第九条），凸显了环境法益的重要性，但并未在各分编直接规定环境权，而是通过若干规定法律义务的条款为相关民事主体增设环境保护的义务，如《民法典》第三百二十六条有关用益物权人环境保护与保护资源的义务的规定实际上是为民事权利的行使附加了环境保护义务，间接将环境权纳入民事权利体系的调整范围。

其三，兼具人身性和财产性的尚未定型的、成长中的新兴权利诉求可以适用一般条款的涵摄间接入法的方法。一般条款指的是"法律中的某些不具有确定内涵、外延，又具有开放性的指导性规定"，[1]其所使用的概念及文义是高度抽象的，需要裁判者在司法实践中具体展现其内涵。一般条款所具有的概括性及开放性能够增强包括民法典在内的各项法律适应社会生活变迁的能力，提高民事权利体系的弹性，从而有效兼容零散的、处于萌芽阶段的尚未彻底定型的新兴权利诉求，例如《民法典》第三条规定了"其他合法权益受法律保护"。基因编辑、大数据、人工智能等新兴科技对社会生活的影响是全方位的，不是单方面地局限在财产关系领域或人身关系领域，这些技术的潜在增益与风险尚未为人类所全部掌握，在新兴科技影响下民事主体会产生什么样的新兴权利诉求、相关权利诉求的概念与内容如何确定、保护范围及救济途径为何等问题尚难以彻底解决，因此，一般条款的涵摄间接入法的方法有助于在保持民事权利体系稳定的同时合理兼容新兴权利诉求。

---

〔1〕　梁慧星：《民法解释学》，中国政法大学出版社1995年版，第292页。

（五）私法系统诸结构要素的结合

价值取向、财产关系、人身关系、权利体系构成了私法系统的诸结构要素，在分别确立上述诸结构要素发展方向的前提下，当代中国民法典立法实践尚不能充分满足未来面向。因为私法系统不是包括价值取向在内的诸结构要素的简单集合，诸结构要素组成的私法系统要充分满足未来面向的话需要相互结合、彼此联系。结构论意义上私法系统的效果是"通过对处于相对简单状态的各要素的研究以及对其联系的观察得来的"[1]。因此，私法系统诸结构要素的结合需使得包括价值取向在内的诸结构要素彼此联系、互为依托，从而有效回应现代科学技术挑战、社会经济快速转型、文化价值理念变迁、多元主体秩序建构的影响。

私法系统诸结构要素的结合方式有板块式结合与渗透式结合两种，两种结合方式共同作用于相对应的结构要素的结合，使之成为一个整体。其中财产关系与人身关系、权利体系与价值取向之间兼具板块式结合、渗透式结合，上述结合方式在现行民法典中均有一定程度的展现。

首先是财产关系和人身关系的板块式结合与渗透式结合。

就板块式结合而言，私法系统中财产关系与人身关系共同涵盖了现代社会生活中与私法秩序相关的主要社会关系，二者的板块式结合可以有效应对包括现代科学技术挑战在内的民法典立法实践需具备未来面向的主要领域，因为科技、经济、社会、文化等领域的社会关系几乎都可以转化为人身关系或财产关系，如现行民法典中的绝大部分条款都具有明确的指向性，或者指向人身关系，或者指向财产关系。

就渗透式结合而论，私法系统中财产关系与人身关系并非彻底分割且相互独立的领域，社会生活中的财产关系、人身关系是纠葛在一起的，现行民法典中也有部分条款体现这种彼此渗透的特点，如《民法典》第一千一百八十三条有关精神损害赔偿的规定。而规范层面的财产关系、人身关系在现实的制度运作上也会彼此产生联结，例如由身份关系或者人格关系可以派生出特定的财产移转的关系（亲属关系产生财产继承）。

其次是权利体系与价值取向的板块式结合与渗透式结合。

---

〔1〕 ［美］肯尼思·华尔兹：《国际政治理论》，信强译，上海人民出版社 2017 年版，第 41 页。

　　就板块式结合而言，私法系统中的权利体系与价值理念有着不同的功能取向，其中，权利体系是赋予民事主体在社会生活中的各项利益诉求以"法律上的力"并将各项权利整合为概念清晰、逻辑融贯的规范序列，价值取向则是整体性地引领私法系统的发展方向，其功能并不仅限于权利体系的建构及完善，而是为私法系统的形成、适用、变更提供方向指引。以新兴科技的冲击为例：权利体系通过授权性规范或任意性规范能够将可能受到人工智能、基因编辑等新兴科技影响的民事主体的利益诉求纳入保护范畴；而价值取向则可以影响授权性规范或任意性规范的解释及适用，为新兴科技的发展或应用提供方向或者划定边界，从而间接保护民事主体的利益诉求。

　　就渗透式结合而言，私法系统中的价值取向与权利体系可以相互支持、彼此矫正。相互支持指的是价值取向是对权利体系的高度概括与抽象，而权利体系则是对价值取向的具体落实与展开。立法者通过民法典确立的权利体系对经济、社会、文化、科技等领域予以分别回应，而价值取向则将权利体系的分别回应进行一体化整合，这使得民法典立法实践能够针对横跨多领域的有共性同时兼具个性的问题提出融贯性的制度方案。例如《民法典》第六条确立了公平原则，但是民事主体权利义务分配是否公平还需要结合相关的领域与具体情境进行判断，不能予以"一刀切"的判断，我们根据权利类型或内容的差异合理确定权利义务分配公平的标准，如有关相邻关系的处理（第二百八十八条）、有关无过错双方公平责任的确定（第一千一百八十六条）。彼此矫正包括以下两个方面：一方面，权利体系的调整可以在不直接变动价值取向的相关字眼的情况下使得其更加符合当下的社会实际需要，如公序良俗原则，因为各个时代的社会公众对公序良俗的理解是存在差异的，《民法典》第一百八十五条有关保护烈士、英雄的人格权的规定在一定程度上充实了公序良俗原则。另一方面，价值取向可以在权利体系不宜发生过多变动的情形下，通过引导概括法益条款或者主要权利条款的解释适应现代社会的快速变迁。以概括法益条款为例，如《民法典》第九百九十条第二款对其他人格权益的规定就属于典型的概括法益条款，概括法益条款能"使法律在保持相对稳定的形式下，能够有效应对千变万化的时空情势"[1]，自愿、平等、诚实信用、公序良俗等原则所体现出的价值取向能够引导裁判者在社会出现

----

　　〔1〕　王庆廷：《新兴权利间接入法方式的类型化分析》，载《法商研究》2020年第5期。

全新的法益保护诉求时通过解释、适用概括法益条款扩大既有权利体系的保护范围。

最后是由财产关系、人身关系组成的私法关系的外部要素与价值取向、权利体系组成的私法关系的内部要素的渗透式结合。私法关系也是民商事法律规范作用于社会生活的结果，私法关系的形成也需要内、外部要素的互相渗透。《民法典》第二条规定人身关系与财产关系是民法的调整对象，在逻辑上，财产关系、人身关系可以被理解为社会事实意义上未被整序的财产关系、人身关系，属于外部要素；而价值取向、权利体系则可以被理解为法律规范意义上未与事实关联的价值取向、权利体系，属于内部要素。私法系统满足未来面向的途径不是机械地将内部要素添加于外部要素，这会导致社会的动态发展引发的人身关系、财产关系的变动不能及时地反馈到价值取向、权利体系中，当代中国民法典立法实践满足未来面向的一个关键之处在于承认规范与事实存在张力的同时保持规范与事实的互动，使得私法关系的形成、存在、发展、变动能够与社会动态演变保持一定的同步性。

二、私法系统与公法系统的互动

结构论意义上私法系统中诸结构要素的分别完善与相互结合在一定程度上能够满足民法典立法实践的未来面向，但是此种满足依然是不充分的，单一的私法系统对现代社会诸多领域发展动态的回应总是无法克服私法系统自身的局限性。系统论意义上的私法系统则是相对独立的，私法系统本身也是法律系统内部的一个重要的单元（子系统），私法系统能够与法律系统内部的其他子系统产生互动，进而充分实现对社会各领域的调整及规制，系统在与外部环境的相互作用中具有了内在提高的可能性。[1]

按照调整社会关系、利益保护的不同，法律可以划分为公法、私法、社会法，由于社会法兼具公法、私法的属性且社会利益概念相对模糊，实际上法律系统主要仍是由私法系统与公法系统共同组成，因此，以民法典为代表的私法系统要经由与公法系统的互动在整体意义上提高法律系统适应社会变迁的能力。公法系统与私法系统的完全区分或者彻底融合都是不正确的互动路径。一

---

〔1〕 See András Karácony, "Systemtheorie und Phänomenologie" *Annales U. Sci. Budapestinensis Rolando Eotvos Nominatae*, Vol. 45, 2004, p. 121.

方面，国际前沿的法律理论及法律实践中，公法与私法的完全区分是遭受批判的，二十世纪"福利国家"的兴起打破了国家与社会二元分离的状态，政府职权发生了由管理向服务的转化，公权与私权的界限开始逐步模糊。[1]私法系统与公法系统的完全区分是不现实的，不符合当今理论及实践的发展趋势。另一方面，公法与私法的合并及公私领域的重合是一种不适当的历史经验，苏联时期"对所有私人生活领域进行彻底的政治化已经成为一种痛苦的经验"。[2]

私法系统与公法系统的互动包括规范领域的相互渗入与多元情境中的彼此协作两种。二者是互为依托的，规范领域的相互渗入为多元情境中的彼此协作提供了制度框架，而多元情境中的彼此协作则是上述制度框架在具体的社会情境中的实际应用。

规范领域的相互渗入指的是规范层面的公法私法化或者私法公法化，公法私法化指的是"私法的精神、原则以及规则等被公法所吸收进而成为公法相关内容的状态"，[3]如我国 2003 年公布的《行政许可法》的第八条被称为信赖保护条款，该条款规定了变更或撤回行政许可给行政相对人造成损失的，行政机关应当依法予以补偿。该条规定实际上体现的是私法系统中诚实信用原则对公法系统的渗入。私法公法化指的是随着社会的发展与国家能力的增强，公权力主体对社会、经济、文化乃至私人生活、家庭生活领域的影响不断加深，突破了传统的公私法的界限，出于保护弱势群体利益与社会公共利益的需要，公法的精神、原则以及规则为私法所吸纳，如《民法典》第三十一条规定了有争议情形下由村民委员会、居民委员会、民政部门指定监护人，在监护制度中体现出国家干预的特点，再如《民法典》第一千零四十一条规定了对妇女、未成年人等弱势群体的利益保护。

多元情境中的公法系统与私法系统的彼此协作是对公领域与私领域的简单二元划分的摒弃，因为用公领域与私领域的二元划分描述当代中国社会无疑显得过于简单，难以充分反映现代社会的功能分化。托伊布纳指出："一个非化约论者的观点会在很多社会领域中都识别出私法，只要在那里自发的规

---

〔1〕　参见余凌云：《论行政法领域中存在契约关系的可能性》，载《法学家》1998 年第 2 期。

〔2〕　［德］贡塔·托依布纳：《多元现代性：从系统理论角度解读中国私法面临的挑战》，祁春轶译，载《中外法学》2013 年第 2 期。

〔3〕　张淑芳：《私法渗入公法的必然与边界》，载《中国法学》2019 年第 4 期。

则生产构成了法的本源。[1]因此为适应现代社会的功能分化,需要用多元情境替代私领域与公领域的界分,并进一步在多元情境中的社会系统中重新进行公、私领域的划分,而不再以国家/社会对应公/私领域。[2]这也反映为公法系统与私法系统在宗教、教育、文化、私人生活、科技等多元情境中的相互协作,以民法典为代表的私法系统不仅仅是经济理性的工具,更是在每一个社会系统内部对"去中心化的自发规范形成的多样化过程在法律上进行确认",[3]而公法系统则是对每一个社会系统内部依靠自发规范的自治过程进行反思从而平衡不同社会领域的关系。当然,强调多元情境中公法系统与私法系统的协作并不是表示要抛弃公私法的范畴,这是违背私法发展的规律的,公私法的区分仍然是具有重要的价值及意义的,二者的界限分明能够使得法律纠纷和具体问题被划入公法或私法处理的范围,从而为二者的相互协作或彼此渗透提供基础。[4]例如公法系统中的某些基本权利落实为私法系统中的人格权,实际上是国家与公民之间的纵向关系转化为公民与公民之间的横向关系,这样的转化能够保障公民之间的自治过程,但是一旦公民之间的自治产生偏差或者损及其他主体的权益,那国家就有必要介入其中,以保障公民的基本权利。

三、立法实践参与者的系统整合

不论是私法系统内部诸结构要素的完善及结合,还是私法系统与公法系统的互动,其实施的关键还在于立法实践参与者的系统化组织模式的建立与系统性立法思维的应用。

一方面,包括立法代表、立法工作者、专家学者、普通民众在内的各类立法实践参与者需要被嵌入系统化的组织模式,他们在民法典立法实践中所

---

〔1〕 [德]贡塔·托依布纳:《多元现代性:从系统理论角度解读中国私法面临的挑战》,祁春轶译,载《中外法学》2013 年第 2 期。

〔2〕 See Gunther Teubner, "Societal Constitutionalism and the Politics of the Common", *Finnish Yearbook of International Law*, Vol. 21, 2010, pp. 2–15.

〔3〕 [德]贡塔·托依布纳:《多元现代性:从系统理论角度解读中国私法面临的挑战》,祁春轶译,载《中外法学》2013 年第 2 期。

〔4〕 See John Henry Merryman, Rogelio Pérez-Perdomo, *The Civil Law Tradition: An Introduction to the Legal Systems of Europe and Latin America*, Stanford University Press, 1985, p. 94.

发挥的作用是不一样的，其中，普通民众因其更加贴近社会生活能够在实践层面切实反映普遍性的立法需求，立法工作者与专家学者能够将普遍性的立法需求进行逻辑化、概念化、体系化的表达并呈现为法律文本（草案），而立法代表则可以通过正式的立法审议与表决程序以"政治决断"的方式将文本层面的立法草案上升为法律规范。但是普通民众→立法工作者、专家学者→立法代表的线型推进的组织模式只能在一定程度上满足私法系统内部诸结构要素的分别完善的要求，并不能充分实现包括价值取向在内的诸结构要素的有效结合。被嵌入线性推进的组织模式的部分立法实践参与者（普通民众、立法工作者、专家学者）有着被客体化的风险，私法关系的内、外因素很难实现彼此渗透、双向互构。要实现事实与规范的彼此渗透、双向互构，沟通私法关系的内外因素，需要消除立法实践参与者特别是普通民众被客体化的风险，将立法代表、立法工作者、专家学者、普通民众嵌入系统化的组织模式，使得各立法实践参与者都能彼此互动，从而能够全方面地参与到民法典立法实践中。普通民众不仅向立法工作者、专家学者提供立法素材，也能切实以主体姿态参与到法律制度的形成过程中，立法代表审议与表决法律草案的结果也是建立在广泛与普通民众沟通的基础上。值得一提的是，线性推进的组织模式与系统化的组织模式并非互斥的，而是可以彼此兼容的，因为前者通常可以呈现为时间序列下的立法程序的各个阶段，而后者主要呈现为立法实践参与者的组织机制在特定立法阶段的动态展开。

　　另一方面，各类立法实践参与者尤其是立法代表、立法工作者、专家学者要建立系统性的立法思维：其一，各类立法实践参与者必须认识到自身与其他立法实践参与者之间不是主客体的关系，需要在消除隔阂的基础上进行互动，积极建构具有"主体间性"的关系。如果各立法实践参与者缺乏系统性的立法思维，不能意识到彼此间相互协作的重要性，即便他们被嵌入系统化的组织模式并以相关法律法规、政策文件为保障，也无法在民法典立法实践中充分沟通私法关系的内外因素，有效结合私法系统中的诸结构要素。其二，相关立法实践参与者在民法典立法实践中要充分应用系统性的立法思维处理私法系统与公法系统的关系，特别是立法代表、立法工作者、专家学者要认识到私法系统与公法系统不是截然分离的，二者毋宁在规范层面是彼此渗入的并在多元情境中具有相互协作的关系。

结　论

　　当代中国立法实践的现代性向度指的是当代中国立法实践要通过制度现代化促进国家现代化。而当代中国立法实践的现代性问题则是指在国家的现代化进程中，立法实践要回应有别于早发的西方国家的曲折的现代性道路，与之相对应的是作为后发国家的中国要妥善处理立法形成机制、立法资源选择、立法方向设计中的各组范畴的关系，并且使得立法实践能够具有未来面向。

　　民法典立法实践是当代中国立法实践的重要组成部分，它因自身的本质、目标、特征成为展现当代中国立法实践现代性向度的最佳代表。首先，民法典立法实践的本质是经济领域与社会生活领域的制度现代化。与法律制度内部的其他制度板块特别是公法制度相比，民商事法律制度的形成、发展能充分覆盖包括普通民众在内的各类主体，并且与现代社会生活各领域有着广泛的交叉，而现代化的主要动力就是脱胎于西方资本主义社会的社会化大生产及其相关的社会生活模式在全球范围的扩散及其在非西方文明国家与地区的演变。其次，民法典立法实践与宪法或者其他部门法领域立法实践的目标都是推动国家现代化，但与法律制度领域的其他板块相比，民法典立法实践所塑造的民商事法律制度借助市场机制更能充分调动资本、资源、信息、技术等各项要素服务于当代中国的现代化建设，百年民法典立法历程也是全方位地同步于由近代救亡图存过渡到当代民族复兴的现代化进程，私法秩序与社会生活的高度贴合可以广泛包容立法代表、立法工作者、专家学者、普通民众等各类立法实践参与者对立法活动的参与，从而有利于形成并维系个体对于民族国家的认同感。最后，民法典立法实践是"肯定的现代性"的直接体现，以十一届三中全会为肇始的改革开放正面肯定了商品经济、市场规律对于社会主义现代化建设的作用，这与改革开放以来的民法典立法实践形成了良性的互动关系，思想文化领域的革新、政治法律制度的发展、社会生活的不断丰富与民法典立法实践相辅相成。

中国民法典的"渐进式建构"充分反映了中国曲折的现代性道路即先经历"否定的现代性"再经历"肯定的现代性"对实践的深刻影响，也能呈现作为后发国家的中国如何在民法典立法实践中处理精英立法与民众参与、域外资源与本土资源、民族性与全球化等范畴之间的关系。"渐进式建构"既指向既有的中国民法典立法历程，也指向当下乃至未来的中国民法典立法实践，"渐进式建构"因此意味着对中国民法典立法历程的剖析最终是服务于当下乃至未来的民法典立法实践，这种勾连历史、当下及未来的线性时间意识能够赋予既有的民法典立法历程以现实意义，还能进一步为当下乃至未来的民法典立法实践提供较为明确的坐标及方向。当然，"渐进式建构"作为描述中国民法典立法实践的组合性概念并不具有普适性，域外各国特别是作为早发国家的西方资本主义国家的民法典立法实践自有其独特之处，但是这并未阻碍域外立法资源在事实上影响中国的民法典立法历程，也不会妨碍当代中国民法典立法实践汲取域外立法资源中的良性因子。

我们对"渐进式建构"的理解不能仅限于方法论意义上的立法策略，尽管改革开放以来我国的民法典立法实践采取的是"成熟一个，制定一个"的立法策略并最终汇集、编纂为我国民法典，中国民法典的"渐进式建构"在更高层面上所依赖的是一种联结过去、当下及未来的现代时间意识，研究者与立法者都可能具备或者不具备这样一种现代时间意识。当立法主体能够自觉将当前的立法实践与过去的立法历程、未来的立法目标相联结，同时研究者也能充分具备这样的意识时，"渐进式建构"体现为立法主体的立法策略与研究者的研究视阈的重合。但是立法主体特别是历史情境中的立法主体并不必然具备"渐进式建构"的立法策略，这需要具备现代时间意识的研究者跳脱出相对狭隘的立法策略的视角，考量不同历史时段的民法典立法实践能否满足其时的历史任务即建构独立自主的国家或实现国家现代化建设，以及作为后发国家的中国在民法典立法实践中对重要关系的处理如何从古今中外既有的立法实践经验吸取教训、汲取良性资源，是否有助于后发国家追赶早发国家并根据自身的"后发优势"调适民商事法律制度与社会发展现实需要的关系。

　　一方面，自清末以来百余年的中国民法典立法历程与中国的现代性道路存在着或冲突或契合的关系，这能够反映出立法者是否准确认识立法实践与特定历史阶段的现代化目标的关联。近现代中国立法者对现代化目标的认识经历了较为曲折的历程：清末—民国时期由于立法主体未能清楚地认识到这一时期最重要的历史任务是在反帝反封建的基础上建构独立自主的民族国家，其时的民法典立法实践与"否定的现代性"是不完全吻合乃至于一定程度上是相互冲突的；改革开放以来在"肯定的现代性"主导的历史情境下，立法者则能够较为准确地认识现代化进程所趋向的目标即经济、社会、科技等领域的全面发展。因此，中国民法典渐进性的立法历程一定程度上反映了立法者准确认识特定历史阶段现代化目标的曲折与艰难。

　　另一方面，当代中国民法典立法实践对重要范畴的关系处理不仅要汲取本国民法典立法历程的教训及经验，还要吸纳早发国家的民商事法律制度演进的教训及经验，此外，其他后发国家在自主探索现代化道路的同时也在努力克服对早发国家民法典立法实践的简单模仿，其成功与否也能为当代中国的民法典立法实践提供重要参考。因而在当代中国立法形成机制、立法资源选择、立法方向设计等各组范畴的关系处理中，立法者除了要准确把握作为后发国家的中国当下所处的"肯定的现代性"主导的历史阶段，更要根据社会发展的现实需要吸收古今中外既有的立法实践经验。

　　中国民法典的"渐进式建构"的最终落脚点是建构，民法典立法实践必须具有未来面向，能够应对现代社会各领域的动态演变即新兴科学技术的冲击、社会经济的快速转型、文化价值理念的变迁、多元主体秩序的建构，并以系统论而非问题导向的思维方式设计民法典立法实践满足未来面向的制度路径。

　　当代中国法典化的立法实践方兴未艾，行政法、环境法、教育法、劳动法等诸领域的法典化立法诉求不断涌现，已经法典化的立法领域还面临着解法典化、再法典化的冲击，我国的民事立法经历了从民事单行立法到民法典的渐进式发展历程，也会在未来面临着解法典化、再法典化的影响，因此对民法典立法实践的现代性向度及问题的解析能够为其他领域的法典化实践提供重要的参照。尽管从立法策略层面看，当代中国其他领域的法典化的立法实践大部分没有经历"渐进式"的历程，但我们一旦跳脱出狭隘的立法策略视角，就会发现其他领域的法典化实践或者说立法实践也面临国家现代化进程中的"否定的现代性"与"肯定的现代性"影响下历史阶段与历史任务切换的影响，"渐进式建构"的立法进程也体现在其他部门法领域。综上，从更高层面的现代时间意识角度看，对中国民法典的"渐进式建构"的分析不仅为其他立法领域的法典化实践提供了重要的范例，还能够为整体性地探究当代中国立法实践的现代性向度及问题提供一般性的理论模型及历史线索。

参考文献

一、中文期刊论文及编著论文

[1] 陈嘉明:《"现代性"与"现代化"》,载《厦门大学学报(哲学社会科学版)》2003 年第 5 期。

[2] 饶义军:《论艾森斯塔特阐释多元现代性的逻辑》,载《中南大学学报(社会科学版)》2008 年第 4 期。

[3] 孙立平:《后发外生型现代化模式剖析》,载《中国社会科学》1991 年第 2 期。

[4] 夏林:《从现代性的基础看两种启蒙及其历史表现》,载《人文杂志》2006 年第 3 期。

[5] 魏治勋:《近代"救亡叙事"中的新法家法治意识形态及其问题》,载《社会科学战线》2016 年第 1 期。

[6] 魏治勋:《论法律移植的理念逻辑——建构全球化时代中国法制现代化的行动方略》,载《东方法学》2012 年第 1 期。

[7] 马俊驹:《中国民法的现代化与中西法律文化的整合》,载《中国法学》2020 年第 1 期。

[8] 薛军:《现代性理论与中国法治》,载《读书》2013 年第 2 期。

[9] 范忠信:《中国法律现代化的三条道路》,载《法学》2002 年第 10 期。

[10] 谢立中:《"现代性"及其相关概念词义辨析》,载《北京大学学报(哲学社会科学版)》2001 年第 5 期。

[11] 刘金海:《制度现代化的基本问题》,载《探索与争鸣》2016 年第 9 期。

[12] 何传启:《现代化概念的三维定义》,载《管理评论》2003 年第 3 期。

[13] 何中华:《"现代化"概念辨析》,载《山东大学学报(哲学社会科学版)》1995 年第 1 期。

[14] 高兆明:《"制度"概念的存在论辨析》,载《南京师大学报(社会科学版)》2007

年第 4 期。

[15] 陈氙：《制度概念的歧义与后果》，载《湖南师范大学社会科学学报》2013 年第 2 期。

[16] 李放：《现代国家制度建设：中国国家治理能力现代化的战略选择》，载《新疆师范大学学报（哲学社会科学版）》2014 年第 4 期。

[17] 魏宏：《技术设计过程，还是科学发现过程？——论立法过程的思维和研究方式》，载《江苏社会科学》2002 年第 4 期。

[18] 石东坡：《"后体系时代"的立法实践范畴新论——基于修改〈立法法〉的思考》，载《江汉学术》2014 年第 1 期。

[19] 支振锋：《变法、法治与国家能力——对中国近代法制变革的再思考》，载《环球法律评论》2010 年第 4 期。

[20] 何显明、揭艾花：《制度变迁与中国现代化进程》，载《浙江社会科学》1999 年第 2 期。

[21] 何传启：《国家现代化的三条道路》，载《科学与现代化》2016 年第 3 期。

[22] 刘红凛：《党的现代化与国家现代化：历史的契合与现实的互动》，载《上海行政学院学报》2011 年第 5 期。

[23] 漆思、赵玫：《现代性矛盾与现代化历史批判》，载《学习与探索》2007 年第 6 期。

[24] 程洪：《对后发优势理论的反思——发展中国家现代化透视》，载《江汉大学学报（人文科学版）》2003 年第 2 期。

[25] 金观涛：《现代民族国家与契约社会》，载《中国法律评论》2017 年第 2 期。

[26] 王继军、李锋：《论公法和私法在我国市场经济中的作用》，载《山西大学学报（哲学社会科学版）》2008 年第 6 期。

[27] 关保英：《治理体系与治理能力现代化中的公法给付精神论》，载《法律科学（西北政法大学学报）》2020 年第 5 期。

[28] 刘松山：《当代中国立法与政治体制改革关系的演变》，载《学习与探索》2012 年第 7 期。

[29] 杨铜铜：《论立法起草者的角色定位与塑造》，载《河北法学》2020 年第 6 期。

[30] 汪民安：《现代性的冲突——西方政治现代性与文化现代性的多元矛盾》，载《福建论坛（人文社会科学版）》2007 年第 5 期。

[31] 郗戈：《资本逻辑与现代性的矛盾本质》，载《北京行政学院学报》2011 年第 5 期。

[32] 黄宗智：《中国正义体系的三大传统与当前的民法典编纂》，载《开放时代》2017 年第 6 期。

[33] 黄金荣：《法的形式理性论——以法之确定性问题为中心》，载《比较法研究》2000 年第 3 期。

［34］张汝伦：《文本在哲学研究中的意义》，载《哲学研究》2019 年第 1 期。

［35］李广德：《法律文本理论与法律解释》，载《国家检察官学院学报》2016 年第 4 期。

［36］孙宪忠：《论民法典贯彻体系性科学逻辑的几个要点》，载《东方法学》2020 年第 4 期。

［37］刘志刚：《民法典的宪法使命及其实现》，载《政法论丛》2019 年第 4 期。

［38］张文显：《中国民法典的历史方位和时代精神》，载《经贸法律评论》2018 年第 1 期。

［39］张明：《中国现代性问题历史语境的哲学审思》，载《人文杂志》2018 年第 6 期。

［40］张晋藩：《晚清制定民法典的始末及史鉴意义》，载《法律科学（西北政法大学学报）》2018 年第 4 期。

［41］郭锋：《中国民法典的价值理念及其规范表达》，载《法律适用》2020 年第 13 期。

［42］魏治勋、汪潇：《论地方立法技术的内涵、功能及科学化路径——基于当前地方立法现状的分析》，载《云南大学学报（社会科学版）》2019 年第 1 期。

［43］魏治勋：《"善治"视野中的国家治理能力及其现代化》，载《法学论坛》2014 年第 2 期。

［44］王利明：《回顾与展望：中国民法立法四十年》，载《法学》2018 年第 6 期。

［45］石佳友：《解码法典化：基于比较法的全景式观察》，载《比较法研究》2020 年第 4 期。

［46］雷磊：《习惯作为法源？——以〈民法总则〉第 10 条为出发点》，载《环球法律评论》2019 年第 4 期。

［47］陆青：《论中国民法中的"解法典化"现象》，载《中外法学》2014 年第 6 期。

［48］沈宗灵：《论普通法和衡平法的历史发展和现状》，载《北京大学学报（哲学社会科学版）》1986 年第 3 期。

［49］谢晖：《族群—地方性知识、区域自治与国家统一——从法律的"普适性知识"和"地方性知识"说起》，载《思想战线》2016 年第 6 期。

［50］韩红俊：《形式理性和实质理性的悖论——马克斯·韦伯的法律社会学思想》，载《前沿》2006 年第 10 期。

［51］南帆：《诠释与历史语境》，载《读书》1998 年第 11 期。

［52］魏治勋：《民间法研究范式辨正》，载《甘肃政法学院学报》2007 年第 2 期。

［53］苏亦工：《得形忘意：从唐律情结到民法典情结》，载《中国社会科学》2005 年第 1 期。

［54］段晓彦：《〈大清现行刑律〉与民初民事法源——大理院对"现行律民事有效部分"的适用》，载《法学研究》2013 年第 5 期。

［55］张生：《清末民事习惯调查与〈大清民律草案〉的编纂》，载《法学研究》2007 年

第 1 期。

［56］张生：《〈大清民律草案〉摭遗》，载《法学研究》2004 年第 3 期。

［57］张新宝、张红：《中国民法百年变迁》，载《中国社会科学》2011 年第 6 期。

［58］张生：《民国〈民律草案〉评析》，载《江西社会科学》2005 年第 8 期。

［59］刘文：《渐进主义的认识论审视——指向渐进理性的建构》，载《中国行政管理》2020 年第 3 期。

［60］冉昊、杜丽红：《新中国法治历程：民法 56 年》，载《南京大学学报（哲学·人文科学·社会科学）》2005 年第 4 期。

［61］邵六益：《民法典编纂的政法叙事》，载《地方立法研究》2020 年第 5 期。

［62］柳经纬：《回归传统——百年中国民法学之考察之一》，载《中国政法大学学报》2010 年第 2 期。

［63］孙莹：《民法调整对象理论溯源——以新中国民法典第一次草案为视角》，载《河北法学》2011 年第 1 期。

［64］胡志民：《论苏联法学理论对新中国民法学的影响》，载《上海师范大学学报（哲学社会科学版）》2015 年第 6 期。

［65］王利明、石冠彬：《新中国成立 70 年来民法学理论研究的发展与瞻望》，载《人民检察》2019 年第 19-20 期。

［66］陈尚伟：《改革开放与中国的现代性建构》，载《理论与现代化》2009 年第 3 期。

［67］周雪光：《运动型治理机制：中国国家治理的制度逻辑再思考》，载《开放时代》2012 年第 9 期。

［68］沈国明：《改革开放 40 年法治中国建设：成就、经验与未来》，载《东方法学》2018 年第 6 期。

［69］萧功秦：《改革开放以来意识形态创新的历史考察》，载《天津社会科学》2006 年第 4 期。

［70］魏治勋、汪潇：《"法治中国"如何吸收和融通西方制度文化资源》，载《西北大学学报（哲学社会科学版）》2016 年第 6 期。

［71］［西德］康拉德·茨威格特、海因·克茨：《略论德国民法典及其世界影响》，谢怀栻译，载《环球法律评论》1983 年第 1 期。

［72］谢鸿飞：《中国民法典的生活世界、价值体系与立法表达》，载《清华法学》2014 年第 6 期。

［73］郭晔：《中国民法典的法理定位》，载《东方法学》2020 年第 6 期。

［74］柳经纬：《改革开放四十年民法之变迁》，载《中国法律评论》2018 年第 5 期。

［75］朱广新：《民法典编纂：民事部门法典的统一再法典化》，载《比较法研究》2018 年第 6 期。

[76] 刘守英、熊雪锋：《〈民法典〉与高水平社会主义市场经济》，载《北京大学学报（哲学社会科学版）》2020 年第 6 期。

[77] 薛波、雷兴虎：《"中国特色"民法典编纂方法及其对商事立法的镜鉴》，载《学术界》2020 年第 10 期。

[78] ［美］海登·怀特：《历史解释中的形式主义与情境主义策略》，黄红霞译，载《东南学术》2005 年第 3 期。

[79] 杨解君：《法律漏洞略论》，载《法律科学（西北政法大学学报）》1997 年第 3 期。

[80] 李学栋、何海燕：《管理机制的概念及设计理论研究》，载《工业工程》1999 年第 4 期。

[81] 白利寅：《实现地方立法科学化的创新机制研究》，载《云南大学学报（社会科学版）》2019 年第 1 期。

[82] 谢晖：《法治的道路选择：经验还是建构?》，载《山东社会科学》2001 年第 1 期。

[83] 何勤华、曲阳：《传统与近代性之间——〈日本民法典〉编纂过程与问题研究》，载《清华法治论衡》（第二辑）。

[84] 刘雁冰：《伊斯兰民法之基石：土耳其与埃及民法典》，载《西北大学学报（哲学社会科学版）》2014 年第 4 期。

[85] 刘春田、许炜：《法国民法典制定的历史背景》，载《法学家》2002 年第 6 期。

[86] 李红海：《普通法的内在机制与社会经济发展》，载《比较法研究》2017 年第 6 期。

[87] 郭卫：《立法院近闻汇志》，载《法令周刊》1930 年第 1 期。

[88] 徐骏：《南京国民政府立法院的精英性及民主转型——以立法委员为中心的考察》，载《暨南学报（哲学社会科学版）》2013 年第 11 期。

[89] ［英］安东尼·吉登斯：《现代性与后传统》，赵文书译，载《南京大学学报（哲学·人文·社会科学）》1999 年第 3 期。

[90] ［美］帕特里克·格伦：《对"习惯"的俘获、重构和排斥》，魏治勋译，载《民间法》2013 年第 1 期。

[91] 翟红娥：《变革中的妥协——〈中华民国民法典·亲属编〉立法特点评析》，载《人民论坛》2013 年第 7 期。

[92] ［德］海尔默特·科殷：《法学中的体系思想：历史及其意义》，金可可译，载王洪亮等主编：《中德私法研究（19）：民法体系的融贯性》，北京大学出版社 2021 年版。

[93] 刘婷婷：《传统资源与移植资源的对话——以近代民事立法为视角》，载《云南社会科学》2007 年第 6 期。

[94] 张龑：《何为我们看重的生活意义——家作为法学的一个基本范畴》，载《清华法学》2016 年第 1 期。

[95] 郑强：《法律移植与法制变迁——析阿兰·沃森法律社会理论》，载《外国法译评》1997 年第 3 期。

[96] 高鸿钧：《法律文化与法律移植：中西古今之间》，载《比较法研究》2008 年第 5 期。

[97] [英] 阿兰·沃森：《法律移植论》，贺卫方译，载《比较法研究》1989 年第 1 辑。

[98] 王启梁：《习惯法/民间法研究范式的批判性理解——兼论社会控制概念在法学研究中的运用可能》，载《现代法学》2006 年第 5 期。

[99] 陈小君：《中国〈民法典〉编纂与国家治理现代化的关联逻辑》，载《探索与争鸣》2020 年第 5 期。

[100] 梁治平：《中国法律史上的民间法——兼论中国古代法律的多元格局》，载《中国文化》1997 年第 15、16 期。

[101] [英] 约翰·P. 道森：《法国习惯的法典化》，杜蘅译，载《清华法学》2006 年第 2 期。

[102] [荷] 皮特·范登伯格：《日本民法典编纂的政治学（1868—1912）——比较法视野下习惯法在法典中的地位》，黄晓玲译，载《现代法治研究》2020 年第 3 期。

[103] 吴治繁：《论民法典的民族性》，载《法制与社会发展》2013 年第 5 期。

[104] 张世鹏：《什么是全球化?》，载《欧洲》2000 年第 1 期。

[105] 黄文艺：《全球化与世界法律发展》，载《学习与探索》2006 年第 1 期。

[106] 梁治平：《"从身份到契约"：社会关系的革命——读梅因〈古代法〉随想》，载《读书》1986 年第 6 期。

[107] 刘璧君、顾盈颖：《古老的德国习惯法：〈萨克森明镜〉》，载《检察风云》（新闻综合版）2015 年第 6 期。

[108] 林洹民：《不该被忽视的〈普鲁士普通邦法〉——兼评我国民法典的制定》，载《外国法制史研究》2016 年第 00 期。

[109] 刘同舫：《启蒙理性及现代性：马克思的批判性重构》，载《中国社会科学》2015 年第 2 期。

[110] 郑戈：《韦伯论西方法律的独特性》，载李猛编：《韦伯：法律与价值》，上海人民出版社 2001 年版。

[111] 白中林：《韦伯社会理论中的"中国法"问题》，载《政法论坛（中国政法大学学报）》2007 年第 3 期。

[112] 张辉：《论中国传统法律的理性——从韦伯的"中国法"问题说起》，载《学术交流》2017 年第 12 期。

[113] 张伟仁：《中国传统的司法和法学》，载《现代法学》2006 年第 5 期。

[114] 余成峰：《法律的"死亡"：人工智能时代的法律功能危机》，载《华东政法大学学

报》2018 年第 2 期。

[115] 石佳友、刘忠炫：《民法典：治理现代化的私法表达》，载《社会治理》2020 年第
7 期。

[116] 陈小平：《人工智能的历史进步、目标定位和思维演化》，载《开放时代》2018 年
第 6 期。

[117] 蔡恒进：《行为主义、联结主义和符号主义的贯通》，载《上海师范大学学报（哲
学社会科学版）》2020 年第 4 期。

[118] 谢怀栻：《论民事权利体系》，载《法学研究》1996 年第 2 期。

[119] 吴晓明：《论马克思对现代性的双重批判》，载《学术月刊》2006 年第 2 期。

[120] 龙卫球：《中国〈民法典〉的立法价值》，载《探索与争鸣》2020 年第 5 期。

[121] 俞可平：《治理和善治：一种新的政治分析框架》，载《南京社会科学》2001 年第
9 期。

[122] 陈金钊：《法典化语用及其意义》，载《政治与法律》2021 年第 11 期。

[123] 齐建辉：《我国民法典编纂的现代性及其限度》，载《行政管理改革》2020 年第
2 期。

[124] 王利明：《彰显时代性：中国民法典的鲜明特色》，载《东方法学》2020 年第 4 期。

[125] 杨立新、刘召成：《德国民法典规定一体化消费者概念的意义及借鉴》，载《法学
杂志》2013 年第 1 期。

[126] 吴飞飞：《论中国民法典的公共精神向度》，载《法商研究》2018 年第 4 期。

[127] 韩庆祥：《现代性的本质、矛盾及其时空分析》，载《中国社会科学》2016 年第
2 期。

[128] 陈肇新：《基于法律形式性悖论的新兴权利证立机制》，载《苏州大学学报（哲学
社会科学版）》2020 年第 6 期。

[129] 王庆廷：《新兴权利间接入法方式的类型化分析》，载《法商研究》2020 年第 5 期。

[130] 余凌云：《论行政法领域中存在契约关系的可能性》，载《法学家》1998 年第 2 期。

[131] ［德］贡塔·托依布纳：《多元现代性：从系统理论角度解读中国私法面临的挑
战》，祁春轶译，载《中外法学》2013 年第 2 期。

[132] 张淑芳：《私法渗入公法的必然与边界》，载《中国法学》2019 年第 4 期。

[133] 姜明安：《改革、法治与国家治理现代化》，载《中共中央党校学报》2014 年第
4 期。

[134] 王利明：《法治：良法与善治》，载《中国人民大学学报》2015 年第 2 期。

[135] 韩大元、孟凡壮：《中国社会变迁六十年的公民宪法意识》，载《中国社会科学》
2014 年第 12 期。

[136] 张文显：《法治的文化内涵——法治中国的文化建构》，载《吉林大学社会科学学

报》2015 年第 4 期。

[137] 陈金钊：《"法治思维和法治方式"的意蕴》，载《法学论坛》2013 年第 5 期。

[138] 易军：《私人自治与私法品性》，载《法学研究》2012 年第 3 期。

[139] 钱锦宇：《法治视野中的现代国家治理：目标定位与智识资源》，载《西北大学学报（哲学社会科学版）》2016 年第 6 期。

[140] 赵骏：《全球治理视野下的国际法治与国内法治》，载《中国社会科学》2014 年第 10 期。

[141] 于浩：《共和国法治建构中的国家主义立场》，载《法制与社会发展》2014 年第 5 期。

二、中文著作

[1] 谷衍奎编：《汉字源流字典》，华夏出版社 2003 年版。

[2] 周旺生：《立法学》，北京大学出版社 1988 年版。

[3] 陆扬：《德里达——解构之维》，华中师范大学出版社 1996 年版。

[4] 前南京国民政府司法行政部编：《民事习惯调查报告录》，中国政法大学出版社 2005 年版。

[5] 《马克思恩格斯选集》，人民出版社 1995 年版。

[6] 曾令良、余敏友主编：《全球化时代的国际法——基础、结构与挑战》，武汉大学出版社 2005 年版。

[7] 汪民安等主编：《现代性基本读本》（上），河南大学出版社 2005 年版。

[8] 张晋藩：《清代民法综论》，中国政法大学出版社 1998 年版。

[9] 谢振民编著：《中华民国立法史》（上册），中国政法大学出版社 2000 年版。

[10] 谢振民编著：《中华民国立法史》（下册），中国政法大学出版社 2000 年版。

[11] 孟祥沛：《中日民法近代化比较研究：以近代民法典编纂为视野》，法律出版社 2006 年版。

[12] 杨立新主编：《大清民律草案·民国民律草案》，吉林人民出版社 2002 年版。

[13] 朱勇主编：《中国民法近代化研究》，中国政法大学出版社 2006 年版。

[14] 杨立新主编：《中国百年民法典汇编》，中国法制出版社 2011 年版。

[15] 刘小枫：《现代性社会理论绪论——现代性与现代中国》，上海三联书店 1998 年版。

[16] 张礼洪、高富平主编：《民法法典化、解法典化和反法典化》，中国政法大学出版社 2008 年版。

[17] 《佟柔文集》编辑委员会编：《佟柔文集》，中国政法大学出版社 1996 年版。

[18] 马新福等：《立法论——一种法社会学视角》，吉林人民出版社 2005 年版。

［19］江平编著：《西方国家民商法概要》，法律出版社 1984 年版。

［20］何勤华主编：《大陆法系及其对中国的影响》，法律出版社 2010 年版。

［21］冯友兰：《中国哲学简史》，涂又光译，北京大学出版社 1985 年版。

［22］吴经熊：《法律哲学研究》，上海法学编译社 1933 年版。

［23］由嵘主编：《外国法制史》，北京大学出版社 1992 年版。

［24］金观涛、刘青峰：《兴盛与危机：论中国社会超稳定结构》，法律出版社 2011 年版。

［25］李山、轩新丽译注：《管子》（下），中华书局 2019 年版。

［26］苏力：《法治及其本土资源》，中国政法大学出版社 1996 年版。

［27］董茂云：《比较法律文化：法典法与判例法》，中国人民公安大学出版社 2000 年版。

［28］徐迅：《民族主义》，中国社会科学出版社 1998 年版。

［29］倪梁康选编：《胡塞尔选集》（下），上海三联书店 1997 年版。

［30］何勤华：《西方法学史》，中国政法大学出版社 1996 年版。

［31］王利明：《民法总则研究》，中国人民大学出版社 2012 年版。

［32］江平、张佩霖编著：《民法教程》，中国政法大学出版社 1986 年版。

［33］梁慧星：《民法解释学》，中国政法大学出版社 1995 年版。

［34］魏治勋：《法律解释的原理与方法体系》，北京大学出版社 2017 年版。

［35］魏治勋：《法治的真原》，陕西人民出版社 2012 年版。

［36］邓正来：《国家与社会：中国市民社会研究》，北京大学出版社 2008 年版。

［37］沈宗灵：《现代西方法理学》，北京大学出版社 1992 年版。

［38］周枏：《罗马法原论》（上册），商务印书馆 1994 年版。

三、外文译著

［1］［德］恩斯特·卡西尔：《人文科学的逻辑》，关子尹译，上海译文出版社 2004 年版。

［2］［美］迈克尔·艾伦·吉莱斯皮：《现代性的神学起源》，张卜天译，湖南科学技术出版社 2019 年版。

［3］［英］安东尼·吉登斯：《现代性的后果》，田禾译，译林出版社 2011 年版。

［4］［德］马克斯·韦伯：《法律社会学：非正当性的支配》，康乐、简惠美译，广西师范大学出版社 2011 年版。

［5］［德］马克斯·韦伯：《韦伯作品集Ⅲ：支配社会学》，康乐、简惠美译，广西师范大学出版社 2004 年版。

［6］［美］彼得·布劳、马歇尔·梅耶：《现代社会中的科层制》，马戎等译，学林出版社 2001 年版。

［7］［匈］卢卡奇：《历史与阶级意识——关于马克思主义辩证法的研究》，杜章智等译，

商务印书馆 1992 年版。

［8］［美］克利福德·吉尔兹：《地方性知识——阐释人类学论文集》，王海龙、张家瑄译，中央编译出版社 2000 年版。

［9］［德］马克斯·韦伯：《经济与社会》（下卷），林荣远译，商务印书馆 1997 年版。

［10］［美］富勒：《法律的道德性》，郑戈译，商务印书馆 2005 年版。

［11］［奥］凯尔森：《法与国家的一般理论》，沈宗灵译，商务印书馆 2013 年版。

［12］［美］道格拉斯·C.诺斯：《制度、制度变迁与经济绩效》，杭行译，格致出版社 2008 年版。

［13］［英］厄内斯特·盖尔纳：《民族与民族主义》，韩红译，中央编译出版社 2002 年版。

［14］［德］弗朗茨·维亚克尔：《近代私法史——以德意志的发展为观察重点》，陈爱娥、黄建辉译，上海三联书店 2006 年版。

［15］［英］阿·汤因比、［日］池田大作：《展望 21 世纪——汤因比与池田大作对话录》，荀春生等译，国际文化出版公司 1999 年版。

［16］［英］安德鲁·韦伯斯特：《发展社会学》，陈一筠译，华夏出版社 1987 年版。

［17］［美］本尼迪克特·安德森：《想象的共同体——民族主义的起源与散布》，吴叡人译，上海人民出版社 2005 年版。

［18］［德］尤尔根·哈贝马斯：《后民族结构》，上海人民出版社 2002 年版。

［19］［德］萨维尼：《当代罗马法体系 I：法律渊源·制定法解释·法律关系》，朱虎译，中国法制出版社 2010 年版。

［20］［美］乔治·瑞泽尔：《后现代社会理论》，谢立中等译，华夏出版社 2003 年版。

［21］［德］马克斯·韦伯：《论经济与社会中的法律》，张乃根译，中国大百科全书出版社 1998 年版。

［22］［德］罗尔夫·克尼佩尔：《法律与历史——论〈德国民法典〉的形成与变迁》，朱岩译，法律出版社 2005 年版。

［23］《拿破仑法典〈法国民法典〉》，李浩培等译，商务印书馆 1979 年版。

［24］［法］卢梭：《社会契约论》，何兆武译，商务印书馆 1980 年版。

［25］［英］洛克：《政府论》，叶启芳、瞿菊农译，商务印书馆 1964 年版。

［26］［加］查尔斯·泰勒：《本真性的伦理》，程炼译，上海三联书店 2012 年版。

［27］［意］帕累托：《普通社会学纲要》，田时纲等译，生活·读书·新知三联书店 2001 年版。

［28］［德］康德：《纯粹理性批判》，邓晓芒译，人民出版社 2004 年版。

［29］［美］P.诺内特、P.塞尔兹尼克：《转变中的法律与社会：迈向回应型法》，张志铭译，中国政法大学出版社 2004 年版。

［30］［英］H. L. A. 哈特：《法律的概念》，许家馨、李冠宜译，法律出版社 2006 年版。

［31］［德］京特·雅科布斯：《规范·人格体·社会——法哲学前思》，冯军译，法律出版社 2001 年版。

［32］［奥］欧根·埃利希：《法社会学原理》，舒国滢译，中国大百科全书出版社 2009 年版。

［33］［美］哈罗德·J. 伯尔曼：《法律与革命——西方法律传统的形成》，贺卫方等译，中国大百科全书出版社 1993 年版。

［34］［德］弗里德尼希·卡尔·冯·萨维尼：《论立法与法学的当代使命》，许章润译，中国法制出版社 2001 年版。

［35］［德］马克思、恩格斯：《共产党宣言》，中共中央马克思恩格斯列宁斯大林著作编译局编译，人民出版社 2014 年版。

［36］［英］梅因：《古代法》，沈景一译，商务印书馆 1959 年版。

［37］［美］R. M. 昂格尔：《现代社会中的法律》，吴玉章、周汉华译，译林出版社 2001 年版。

［38］［德］奥斯瓦尔德·斯宾格勒：《西方的没落》（下册），齐世荣等译，群言出版社 2016 年版。

［39］［德］马克斯·韦伯：《中国的宗教：儒教与道教》，康乐、简惠美译，广西师范大学出版社 2010 年版。

［40］［美］德克·布迪、克拉伦斯·莫里斯：《中华帝国的法律》，朱勇译，江苏人民出版社 2008 年版。

［41］［德］尼克拉斯·鲁曼：《社会中的法》（上册），李君韬译，五南图书出版股份有限公司 2009 年版。

［42］［德］康德：《法的形而上学原理——权利的科学》，沈叔平译，商务印书馆 1991 年版。

［43］［德］卡尔·拉伦茨：《法学方法论》，陈爱娥译，商务印书馆 2003 年版。

［44］［德］贡塔·托依布纳：《宪法的碎片：全球社会宪治》，陆宇峰译，中央编译出版社 2016 年版。

［45］［美］米歇尔：《机器学习》，曾华军等译，机械工业出版社 2008 年版。

［46］［德］黑格尔：《历史哲学》，王造时译，生活·读书·新知三联书店 1956 年版。

［47］［美］E·博登海默：《法理学：法律哲学与法律方法》，邓正来译，中国政法大学出版社 1999 年版。

［48］［美］肯尼思·华尔兹：《国际政治理论》，信强译，上海人民出版社 2017 年版。

［49］［日］穗积陈重：《法律进化论》，黄尊三等译，中国政法大学出版社 1997 年版。

四、外文文献资料

（一）著作

［1］Jürgen Habermas，*The Philosophical Discourse of Modernity*：*Twelve Lectures*，translated by Frederick G. Lawrence，The MIT Press，1990.

［2］Horst J. Helle，*China*：*Promise or Threat?*：*A Comparison of Cultures*，E. J. Brill，2017.

［3］Paul M. Evans，*John Fairbank and the American Understanding of Modern China*，Basil Blackwell，1988.

［4］Rahel Jaeggi，*Alienation*，translated by Frederick Neuhouser & Alan E. Smith Columbia University Press，2014.

［5］Bhikhu Parekh，*Marx's Theory of Ideology*，Croom Helm Ltd，1982.

［6］Lawrence E. Cahoone，*Cultural Revolutions*：*Reason Versus Culture in Philosophy*，*Politics*，*and Jihad*，Penn State University Press，2005.

［7］G. B. Madison，*The Logic of Liberty*，Greenwood Press，1986.

［8］Marion J. Levy，Jr，*Modernization and the Structure of Societies*：*A Setting For International Affairs*，Princeton University Press，1966.

［9］Marion J. Levy，Jr，*Modernization*：*Latecomers and Survivors*，Basic Books，1972.

［10］David E. Apter，*The Politics of Modernization*，The University of Chicago Press，1965.

［11］Csaba Varga，*Codification as a Socio-Historical Phenomenon*，Szent István Társulat，2011.

［12］Quentin Skinner，*Visions of Politics*（Volume 1）：*Regarding Method*，Cambridge University Press，2002.

［13］Immanuel Wallerstein，*The Politics of the World-Economy*：*the States*，*the Movements and the Civilizations*，Cambridge University Press，1984.

［14］Yen-P'ing Hao，*The Comprador in Nineteenth Century China*：*Bridge between East and West*，Harvard University Press，1970.

［15］Douglass C. North，*Institutions*，*Institutional Change and Economic Performance*，Cambridge University Press，1990.

［16］F. A. Hayek，*Law*，*Legislation and Liberty*，A New Statement of the Liberal Principles of Justice and Political Economy Routledge，2012.

［17］Melvin Aron Eisenberg，*The Nature of the Common Law*，Harvard University Press，1988.

［18］Robert Lingat，*The Classical Law of India*，translated by M. Derrett，*Munshiram Manoharlal Publishers Pvt Ltd*，1993.

［19］John Haugeland，*Artificial Intelligence*：*The Very Idea*，The MIT Press，1985.

［20］ David Pepper, *Eco-Socialism: From Deep Ecology to Social Justice*, Routledge, 1993.

［21］ Herbert Marcuse, *Reason and Revolution: Hegel and the Rise of Social Theory*, Beacon Press, 1960.

［22］ John Henry Merryman, Rogelio Pérez-Perdomo, *The Civil Law Tradition: An Introduction to the legal Systems of Western Europe and Latin America*, Stanford University Press, 2007.

［23］ Roberto Mangabeira Unger, *Law in Modern Society: Toward a Criticism of Social Theory*, Free Press, 1976.

（二） 论文及其他

［1］ Douglass C. North, "Toward a Theory of Institutional Change", *in William A. Barnett et al.*, eds., *Political Economy, Institutions, Competition and Representation*, Cambridge University Press, 1993.

［2］ Courtenay Ilbert, "The Centenary of the French Civil Code", *Journal of the Society of Comparative Legislation*, Vol. 6, No. 2, 1905.

［3］ Brad Sherman, "Hermeneutics in Law", *The Modern Law Review*, Vol. 51, No. 3, 1988.

［4］ Garrett Hardin, "The Tragedy of the Commons", *Science*, Vol. 162, No. 3859, 1968.

［5］ Jennifer M. Neighbors, "The Long Arm of Qing Law? Qing Dynasty Homicide Rulings in Republican Courts", *Modern China*, Vol. 35, No. 1, 2009.

［6］ R. C. W. Sheng, "The Civil Code of China", *The Chinese Law Review*, Vol. 4, 1930.

［7］ James Gordley, "Myths of the French Civil Code", *The American Journal of Comparative Law*, Vol. 42, No. 3, 1994.

［8］ Ernest J. Schuster, "The Swiss Civil Code", *Journal of Comparative Legislation and International Law*, Vol. 5, No. Parts 1 and 4, 1923.

［9］ Robert S. Summers, "A Formal Theory of the Rule of Law", *Ratio Juris*, Vol. 6, No. 2, 1993.

［10］ Winam Ewald, "Comparative Jurisprudence (II): The Logic of Legal Transplants", *The American Journal of Comparative Law*, Vol. 43, No. 4, 1995.

［11］ Lawrence Friedman, "Some Comments on Cotterrell and Legal Transplants", in David. Nelken & Johannes Feest eds., *Adapting Legal Cultures*, Hart Publishing, 2001.

［12］ Robert Epp, "The Challenge from Tradition: Attempts to Compile a Civil Code in Japan, 1866-78", *Monumenta Nipponica*, Vol. 22, No. 1-2, 1967.

［13］ Léon Julliot de La Morandière, "The Reform of the French Civil Code", *University of Pennsylvania Law Review*, Vol. 97, No. 1, 1948.

［14］ Andrew Savchenko, "Constructing a World Fit for Marxism: Utopia and Utopistics of Professor Wallerstein", *The American Journal of Economics and Sociology*, Vol. 66, No. 5, 2007.

［15］Immanuel Wallerstein, "The Modern World- System and Evolution", *Journal of World-Systems Research*, Vol. 1, No. 19, 1995.

［16］H. Patrick Glem, "The Grounding of Codification", *U. C. Davis Law Review*, Vol. 31, 1998.

［17］Ernest J. Schuster, "The German Civil Code", *Journal of the Society of Comparative Legislation*, Vol. 1, 1896-1897.

［18］Li Shaohua, Xiao Peng, "The Civil Code of the People's Republic of China: Major Features and Contributions to the World", *US-China Law Review.*, Vol. 17, No. 8, 2020.

［19］Friedrich Kessler, "Contracts of Adhesion——Some Thoughts about Freedom of Contract", *Columbia Law Review*, Vol. 43, No. 5, 1943.

［20］Gunther Teubner, "Societal Constitutionalism and the Politics of the Common", *Finnish Yearbook of International Law*, Vol. 21, 2012.

［21］Charles Sumner Lobingrer, "The Evolution of the German Civil Code", *Southern Law Quarterly*, Vol. 1, 1916.

［22］Ernst H. Feilchenfeld, "Germanic Law and the German Civil Code", *The China Law Review*, Vol. 5, No. 2, 1932.

［23］Lazar Gli š ovic, "German Civil Code-From Legal Fragmentation to the Codification of Civil Law", *Strani Pravni Ž ivot*, No. 1, 2015.

［24］René David, "The Civil Code in France To - Day", *Louisiana Law Review*, Vol. 34, No. 5, 1974.

［25］Bora, Alexandrina-Augusta, "The Legal will between Tradition and Modernity within the Provisions of the New Civil Code", *ACTA Universitatis Lucian Blaga*, Vol. 2011, No. 2, 2011.

［26］Matej Avbelj, "Transnational Law between Modernity and Post-Modernity", *Transnational Legal Theory*, Vol. 7, No. 3, 2016.

［27］Silvestri, Gaetano, "On the Modernity", *Historia et ius*, Vol. 1, No. 1, 2012.

［28］P. Goodrich, "Law and Modernity", *Modern Law Review*, Vol. 49, No. 5, 1986.

［29］George Skouras, "Modernity, the Commons and Capitalism", *British Journal of American Legal Studies*, Vol. 9, No. 2, 2020.

［30］Alan G. Nasser, "Legal Theory in Late Modernity", *Mercer Law Review*, Vol. 42, 1991.

［31］James Schmidt, "Review: Habermas and the Discourse of Modernity", *Political Theory*, Vol. 17, No. 2, 1989.

［32］Raymond Boudon, "Modernity and the Classical Theory of Democracy", Tocqueville Review, Vol. 28, No. 1, 2007.

［33］Luc J. Wintgens, Brussels. "Two Readings of Modernity", *Rechtstheorie*, Vol. 43,

No. 1，2012.

[34] Jean Louis Bergel，"Principal Features and Methods of Codification"，*Louisiana Law Review*，Vol. 48，No. 5，1988.

[35] John P. Dawson，"The Codification of the French Customs"，*Michigan Law Review*，Vol. 38，No. 6，1940.

[36] M. D. Chalmers，"An Experiment in Codification"，*Law Quarterly Review*，Vol. 2，No. 2，1886.

[37] John H. Tucker，Jr.，"Tradition and Technique of Codification in the Modern World：The Louisiana Experience"，*Louisiana Law Review*，Vol. 25，1965.

五、网络文献

[1] 朱宁宁：《如何看待民法典之外的民法体系？孙宪忠这样说》，载 http://legal. people. com. cn/n1/2020/0616/c42510-31748655. html. 最后访问日期：2023 年 6 月 30 日。

[2] 《民法典草案共 7 编，累计征求意见建议超百万条》，载 http://www. bjnews. com. cn/detuil/159007026515622. html，最后访问日期：2023 年 6 月 30 日。

[3] 《莫纪宏：明确社会主义法治体系的结构与内涵》，载 http://theory. people. com. cn/n/2014/1027/c40531-25913450. html，最后访问日期：2023 年 6 月 30 日。

[4] 宋菲：《重视〈民法典〉中的习惯要素》，载 http://sscp. cssn. cn/xkpd/fx_ 20156/202011/t20201118_5218502. html，最后访问日期：2023 年 6 月 30 日。

[5] 《胡晓炼：建议在民法典草案关于借款合同相关规定中明确造假的责任》，载 https://baijiahao. baidu. com/s?id=1667821746272450657，最后访问日期：2023 年 6 月 30 日。

[6] 王利明：《民法典开启权利保护的新时代》，载 https://www. spp. gov. cn/spp/llyj/202005/t20200520_461412. shtml，最后访问日期：2023 年 6 月 30 日。

六、学位论文

[1] 苗鸣宇：《民法典的活力之源——习惯在民法法典化中的作用》，中国政法大学 2004 年博士学位论文。

[2] 吴治繁：《民法法典化的历史追究——侧重于民族统一与复兴的视角展开》，西南财经大学 2011 年博士学位论文。

后 记

　　本书脱胎于笔者博士期间的研究，从选题、搜集整理资料、写作、修改到再度修改再到即将付梓经历了"奥德赛式"的过程，所幸这一过程不是孤独的，其间获得了多方的支持与帮助，这本书才得以面世。

　　感谢我的导师魏治勋教授，魏老师是我的授业恩师，所授之业不限于写作的技巧、文献的阅读，更在于学术思维的系统养成及内在人格的不断提升，本书的主要内容是在魏老师的悉心指导下完成的；感谢中国政法大学出版社魏星编辑，本书修改和出版的过程中事务繁多，仰赖魏编辑的细心筹划与费心劳作，相关流程得以持续推进；感谢上海政法学院及相关职能部门的领导、同事的鼎力支持，校庆系列著作的付梓恰逢学校建校四十周年，这为本书的出版在时间轴上留下了浓墨重彩的一笔；感谢各位读者朋友，本书的内容如有错误或可进一步完善之处，还请不吝赐教；最后感谢我的家人和亲朋，亲情、爱情、友情的温暖是我在学术道路上不断前行的强大动力。

　　少年负笈，而立耕耘，从巴山蜀水到齐鲁大地再到东方明珠，从"户户垂柳，家家清泉"的泉城济南到"红瓦绿树，碧海蓝天"的岛城青岛再到"海纳百川，兼容并蓄"的魔都上海，一路上相逢并给予我帮助的人太多太多，感谢这些可爱、可敬、可贵的人。

汪　潇

2024 年 9 月 10 日

于佘山脚下